Richard
Mühlmeyer

Fallstudien und Übungen zur Betriebslehre der Banken und Sparkassen

Zahlungsverkehr 2

Eine Aufgabensammlung zum handlungsorientierten Lernen

Merkur
Verlag Rinteln

Verfasser:

Dipl.-Hdl. Willi Richard, Studiendirektor

Dipl.-Kfm. Jürgen Mühlmeyer, Studiendirektor

* * * * *

16. Auflage 2014

Gesamtherstellung:
MERKUR VERLAG RINTELN Hutkap GmbH & Co. KG, 31735 Rinteln

E-Mail: info@merkur-verlag.de
lehrer-service@merkur-verlag.de
Internet: www.merkur-verlag.de
Umschlagfoto: Markus Goetzke, Commerzbank AG

ISBN 978-3-8120-**1232-4**

Inhaltsverzeichnis

1 Kassengeschäfte

1.1 Falschgeld

In der Zweigstelle der Kreissparkasse Köln möchte die Kundin Sabina Albrecht wie jeden Monat die Miete in Höhe von 400,00 Euro für ihre Wohnung bar auf das Konto der Vermieterin einzahlen. Beim Zählen des Einzahlungsbetrages erscheint Ihnen ein 50-Euro-Schein als Fälschung. Auch ein weiterer Mitarbeiter der Bank hält die Banknote für verdächtig.

Aufgaben:

1 Beschreiben Sie, wie weiter zu verfahren ist!

Bundesbankgesetz (Auszug):

Strafbestimmungen und Vorschriften über das Anhalten von Falschgeld

§ 35 Unbefugte Ausgabe und Verwendung von Geldzeichen

(1) Mit Freiheitsstrafe bis zu fünf Jahren oder mit Geldstrafe wird bestraft,

1. wer unbefugt Geldzeichen (Marken, Münzen, Scheine oder andere Urkunden, die geeignet sind, im Zahlungsverkehr an Stelle der gesetzlich zugelassenen Münzen oder Banknoten verwendet zu werden) oder unverzinsliche Inhaberschuldverschreibungen ausgibt, auch wenn ihre Wertbezeichnung nicht auf Euro lautet;
2. wer unbefugt ausgegebene Gegenstände der in Nummer 1 genannten Art zu Zahlungen verwendet.

(2) Der Versuch ist strafbar.

(3) Handelt der Täter in den Fällen des Absatzes 1 Nr. 2 fahrlässig, so ist die Strafe Freiheitsstrafe bis zu sechs Monaten oder Geldstrafe bis zu einhundertachtzig Tagessätzen.

§ 36 Anhalten von Falschgeld sowie unbefugt ausgegebener Geldzeichen

(1) Die Deutsche Bundesbank sowie die Stellen und deren Beschäftigte, die in Artikel 6 Absatz 1 der Verordnung (EG) Nr. 1338/2001 des Rates vom 28. Juni 2001 zur Festlegung von zum Schutz des Euro gegen Geldfälschung erforderlichen Maßnahmen [...] genannt sind,[1] sind verpflichtet, nachgemachte oder verfälschte Banknoten oder Münzen (Falschgeld), als Falschgeld verdächtige Banknoten oder Münzen [...] unverzüglich anzuhalten. Dem Betroffenen ist eine Empfangsbescheinigung zu erteilen.

(2) Falschgeld oder Gegenstände der in § 35 genannten Art sind von den Verpflichteten mit einem beigefügten Bericht unverzüglich der zuständigen Polizeibehörde zu übermitteln.

(3) Als Falschgeld verdächtige Banknoten oder Münzen sind von den Verpflichteten mit einem beigefügten Bericht unverzüglich der Deutschen Bundesbank zu übermitteln. Stellt diese die Unechtheit der Banknoten oder Münzen fest, so übermittelt sie der zuständigen Polizeibehörde ein Gutachten und benachrichtigt die übermittelnde Stelle.

(4) Ordnungswidrig handelt, wer vorsätzlich oder fahrlässig

1. entgegen Absatz 1 Satz 1 Falschgeld oder einen dort genannten Gegenstand nicht anhält,
2. entgegen Absatz 2 oder Absatz 3 Satz 1, jeweils auch in Verbindung mit einer Rechtsverordnung nach § 36a Satz 1, Falschgeld oder einen dort genannten Gegenstand nicht oder nicht rechtzeitig übermittelt,
3. entgegen § 37a Absatz 1 Satz 1 eine Auskunft nicht, nicht richtig, nicht vollständig oder nicht rechtzeitig erteilt,
4. entgegen § 37a Absatz 2 Satz 2 eine dort genannte Maßnahme nicht duldet oder
5. einer vollziehbaren Anordnung nach § 37a Absatz 3 zuwiderhandelt.

(4a) Ordnungswidrig handelt, wer [...] nicht sicherstellt, dass die [...] Euro-Banknoten und Euro-Münzen auf Echtheit geprüft werden, oder nicht dafür Sorge trägt, dass Fälschungen aufgedeckt werden.

(5) Die Ordnungswidrigkeit kann mit einer Geldbuße bis zu einhunderttausend Euro geahndet werden.

(6) Verwaltungsbehörde im Sinne des § 36 Abs. 1 Nr. 1 des Gesetzes über Ordnungswidrigkeiten ist die Deutsche Bundesbank.

§ 37 Einziehung

(1) Unbefugt ausgegebene Gegenstände der in § 35 genannten Art können eingezogen werden.

(2) Nach Absatz 1 eingezogene Gegenstände sowie nach § 150 des Strafgesetzbuchs eingezogenes Falschgeld sind von der Deutschen Bundesbank aufzubewahren. Sie können, wenn der Täter ermittelt worden ist, nach Ablauf von zehn Jahren und, wenn der Täter nicht ermittelt worden ist, nach Ablauf von zwanzig Jahren nach Rechtskraft des die Einziehung aussprechenden Urteils vernichtet werden.

§ 37a Auskünfte und Prüfungen, Untersagung der Wiederausgabe von Banknoten

(1) Verpflichtete nach § 36 Absatz 1, die Banknoten wieder in Umlauf geben wollen, haben der Deutschen Bundesbank auf Verlangen Auskünfte über die Herkunft der Banknoten, deren Bearbeitung sowie die verwendeten Banknotenbearbeitungsgeräte zu erteilen und Unterlagen vorzulegen. [...]

(2) Die Deutsche Bundesbank kann, auch ohne besonderen Anlass, bei den Verpflichteten nach § 36 Absatz 1 Prüfungen vornehmen und die Geschäftsräume innerhalb der üblichen Betriebs- und Geschäftszeiten betreten; das gilt auch für Unternehmen, auf die die Verpflichteten ihre Tätigkeiten ausgelagert haben. Die Betroffenen haben diese Maßnahmen zu dulden.

(3) Verstößt ein Verpflichteter nach § 36 Absatz 1 gegen die [...] zu erfüllenden Prüfpflichten, soll die Deutsche Bundesbank dem Verpflichteten untersagen, Banknoten oder bestimmte Banknotenstückelungen wieder in den Umlauf zu geben oder mittels bestimmter Systeme zur Banknotenbearbeitung zu prüfen.

1 Das sind Kreditinstitute und alle anderen Institute, zu deren Aufgaben der Umgang mit und die Ausgabe von Banknoten und Münzen gehört, einschließlich der Institute, deren Tätigkeit im Umtausch von Banknoten oder Münzen verschiedener Devisen besteht, beispielsweise Wechselstuben (sogenannte „Bargeldakteure").

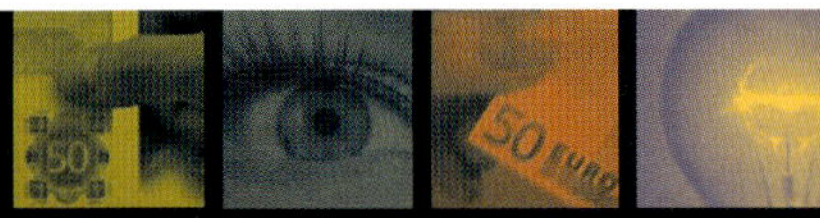

SPEZIELLE INFORMATIONEN FÜR PROFESSIONELLE BARGELDVERWENDER

Echte mit gefälschten Banknoten vergleichen
Im Folgenden finden Sie Abbildungen von Sicherheitsmerkmalen echter Euro-Banknoten neben Abbildungen der gleichen Merkmale in gefälschten Banknoten. Ein Vergleich zeigt Ihnen die Unterschiede.

FÜHLEN

ECHT

Das **Papier** der Banknoten besteht aus reiner Baumwolle, weshalb es sich griffig und fest anfühlt.

Aufgrund der Verwendung einer speziellen **Drucktechnik** fühlen sich das Hauptmotiv, die Schrift sowie die Wertzahlen auf der Vorderseite der Banknoten erhaben oder merklich dicker an. Fahren Sie mit dem Finger oder Fingernagel sanft über die Banknote, um das Relief zu fühlen.

GEFÄLSCHT

Das **Papier** vieler Fälschungen fühlt sich lappig und glatt an.

Das **Relief** ist kaum zu ertasten oder fehlt völlig.

KIPPEN

ECHT

HOLOGRAMMELEMENT
Das Bild auf dem **Hologrammelement verändert sich**, wenn die Banknote gekippt wird. Es sind aus sehr kleiner Schrift gebildete **regenbogenfarbene** konzentrische Kreise zu sehen.

OPTISCH VARIABLE FARBE
Optisch variable Farbe: Die **Farbe** der **Wertzahl** auf der Rückseite verändert sich von Purpurrot zu Olivgrün oder Braun.

GEFÄLSCHT

HOLOGRAMMELEMENT
Das Bild auf dem **Hologrammelement verändert sich** beim Kippen der Banknote oft **nicht. Gewöhnlich** sind **keine** aus sehr kleiner Schrift gebildeten **konzentrischen Kreise** zu erkennen.

OPTISCH VARIABLE FARBE
Gewöhnliche Farbe oder Metallfolie wird benutzt, um die für die Wertzahl verwendete **optisch variable Farbe nachzuahmen**. Die Farbe verändert sich beim Kippen der Banknote nicht.

SEHEN

ECHT

WASSERZEICHEN
Das **Wasserzeichen entsteht** durch Variierung der Papierdicke. Der Übergang zwischen den hellen und den dunklen Stellen ist sanft.

SICHERHEITSFADEN
Der **Sicherheitsfaden** ist in das Banknotenpapier **eingebettet**; er ist nicht aufgedruckt und ist nur im Gegenlicht als durchgehende Linie erkennbar.

HOLOGRAMMELEMENT
Feine Perforationen im Hologrammelement ergeben das €-Symbol.

GEFÄLSCHT

WASSERZEICHEN
Ein **gefälschtes Wasserzeichen** wird in der Regel auf das Papier **gedruckt.** Es erscheint dunkler als der umgebende Bereich. Der Übergang zwischen den hellen und den dunklen Stellen ist abrupt. Die in einem echten Wasserzeichen erkennbaren Einzelheiten werden häufig nicht wiedergegeben.

SICHERHEITSFADEN
Der **Sicherheitsfaden** ist auf das Papier **gedruckt**. Er ist meist als schwärzliche Linie zu erkennen.

HOLOGRAMMELEMENT
Gewöhnlich sind keine feinen Perforationen zu sehen, die das €-Symbol bilden.

PRÜFEN
unter Verwendung von UV-Licht

ECHT

Das **Papier** der Euro-Banknoten **leuchtet unter UV-Licht nicht**. In das Papier eingearbeitete **Fasern** fluoreszieren rot, blau und grün.

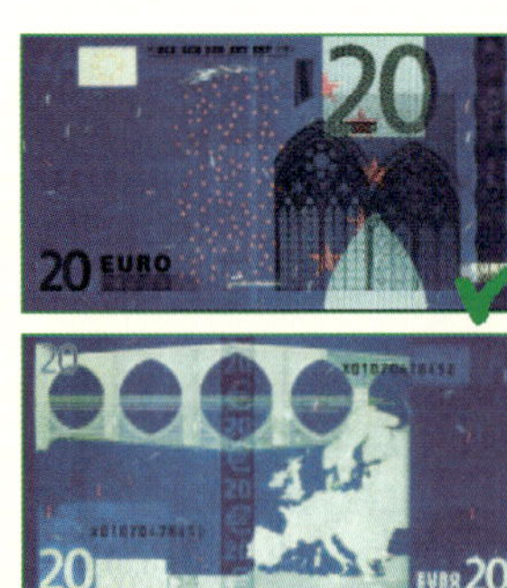

GEFÄLSCHT

Zur Herstellung gefälschter Banknoten benutztes **Papier leuchtet** oft **unter UV-Licht**. Der Sicherheitsfaden und das Wasserzeichen erscheinen manchmal als dunkle Linien.

www.bundesbank.de
www.ecb.int

2 Nehmen Sie eine Euro-Banknote zur Hand und erläutern Sie die drei Prüfmöglichkeiten „Fühlen, Sehen und Kippen", mittels derer die Echtheit von Banknoten festgestellt werden kann. Geben Sie auch die vierte Möglichkeit der Echtheitsprüfung an. Nutzen Sie dazu die Informationen auf der nebenstehenden Seite.

3 Wie wäre der Fall zu beurteilen, wenn die Kundin die Banknote selbst als Fälschung erkannt und aus Angst vor einem Vermögensverlust diese zum Bezahlen an einem Kiosk verwendet hätte?

Die EZB und die nationalen Zentralbanken des Eurosystems führten im Mai 2013 eine zweite Euro-Banknotenserie ein. Benannt ist die sogenannte Europa-Serie nach Europa, einer Gestalt aus der griechischen Mythologie. Die Banknoten der neuen Serie werden gestaffelt über mehrere Jahre hinweg ausgegeben. Als erste Stückelung wurde am 2. Mai 2013 die 5-Euro-Banknote eingeführt. Geldscheine der ersten und der Europa-Serie werden eine Zeit lang parallel in Umlauf sein.

Die Geldscheine der Europa-Serie weisen verbesserte Sicherheitsmerkmale auf, die Fälschern die Arbeit erschweren sollen.

Aufgabe:

4 Stellen Sie mithilfe des nachfolgenden Informationsmaterials die Unterschiede und Gemeinsamkeiten in den Sicherheitsmerkmalen der alten Euro-Serie und der Europa-Serie dar!

Euro-Serien

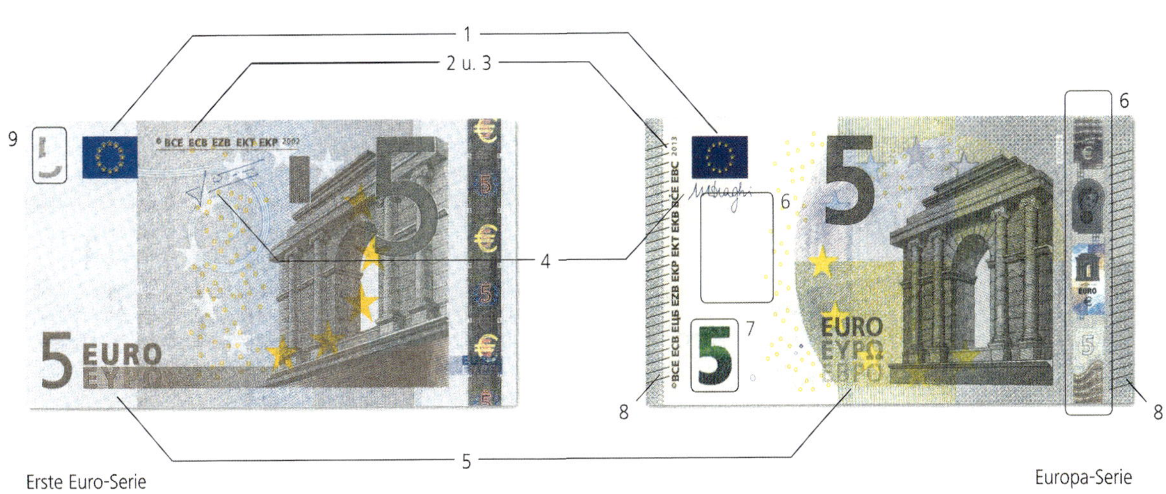

Unterschiede und Gemeinsamkeiten

Das Design der Banknoten ändert sich mit Einführung der Europa-Serie nicht grundlegend. Es gibt jedoch einige optische Veränderungen, durch die die Banknoten beider Serien leicht zu unterscheiden sind. Besonders markant sind die kräftigere, kontrastreichere Farbgebung, die Smaragdzahl sowie das Porträt von Europa, einer Figur aus der griechischen Mythologie, das im Porträt-Wasserzeichen und im Porträt-Hologramm zu finden ist.

Die Banknoten der beiden Euro-Serien unterscheiden sich in der Beschaffenheit bzw. Position der folgenden Merkmale:

1 Flagge der Europäischen Union
2 Copyright der EZB
3 Kürzel für die EZB in fünf (erste Serie) bzw. neun (Europa-Serie) Varianten
4 Unterschrift des EZB-Präsidenten
5 Name der Währung in lateinischer, griechischer sowie, bei der Europa-Serie, zusätzlich in kyrillischer Schrift.

Folgende Merkmale sind bei der Euro-Serie hinzugekommen:

6 Portät von Europa im Wasserzeichen und im Hologramm
7 Smaragdzahl
8 zusätzliche fühlbare Elemente

Das Durchsichtselement (9) ist nur bei der ersten Euro-Serie zu finden

Quelle: Deutsche Bundesbank Eurosystem

1.2 Schadhafte oder beschädigte Banknoten

Ulrike Herrmann erscheint am Schalter Ihres Kreditinstituts. Sie legt die beiden abgebildeten Banknoten vor. Ihr fünfjähriger Sohn habe die Banknoten zu Hause in den Schredder gesteckt. Sie konnte nur noch die jeweiligen Reste der beiden abgebildeten Scheine retten.

Schein 1

Schein 2

Aufgaben:

1 Erläutern Sie der Kundin, unter welchen Bedingungen die Scheine jeweils von der Bundesbank in neue, vollständige Scheine umgetauscht werden! Nutzen Sie dazu nachstehende Information.

Beschädigtes Geld

Voraussetzung für die Ersatzleistung von Banknoten

Die Bundesbank leistet für beschädigte Euro-Banknoten Ersatz, wenn entweder mehr als die Hälfte des Geldscheins vorgelegt wird oder nachgewiesen wird, dass die fehlenden Teile von Geldscheinen, von denen die Hälfte oder weniger vorgelegt wird, vernichtet wurden.

Absichtlich beschädigte Euro-Banknoten, die von Stellen der Bundesbank bereits umgetauscht und entwertet wurden, werden nicht ersetzt.

DEUTSCHE BUNDESBANK

Was tun?

Verpacken Sie alles, auch kleinste Teile bzw. Reste (z. B. Asche) so, dass weitere Beschädigungen vermieden werden.

Fragen Sie Ihre Bank oder Sparkasse, ob sie bereit ist, das Geld an eine der Filialen der Bundesbank weiterzuleiten oder geben Sie das Geld direkt bei einer Filiale ab.

Verwenden Sie bitte den „Erstattungsantrag für beschädigte Euro-Note(n)/-Münze(n)" für die Einreichung des beschädigten Geldes und machen Sie genaue Angaben zur Beschädigungsursache und zum Verbleib fehlender Notenteile. Weisen Sie auch bitte auf eventuelle Gesundheitsgefährdungen hin, wenn Sie davon ausgehen müssen, dass Banknoten oder Münzen kontaminiert sind.

Wie geht es weiter?

Die Filialen der Bundesbank, die Ihr Geld nicht sofort umtauschen können, leiten die beschädigten Banknoten zur Ersatzleistungsprüfung an das Nationale Analysezentrum bei der Hauptverwaltung Rheinland-Pfalz und Saarland weiter. In der Regel dauert es etwa vier Wochen von der Einreichung des Geldes bei einer Filiale der Bundesbank bis zur Gutschrift des Gegenwertes bzw. der schriftlichen Mitteilung über die Ablehnung der Ersatzleistung. Die Begutachtung besonders schwieriger oder arbeitsintensiver Fälle kann mehrere Monate dauern.

Erhebt die Bundesbank Gebühren für die Ersatzleistung?

Die Bundesbank berechnet lediglich für den Umtausch von Euro-Banknoten, die durch die Fehlauslösung von Raubstoppvorrichtungen beschädigt wurden, Gebühren. In allen anderen Fällen erfolgt die Ersatzleistung kostenlos.

2 Beschreiben Sie das Umtauschverfahren!

1.3 Geldwäsche

Benutzen Sie für die Lösung der folgenden Aufgaben den Text des Geldwäschegesetzes von Seite 12ff.

1.3.1

Herr Peter Müller spricht erstmalig am Schalter der Volksbank Gera vor und möchte folgende Einzahlung leisten:

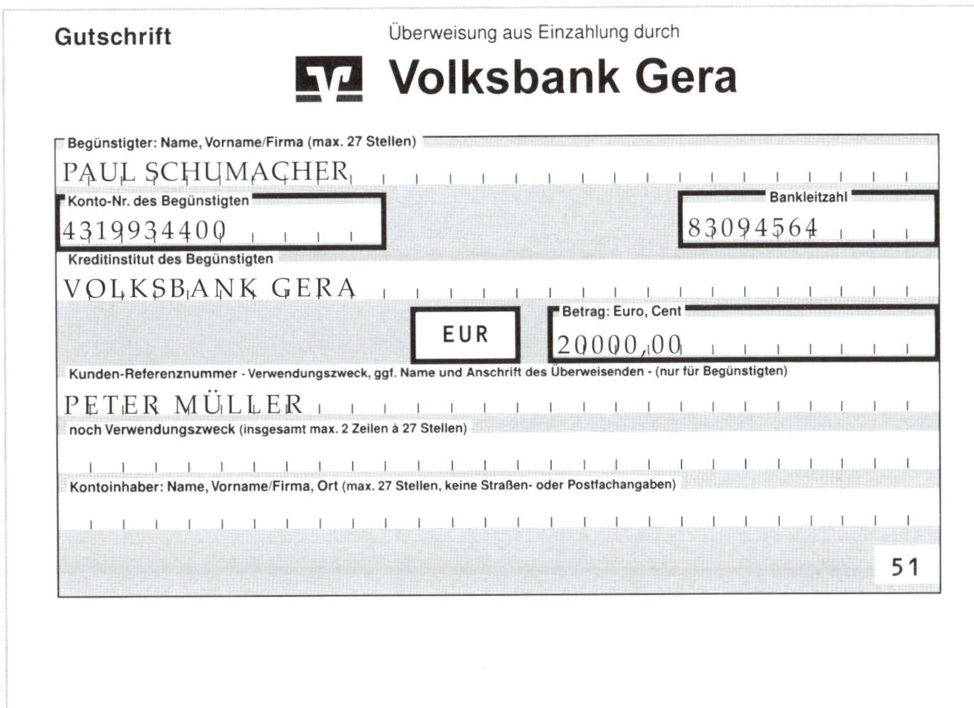

Gutschrift

Überweisung aus Einzahlung durch

Volksbank Gera

Begünstigter: Name, Vorname/Firma (max. 27 Stellen)
PAUL SCHUMACHER

Konto-Nr. des Begünstigten: 4319934400

Bankleitzahl: 83094564

Kreditinstitut des Begünstigten
VOLKSBANK GERA

EUR

Betrag: Euro, Cent: 20000,00

Kunden-Referenznummer - Verwendungszweck, ggf. Name und Anschrift des Überweisenden - (nur für Begünstigten)
PETER MÜLLER

noch Verwendungszweck (insgesamt max. 2 Zeilen à 27 Stellen)

Kontoinhaber: Name, Vorname/Firma, Ort (max. 27 Stellen, keine Straßen- oder Postfachangaben)

51

Aufgaben:

1. Welche Pflichten hat die Volksbank Gera nach den Vorschriften des Geldwäschegesetzes?

2. Füllen Sie das Formular „Identifizierung und Aufzeichnungen gemäß Geldwäschegesetz" aus! Dazu lassen Sie sich von Herrn Müller den Personalausweis vorlegen.

3. Welche Aufbewahrungspflicht gilt für diese Aufzeichnung?

2 Richard, Mühlmeyer - ISBN 978-3-8120-1232-4

Volksbank Gera eG

Identifizierung und Aufzeichnungen gemäß Geldwäschegesetz	Zur bankinternen Bearbeitung Nr.

1 Identifizierung des Vertragspartners

Name: ____________________ Vorname: ____________________

1.1 ☐ Bereits identifiziert siehe Konto-/Kunden-Nr.: __________

1.2 ☐ Feststellung und Verifizierung der Identität bei natürlichen Personen:

Geburtsort: ____________________ Geburtsdatum: __________

Straße: ____________________ Wohnort: ____________________

Staatsangehörigkeit: ____________________

Ausweis-Art/Nr.: ____________________ Ausstellende Behörde: ____________________

1.3 ☐ Feststellung und Verifizierung der Identität bei juristischen Personen:

Firma, Name oder Bezeichnung/Anschrift des Sitzes oder der Hauptniederlassung:

Rechtsform:

Namen der Mitglieder des Vertretungsorgans/des gesetzlichen Vertreters (bei juristischen Personen die vorstehend genannten Angaben zu diesen auf weiterem Vordruck dokumentieren)

Register-Eintragung (soweit vorhanden) beim Registergericht:
unter der Nr.: Registerauszug vom: wurde eingesehen/liegt vor.

Soweit keine Register-Eintragung vorhanden, wurden folgende gleichwertige beweiskräftige Dokumente eingesehen/hereingenommen:

2 Transaktion (gegebenenfalls zugunsten bzw. zulasten Konto-/Depot-Nr.:

____________________)

Zur bankinternen Bearbeitung

Annahme	Betrag/Währung:	**Abgabe**	Betrag/Währung:	**Tausch**	Betrag/Währung:
☐ Bargeld		☐ Bargeld		☐ Bargeld	
☐ Wertpapier		☐ Wertpapier		☐ Wertpapier	
☐ Edelmetall		☐ Edelmetall			

☐ Sonstige Transaktion (z. B. Hereinnahme von Drittsicherheit, sachenrechtlicher Eigentumswechsel):

Seite 1 von 2

3 Wirtschaftlich Berechtigter

3.1 Der Vertragspartner handelt

☐ im eigenen wirtschaftlichen Interesse und nicht auf fremde Veranlassung (insbesondere nicht als Treuhänder).

☐ auf Veranlassung und im wirtschaftlichen Interesse der nachfolgend aufgeführten natürlichen[1] Person (insbesondere eines Treugebers):

Name, Vorname, gegebenenfalls weitere Identifizierungsmerkmale (z. B. Anschrift, Geburtsdatum)

Ist der Vertragspartner keine natürliche Person, sind zusätzlich folgende Feststellungen zu treffen:

3.2 Der Vertragspartner/Treugeber ist/hat

☐ börsennotiert an einem organisierten Markt im Sinne des § 2 Abs. 5 WpHG, an dem dem Gemeinschaftsrecht entsprechende Transparenzanforderungen im Hinblick auf Stimmrechtsanteile oder gleichwertige internationale Standards gelten.

☐ eine öffentliche Behörde im Sinne des § 5 Abs. 2 Nr. 4 GwG.

☐ ein Kreditinstitut oder weiteres Unternehmen im Sinne des § 5 Abs. 2 Nr. 1 GwG.

☐ keinen erkennbaren wirtschaftlich Berechtigten, da die Beteiligungsgrenzen nicht überschritten werden (d. h. nicht mehr als 25 Prozent Kapital- oder Stimmrechtsanteile) und andere tatsächliche Kontrolle nicht erkennbar ist.

3.3 Fällt der Vertragspartner/Treugeber nicht unter Ziffer 3.2 ist abzuklären, wer wirtschaftlich Berechtigte(r) gemäß § 1 Abs. 6 GwG ist/sind[2]:

Name, Vorname, gegebenenfalls weitere Identifizierungsmerkmale (z. B. Anschrift, Geburtsdatum)

4 Art und Zweck der Geschäftsbeziehung (nur bei geschäftlicher Nutzung und soweit sich dies nicht aus dem jeweiligen Produkt ergibt - z. B. Zahlungsverkehr, Vermögens-/Geldanlage, Kreditgeschäft)

5 PEP-Status[3]

☐ Vertragspartner ist kein PEP

☐ Vertragspartner ist PEP

Bemerkungen/Herkunft der Vermögenswerte (soweit Vertragspartner PEP ist)

Raum für Vermerke bei etwaiger Aktualisierung der erhobenen Daten

Datum | Bankstelle | Name oder Nummer des Mitarbeiters | Unterschrift des Bankmitarbeiters

1 Ist der Treugeber keine natürliche Person, ist die natürliche Person (soweit vorhanden), in deren Eigentum oder unter deren Kontrolle der Treugeber letztlich steht, anhand von Ziffern 3.2 und 3.3 zu ermitteln.

2 **Bei Gesellschaften** ist neben dem Treugeber die natürliche Person wirtschaftlich Berechtigter, die letztlich Eigentümer des Vertragspartners/Treugebers ist oder diesen kontrolliert. Kontrolle/Eigentum wird vermutet, wenn eine Person über 25 Prozent der Stimmrechts- oder Kapitalanteile unmittelbar oder mittelbar kontrolliert (§ 1 Abs. 6 Nr. 1 GwG). In den unter Ziffer 3.2 aufgeführten Fällen des § 5 Abs. 2 GwG kann auf eine Abklärung des wirtschaftlich Berechtigten verzichtet werden. Führt eine Gesellschaft ein Treuhandkonto ist die Erfassung der Treugeber als wirtschaftlich Berechtigte ausreichend.
Bei rechtsfähigen Stiftungen und Rechtsgestaltungen, mit denen treuhänderisch Vermögen verwaltet oder verteilt oder die Verwaltung oder Verteilung durch Dritte beauftragt wird - oder diesen vergleichbaren Rechtsformen - ist/sind wirtschaftlich Berechtigte(r) die natürliche(n) Person(en), die hinsichtlich 25 Prozent des Vermögens oder mehr Begünstigte(r) sind. Ist der Begünstigte noch nicht bestimmt, wird das Vermögen aber hauptsächlich für eine Gruppe von natürlichen Personen verwaltet, so gilt diese Gruppe von natürlichen Personen als wirtschaftlich Berechtigte (§ 1 Abs. 6 Nr. 2 GwG.

3 PEP = politisch exponierte Person - Klärung ist nur erforderlich bei natürlichen Personen mit Wohnsitz im Ausland und soweit PEP-Status nicht institutsintern anderweitig geklärt wird.

1.3.2

Am Schalter Ihres Ausbildungsbetriebs erscheint die Nichtkundin Karin Kramer und möchte 20 000,00 Euro bar auf ein Konto, das nicht bei Ihrem Ausbildungsbetrieb geführt wird, einzahlen.

AUFGABEN:

1. Erläutern Sie, welche Handlungen von Ihnen gemäß Geldwäschegesetz durchzuführen sind!
2. Führen Sie drei Fälle auf, in denen im Allgemeinen eine Identifizierungspflicht gemäß Geldwäschegesetz für Kreditinstitute besteht!
3. In welchen Fällen kann von einer Identifizierung abgesehen werden?

1.3.3

Auf das Konto des Kunden Klaus Rademacher, 21, Student an einer Fachhochschule, werden drei Mal 10 000,00 Euro mit dem Verwendungszweck „Urlaub" eingezahlt. Der Kontostand des Kunden wies bisher ausschließlich Bewegungen bis maximal 1 200,00 Euro auf. An BAFöG werden dem Kunden regelmäßig 450,00 Euro überwiesen. Das Semester und damit die Vorlesungen haben gerade wieder begonnen.

Eine Woche nach der letzten Einzahlung möchte Herr Rademacher den Betrag von 30 000,00 Euro auf ein Nummernkonto in der Schweiz überweisen, Verwendungszweck „Urlaub in Deutschland".

AUFGABEN:

1. Wie verhalten Sie sich gemäß Geldwäschegesetz richtig?
2. Wie ist mit dem Kundenauftrag weiter zu verfahren?

Auszug: **Gesetz über das Aufspüren von Gewinnen aus schweren Straftaten (Geldwäschegesetz – GwG)**

Abschnitt I
Begriffsbestimmungen und Verpflichtete

§ 1

Begriffsbestimmungen

(1) Identifizieren im Sinne dieses Gesetzes besteht aus

1. der Feststellung der Identität durch Erheben von Angaben und
2. der Überprüfung der Identität.

(2) Terrorismusfinanzierung im Sinne dieses Gesetzes ist

1. die Bereitstellung oder Sammlung finanzieller Mittel in Kenntnis dessen, dass sie ganz oder teilweise dazu verwendet werden oder verwendet werden sollen,

a) eine Tat nach § 129a, auch in Verbindung mit § 129b des Strafgesetzbuches, oder

b) eine andere der [...] zur Terrorismusbekämpfung [...] umschriebenen Straftaten

zu begehen oder zu einer solchen Tat anzustiften oder Beihilfe zu leisten. [...]

(3) Geschäftsbeziehung im Sinne dieses Gesetzes ist jede geschäftliche oder berufliche Beziehung, die unmittelbar in Verbindung mit den geschäftlichen oder beruflichen Aktivitäten der Verpflichteten unterhalten wird, und bei der beim Zustandekommen des Kontakts davon ausgegangen wird, dass sie von gewisser Dauer sein wird.

(4) Transaktion im Sinne dieses Gesetzes ist jede Handlung, die eine Geldbewegung oder eine sonstige Vermögensverschiebung bezweckt oder bewirkt.

(5) [...]

(6) Wirtschaftlich Berechtigter im Sinne dieses Gesetzes ist die natürliche Person, in deren Eigentum oder unter deren Kontrolle der Vertragspartner letztlich steht, oder die natürliche Person, auf deren Veranlassung eine Transaktion letztlich durchgeführt oder eine Geschäftsbeziehung letztlich begründet wird. [...]

(6a) [...]

(7) [...]

§ 2

Verpflichtete

(1) Verpflichtete im Sinne dieses Gesetzes sind, soweit sie in Ausübung ihres Geschäfts oder Berufs handeln,

1. Kreditinstitute [...]
2. Finanzdienstleistungsinstitute [...]
2a. – 2c. [...]
3. Finanzunternehmen [...]
4. – 13. [...]

(2) [...]

Abschnitt 2
Sorgfaltspflichten und interne Sicherungsmaßnahmen

§ 3

Allgemeine Sorgfaltspflichten

(1) Verpflichtete im Sinne von § 2 Abs. 1 haben in den in Absatz 2 genannten Fällen die nachfolgenden allgemeinen Sorgfaltspflichten zu erfüllen:

1. die Identifizierung des Vertragspartners nach Maßgabe des § 4 Abs. 3 und 4,
2. die Einholung von Informationen über den Zweck und die angestrebte Art der Geschäftsbeziehung, soweit sich diese im Einzelfall nicht bereits zweifelsfrei aus der Geschäftsbeziehung ergeben,

3. die Abklärung, ob der Vertragspartner für einen wirtschaftlich Berechtigten handelt, und, soweit dies der Fall ist, dessen Identifizierung nach Maßgabe des § 4 Abs. 5 [...]
4. die kontinuierliche Überwachung der Geschäftsbeziehung, einschließlich der in ihrem Verlauf durchgeführten Transaktionen, [...]

(2) Die Sorgfaltspflichten nach Absatz 1 sind zu erfüllen:

1. im Falle der Begründung einer Geschäftsbeziehung,
2. im Falle der Durchführung einer außerhalb einer bestehenden Geschäftsbeziehung anfallenden Transaktion im Wert von 15000 Euro oder mehr; dies gilt auch, wenn mehrere Transaktionen durchgeführt werden, die zusammen einen Betrag im Wert von 15000 Euro oder mehr ausmachen, sofern Anhaltspunkte dafür vorliegen, dass zwischen ihnen eine Verbindung besteht. Die Sorgfaltspflichten nach Absatz 1 gelten auch für einen Geldtransfer im Sinne des Artikels 2 Nummer 7 der Verordnung (EG) Nr. 1781/2006 des Europäischen Parlaments und des Rates vom 15. November 2006 über die Übermittlung von Angaben zum Auftraggeber bei Geldtransfers (ABl. L 345 vom 8.12.2006, S. 1), soweit dieser außerhalb einer bestehenden Geschäftsbeziehung einen Betrag im Wert von 1000 Euro oder mehr ausmacht.
3. im Falle des Vorliegens von Tatsachen, die darauf hindeuten, dass es sich bei Vermögenswerten, die mit einer Transaktion oder Geschäftsbeziehung im Zusammenhang stehen, um den Gegenstand einer Straftat nach § 261 des Strafgesetzbuchs handelt oder die Vermögenswerte im Zusammenhang mit Terrorismusfinanzierung stehen, ungeachtet etwaiger in diesem Gesetz genannter Ausnahmeregelungen, Befreiungen und Schwellenbeträge,
4. im Falle von Zweifeln, ob die auf Grund von Bestimmungen dieses Gesetzes erhobenen Angaben zu der Identität des Vertragspartners oder des wirtschaftlich Berechtigten zutreffend sind. [...]

(3) [...]

(4) [...]

(5) [...]

(6) Kann der Verpflichtete die Sorgfaltspflichten nach Absatz 1 Nr. 1 bis 3 nicht erfüllen, darf die Geschäftsbeziehung nicht begründet oder fortgesetzt und keine Transaktion durchgeführt werden. Soweit eine Geschäftsbeziehung bereits besteht, ist diese vom Verpflichteten ungeachtet anderer gesetzlicher oder vertraglicher Bestimmungen durch Kündigung oder auf andere Weise zu beenden. [...]

§ 4
Durchführung der Identifizierung

(1) Verpflichtete haben Vertragspartner und soweit vorhanden wirtschaftlich Berechtigte bereits vor Begründung der Geschäftsbeziehung oder Durchführung der Transaktion zu identifizieren. Die Identifizierung kann noch während der Begründung der Geschäftsbeziehung abgeschlossen werden, wenn dies erforderlich ist, um den normalen Geschäftsablauf nicht zu unterbrechen, und ein geringes Risiko der Geldwäsche oder der Terrorismusfinanzierung besteht.

(2) Von einer Identifizierung kann abgesehen werden, wenn der Verpflichtete den zu Identifizierenden bereits bei früherer Gelegenheit identifiziert und die dabei erhobenen Angaben aufgezeichnet hat, es sei denn, der Verpflichtete muss auf Grund der äußeren Umstände Zweifel hegen, dass die bei der früheren Identifizierung erhobenen Angaben weiterhin zutreffend sind.

(3) Zur Feststellung der Identität des Vertragspartners hat der Verpflichtete folgende Angaben zu erheben:

1. bei einer natürlichen Person: Name, Geburtsort, Geburtsdatum, Staatsangehörigkeit und Anschrift,
2. bei einer juristischen Person oder einer Personengesellschaft: Firma, Name oder Bezeichnung, Rechtsform, Registernummer soweit vorhanden, Anschrift des Sitzes oder der Hauptniederlassung und Namen der Mitglieder des Vertretungsorgans oder der gesetzlichen Vertreter; ist ein Mitglied des Vertretungsorgans oder der gesetzliche Vertreter eine juristische Person, so sind deren Firma, Name oder Bezeichnung, Rechtsform, Registernummer soweit vorhanden und Anschrift des Sitzes oder der Hauptniederlassung zu erheben.

(4) Zur Überprüfung der Identität des Vertragspartners hat sich der Verpflichtete anhand der nachfolgenden Dokumente zu vergewissern, dass die nach Absatz 3 erhobenen Angaben zutreffend sind, soweit sie in den Dokumenten enthalten sind:

1. bei natürlichen Personen [...] anhand eines gültigen amtlichen Ausweises, der ein Lichtbild des Inhabers enthält und mit dem die Pass- und Ausweispflicht im Inland erfüllt wird, insbesondere anhand eines inländischen oder nach ausländerrechtlichen Bestimmungen anerkannten oder zugelassenen Passes, Personalausweises oder Pass- oder Ausweisersatzes,
2. bei juristischen Personen oder Personengesellschaften anhand eines Auszugs aus dem Handels- oder Genossenschaftsregister oder einem vergleichbaren amtlichen Register oder Verzeichnis, der Gründungsdokumente oder gleichwertiger beweiskräftiger Dokumente oder durch Einsichtnahme in die Register- oder Verzeichnisdaten. [...]

(5) Bei einem wirtschaftlich Berechtigten hat der Verpflichtete zur Feststellung der Identität zumindest dessen Name und, soweit dies in Ansehung des im Einzelfall bestehenden Risikos der Geldwäsche oder der Terrorismusfinanzierung angemessen ist, weitere Identifizierungsmerkmale zu erheben. [...]

(6) Der Vertragspartner hat dem Verpflichteten die zur Erfüllung der Pflichten gemäß den vorstehenden Absätzen notwendigen Informationen und Unterlagen zur Verfügung zu stellen und sich im Laufe der Geschäftsbeziehung ergebende Änderungen unverzüglich anzuzeigen.

[...]

§ 5
Vereinfachte Sorgfaltspflichten

(1) Soweit die Voraussetzungen des § 6 nicht vorliegen, können Verpflichtete in den Fällen des Absatzes 2 Nummer 1 bis 4 vorbehaltlich einer Risikobewertung des Verpflichteten auf Grund besonderer Umstände des Einzelfalls vereinfachte Sorgfaltspflichten anwenden. Diese umfassen die Indentifizierungspflicht im Sinne des § 3 Absatz 1 Nummer 1 und im Falle einer Geschäftsbeziehung eine kontinuierliche Überwachungspflicht im Sinne des § 3 Absatz 1 Nummer 4; der Umfang der Überprüfung der Identität im Sinne des § 4 Absatz 4 und der Überwachung kann angemessen reduziert werden. [...]

(2) [...]

(3) [...]

(4) [...]

§ 6
Verstärkte Sorgfaltspflichten

(1) Soweit erhöhte Risiken bezüglich der Geldwäsche oder der Terrorismusfinanzierung bestehen können, haben Verpflichtete zusätzliche, dem erhöhten Risiko angemessene verstärkte Sorgfaltspflichten zu erfüllen. [...]

(2) Insbesondere in folgenden Fällen ist von einem erhöhten Risiko auszugehen und sind die nachstehend jeweils aufgeführten verstärkten Sorgfaltspflichten zu erfüllen: [...]

(3) [...]

§ 7

Ausführung durch Dritte

[...]

§ 8

Aufzeichnungs- und Aufbewahrungspflicht

(1) Soweit nach diesem Gesetz Sorgfaltspflichten bestehen, sind die erhobenen Angaben und eingeholten Informationen über Vertragspartner, wirtschaftlich Berechtigte, Geschäftsbeziehungen und Transaktionen aufzuzeichnen. In den Fällen des § 4 Abs. 4 Satz 1 Nr. 1 sind auch die Art, die Nummer und die ausstellende Behörde des zur Überprüfung der Identität vorgelegten Dokuments aufzuzeichnen. [...] Wird nach § 4 Abs. 2 von einer erneuten Identifizierung abgesehen, so sind der Name des zu Identifizierenden und der Umstand, dass er bei früherer Gelegenheit identifiziert worden ist, aufzuzeichnen. [...]

(2) Die Aufzeichnungen können auch als Wiedergaben auf einem Bildträger oder auf anderen Datenträgern gespeichert werden. Es muss sichergestellt sein, dass die gespeicherten Daten mit den festgestellten Angaben übereinstimmen, während der Dauer der Aufbewahrungsfrist verfügbar sind und jederzeit innerhalb angemessener Frist lesbar gemacht werden können.

(3) Die Aufzeichnungen nach Absatz 1 und sonstige Belege über Geschäftsbeziehungen und Transaktionen sind unbeschadet anderer gesetzlicher Bestimmungen mindestens fünf Jahre aufzubewahren. Die Aufbewahrungsfrist im Falle des § 3 Abs. 2 Satz 1 Nr. 1 beginnt mit dem Schluss des Kalenderjahres, in dem die Geschäftsbeziehung endet. In den übrigen Fällen beginnt sie mit dem Schluss des Kalenderjahres, in dem die jeweilige Angabe festgestellt worden ist.

(4) [...]

§ 9

Interne Sicherungsmaßnahmen

(1) Verpflichtete im Sinne von § 2 Abs. 1 müssen angemessene interne Sicherungsmaßnahmen dagegen treffen, dass sie zur Geldwäsche und zur Terrorismusfinanzierung missbraucht werden können. [...]

(2) Interne Sicherungsmaßnahmen im Sinne des Absatzes 1 sind

1. für Verpflichtete im Sinne des § 2 Absatz 1 Nummer 3, 11 und 12 die Bestellung eines der Geschäftsleitung unmittelbar nachgeordneten Geldwäschebeauftragten, der Ansprechpartner für die Strafverfolgungsbehörden, das Bundeskriminalamt – Zentralstelle für Verdachtsmeldungen – und die nach § 16 Absatz 2 zuständige Behörde ist[1]. Für den Fall seiner Verhinderung ist dem Geldwäschebeauftragten ein Stellvertreter zuzuordnen. Seine Bestellung und Entpflichtung sind der nach § 16 Absatz 2 zuständigen Behörde mitzuteilen. Dem Geldwäschebeauftragten ist ungehinderter Zugang zu sämtlichen Informationen, Daten, Aufzeichnungen und Systemen zu verschaffen, die im Rahmen der Erfüllung seiner Aufgaben von Bedeutung sein können. Die Verwendung der Daten und Informationen ist dem Geldwäschebeauftragten ausschließlich zur Erfüllung seiner Aufgaben gestattet. Ihm sind ausreichende Befugnisse zur Erfüllung seiner Funktion einzuräumen;
2. für Verpflichtete im Sinne des § 2 Absatz 1 Nummer 2b bis 3, 5, 7 bis 11 und 13 die Entwicklung und Aktualisierung angemessener geschäfts- und kundenbezogener Sicherungssysteme und Kontrollen, die der Verhinderung der Geldwäsche und der Terrorismusfinanzierung dienen. Hierzu gehört auch die Verhinderung des Missbrauchs von neuen Technologien für Zwecke der Geldwäsche und der Terrorismusfinanzierung oder für die Begünstigung der Anonymität von Geschäftsbeziehungen oder Transaktionen;
3. Verfahren und Informationen zur Unterrichtung der Beschäftigten über Typologien und aktuelle Methoden der Geldwäsche und der Terrorismusfinanzierung und die zur Verhinderung von Geldwäsche und Terrorismusfinanzierung bestehenden Pflichten durch geeignete Maßnahmen;
4. geeignete risikoorientierte Maßnahmen zur Prüfung der Zuverlässigkeit der Beschäftigten. Zuverlässig ist, wer die Gewähr dafür bietet, dass die Pflichten nach diesem Gesetz, sonstige geldwäscherechtliche Pflichten und die beim Verpflichteten eingeführten Grundsätze, Verfahren, Kontrollen und Verhaltensrichtlinien zur Verhinderung der Geldwäsche und Terrorismusfinanzierung sorgfältig beachtet, Tatsachen im Sinne des § 11 Absatz 1 dem Vorgesetzten oder Geldwäschebeauftragten, soweit ein solcher bestellt ist, meldet und sich nicht selbst an zweifelhaften Transaktionen oder Geschäften aktiv oder passiv beteiligt. Die Personalkontroll- und Beurteilungssysteme des Verpflichteten sollen grundsätzlich eine regelmäßige, die Zuverlässigkeit betreffende Überprüfung der Beschäftigten gewährleisten.

(3), (4), (5) [...]

Abschnitt 3
Zentralstelle für Verdachtsmeldungen, Meldepflichten und Datenverwendung

§ 10

Zentralstelle für Verdachtsmeldungen

(1) Das Bundeskriminalamt – Zentralstelle für Verdachtsmeldungen – unterstützt als Zentralstelle [...] die Polizeien des Bundes und der Länder bei der Verhütung und Verfolgung der Geldwäsche und der Terrorismusfinanzierung. Das Bundeskriminalamt – Zentralstelle für Verdachtsmeldungen – hat

1. die [...] übermittelten Meldungen zu sammeln und auszuwerten, insbesondere Abgleiche mit bei anderen Stellen gespeicherten Daten zu veranlassen,
2. die Strafverfolgungsbehörden des Bundes und der Länder unverzüglich über die sie betreffenden Informationen und die in Erfahrung gebrachten Zusammenhänge von Straftaten zu unterrichten,
3. Statistiken zu den [...] genannten Zahlen und Angaben zu führen,
4. einen Jahresbericht zu veröffentlichen, der die Meldungen nach Nummer 1 analysiert und
5. die nach diesem Gesetz Meldepflichtigen regelmäßig über Typologien und Methoden der Geldwäsche und der Terrorismusfinanzierung zu informieren.

(2), (3), (4) [...]

§ 11

Meldung von Verdachtsfällen

(1) Liegen Tatsachen vor, die darauf hindeuten, dass es sich bei Vermögenswerten, die mit einer Transaktion oder Geschäftsbeziehung im Zusammenhang stehen, um den Gegenstand einer Straftat nach § 261 des Strafgesetzbuchs handelt oder die Vermögenswerte im Zusammenhang mit Terrorismusfinanzierung stehen, hat der Verpflichtete diese Transaktion unabhängig von ihrer Höhe oder diese Geschäftsbeziehung unverzüglich mündlich, telefonisch, fernschriftlich oder durch elektronische Daten-

1 Die zuständige Behörde für Kreditinstitute ist die Bundesanstalt für Finanzdienstleistungsaufsicht.

übermittlung dem Bundeskriminalamt – Zentralstelle für Verdachtsmeldungen – und der zuständigen Strafverfolgungsbehörde zu melden. Die Pflicht zur Meldung nach Satz 1 besteht auch, wenn Tatsachen darauf schließen lassen, dass der Vertragspartner seiner Offenlegungspflicht gemäß § 4 Absatz 6 Satz 2 zuwidergehandelt hat.

(1a) Eine angetragene Transaktion darf frühestens durchgeführt werden, wenn dem Verpflichteten die Zustimmung der Staatsanwaltschaft übermittelt wurde oder wenn der zweite Werktag nach dem Abgangstag der Meldung verstrichen ist, ohne dass die Durchführung der Transaktion durch die Staatsanwaltschaft untersagt worden ist; hierbei gilt der Sonnabend nicht als Werktag. Ist ein Aufschub der Transaktion nicht möglich oder könnte dadurch die Verfolgung der Nutznießer einer mutmaßlichen strafbaren Handlung behindert werden, so darf die Transaktion durchgeführt werden; die Meldung ist unverzüglich nachzuholen.

(2) Eine mündlich oder telefonisch gestellte Meldung nach Absatz 1 ist schriftlich, fernschriftlich oder durch elektronische Datenübermittlung zu wiederholen.

(3), (4), (5), (6), (7), (8) [...]

§ 12

Verbot der Informationsweitergabe

(1) Ein Verpflichteter darf den Auftraggeber der Transaktion und sonstige Dritte nicht von einer beabsichtigten oder erstatteten Meldung nach § 11 Abs. 1 oder von einem daraufhin eingeleiteten Ermittlungsverfahren in Kenntnis setzen. [...]

(2), (3), (4) [...]

2 SEPA – Einheitlicher Euro-Zahlungsverkehrsraum

In Europa grenzenlos bezahlen

Wer seinen Wein in Spanien bestellt, eine Überweisung in die Schweiz vornimmt oder Rechnungsbeträge von Kunden aus Mailand einzieht, der kann solche Transaktionen so bequem durchführen wie innerhalb Deutschlands. Ein einziges Girokonto reicht dafür aus – dank neuem SEPA-Standard.

Der Euro ist sichtbares Zeichen der wirtschaftlichen Integration Europas. Die Einführung der Gemeinschaftswährung konnte allerdings die nationale Fragmentierung des unbaren Massenzahlungsverkehrs – also Überweisungen, Lastschriften und Kartenzahlungen – zunächst nicht überwinden. Kein Wunder, war doch der Massenzahlungsverkehr und seine elektronischen Zahlungsverkehrssysteme ursprünglich auf nationaler Ebene konzipiert worden. Das Resultat: Ein Wust an von Land zu Land unterschiedlichen Rechtsvorschriften, Verfahrensabläufen und technischen Standards.

Einheitliche Kontenabstimmung gerade für Geschäftskunden wurde so ein hochkomplexes Unterfangen. Also musste ein neuer einheitlicher Rechtsrahmen für europäische Finanztransfers her, der dann auch durch die Europäische Kommission, den Europäischen Rat und das Europäische Parlament entwickelt und verabschiedet wurde. Die europäischen Ländergrenzen verlieren also auch im Zahlungsverkehr zunehmend an Bedeutung.

Einheitlicher Zahlungsverkehrsraum

Das Ergebnis war SEPA (Single Euro Payments Area), ein einheitlicher Euro-Zahlungsverkehrsraum, in dem die Unterscheidung zwischen nationalen und grenzüberschreitenden Zahlungen entfallen ist, d. h., dass es in Europa Zahlungsinstrumente gibt, die jeder Kunde an jedem Ort einsetzen kann. Im bargeldlosen Zahlungsverkehr ist somit ein europäischer Binnenmarkt entstanden, an dem 33 Länder beteiligt sind – die 28 EU-Mitgliedsstaaten, die EWR-Staaten Norwegen, Liechtenstein, Island sowie die Schweiz und Monaco. Rechtliche Grundlage für die EU-Staaten ist eine EU-Richtlinie, die in nationales Recht umgesetzt wurde.

„Für Privatkunden bedeutet das, dass europaweit nur noch ein einziges Girokonto benötigt wird, von dem sie Überweisungen oder Lastschriften überall im SEPA-Raum so einfach tätigen können wie zuhause", sagt Michelle Schmitz vom Bundesverband deutscher Banken gegenüber Aspect Online. Die EU verspricht sich von dem Verfahren mehr Effizienz und neue Angebote. Der Wettbewerb soll gestärkt werden, indem Verbraucher sich das leistungsstärkste Institut in Europa aussuchen können.

Neue Zahlungsinstrumente

Die SEPA-Debitkarte:

Damit können Kartenzahlungen in ganz Europa vorgenommen werden und es besteht damit kein Unterschied mehr zum Karteneinsatz im Heimatland. Der Vorteil ist hierbei mehr Flexibilität und als Kunde muss man im Ausland nicht mehr so viel Bargeld mit sich herumtragen.

Karten ohne Chip und Bankkundenkarten mit Chip, die vor August 2007 ausgegeben wurden, sind nicht SEPA-geeignet. Sie können nicht mehr eingesetzt werden, da Händlerterminals und Geldautomaten auf SEPA-Technik umgestellt sind.

Mit neuen einheitlichen Sicherheitsstandards, dem EMV-Standard (EMV steht für Eurocard, MasterCard und VISA), wird den Verbrauchern ein verbesserter Schutz vor Kartenmissbrauch geboten. EMV-Chips zeichnen sich dadurch aus, dass sie fälschungssicher und nicht duplizierbar sind. Im Gegensatz zum Magnetstreifen kann der EMV-Chip Daten verschlüsseln.

Die SEPA-Überweisung:

Bei Überweisungen müssen sich Bankkunden an neue Formulare und neue Nummern gewöhnen: Statt Kontonummer und Bankleitzahl kommen die internationale Kontonummer IBAN und die internationale Bankkennzeichnung BIC zum Einsatz. In einer Übergangszeit bis 1. Februar 2016 können Privatkunden ihre Zahlungen noch mit der bisherigen Kontonummer und Bankleitzahl tätigen. Firmenkunden müssen ab 1. Februar 2014 den neuen Standard nutzen.

Die SEPA-Lastschrift:

Eine wirkliche Neuerung ist das SEPA-Lastschriftverfahren. Waren bisher Lastschrifteinzüge über Grenzen aufwendig und teuer, so ist es mit der SEPA-Lastschrift möglich, fällige Beträge bequem und über Grenzen hinaus einziehen zu lassen.

Voraussetzung für den Einzug von Geldern per Lastschrift ist das SEPA-Lastschriftmandat, in Deutschland bisher als Einzugsermächtigung bekannt. Das SEPA-Lastschriftmandat ermächtigt den Zahlungsempfänger, den fälligen Betrag vom Konto des Zahlers einzuziehen, gleichzeitig wird die Bank des Zahlers zur Einlösung der Lastschrift angewiesen. Auch hier gibt es keine Betragsgrenze. Der Zahlungsempfänger kann Lastschrifteinreichungen nur in elektronischer Form seinem Zahlungsdienstleister vorlegen.

Die neuen Zahlungsverkehrsstandards stehen für Überweisungen seit Januar 2008 und für Lastschriften seit November 2009 zur Verfügung. Die nationalen Zahlverfahren für Überweisungen und Lastschriften wurden zum 1. Februar 2014 durch die SEPA-Zahlverfahren abgelöst.

Quelle: In Anlehung an: http://www.aspect-online.de.

Aufgaben:

1 Skizzieren Sie die grundsätzliche Zielsetzung von SEPA!

2 Welche SEPA-Produkte können dem Bankkunden angeboten werden?

3 Welche Länder gehören dem einheitlichen Zahlungsverkehrsraum an?

4 Nennen Sie Vorteile, die mit der Einführung von SEPA verbunden sind!

3 Richard, Mühlmeyer - ISBN 978-3-8120-1232-4

3 Zahlungsarten im Überblick

3.1 Grundlegende Zahlungsarten

Überweisung

€uro-Überweisung

SEPA

COMMERZBANK

Nur für Überweisungen in Deutschland und in andere EU-/EWR-Staaten in Euro
Bitte Meldepflicht gemäß Außenwirtschaftverordnung beachten!
Entgeltfreie Auskunft unter 0800 - 1234 111

Angaben zum Zahlungsempfänger: Name, Vorname/Firma (max. 27 Stellen, bei maschineller Beschriftung max. 35 Stellen)
Rupieper, Frank, 04229 Leipzig

IBAN
DE18860956040000037982

BIC des Kreditinstituts/Zahlungsdienstleisters (8 oder 11 Stellen)
GENODEF1LVB ← Volksbank Leipzig

EUR

Betrag: Euro, Cent
--3850,00-----------

Kunden-Referenznummer - Verwendungszweck, ggf. Name und Anschrift des Zahlers - (nur für Zahlungsempfänger)
Rechnung vom 24.05.20..

noch Verwendungszweck (insgesamt max. 2 Zeilen à 27 Stellen, bei maschineller Beschriftung max. 2 Zeilen à 35 Stellen)

Angaben zum Kontoinhaber: Name, Vorname/Firma, Ort (max. 27 Stellen, keine Straßen- oder Postfachangaben)
Schenke, Hans, 01309 Dresden

IBAN
DE46850400000000149538 ← Commerzbank Dresden

16

30/33/47

SEPA

BITTE NICHT VERGESSEN: 05.Juni 20.. Schenke
Datum Unterschrift(en)

Lastschrift

Inhalt eines elektronischen Datensatzes einer SEPA-Basislastschrift

Name des Zahlungsempfängers:	Versicherungsbüro Krüger KG, 48167 Münster
Gläubiger-Identifikationsnummer:	DE0230849369112278
Mandatsreferenz/Ausstellungsdatum des Mandats:	3790/ 01.03.20.. des Vorjahres
Name des Zahlers:	Ursula Kleinrahm, 75323 Bad Wildbad
Name des Zahlungsdienstleisters des Zahlers:	Raiffeisenbank Oberer Wald eG
BIC des Zahlungsdienstleisters des Zahlers:	GENODES1ROW
IBAN des Zahlers:	DE30600694850000071692
Betrag:	531,00 EUR
Verwendungszweck:	Beitrag Lebensversicherung 1. Quartal 20..
Fälligkeitsdatum:	15. Februar 20..
Zusatzinformation:	Wiederkehrende Zahlung

Der Zahlungsdienstleister des Zahlungsempfängers ist die Volksbank Münster (BLZ 40160050)

Scheckzahlung

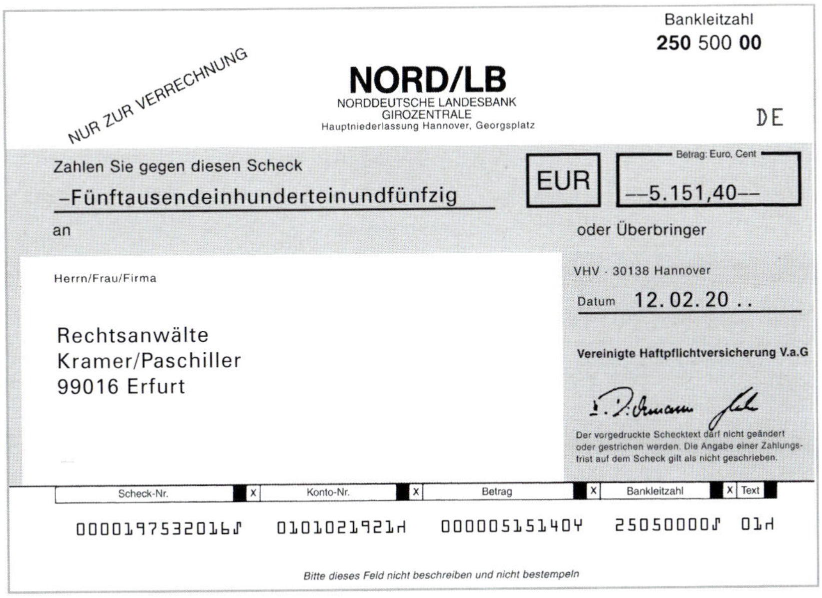

NUR ZUR VERRECHNUNG

Bankleitzahl
250 500 00

NORD/LB
NORDDEUTSCHE LANDESBANK
GIROZENTRALE
Hauptniederlassung Hannover, Georgsplatz

DE

Zahlen Sie gegen diesen Scheck
–Fünftausendeinhunderteinundfünfzig

EUR

Betrag: Euro, Cent
––5.151,40––

an

oder Überbringer

Herrn/Frau/Firma

Rechtsanwälte
Kramer/Paschiller
99016 Erfurt

VHV · 30138 Hannover

Datum 12.02.20..

Vereinigte Haftpflichtversicherung V.a.G

Der vorgedruckte Schecktext darf nicht geändert oder gestrichen werden. Die Angabe einer Zahlungsfrist auf dem Scheck gilt als nicht geschrieben.

Scheck-Nr.	Konto-Nr.	Betrag	Bankleitzahl	Text
0000197532016⑀	0101021921⑁	0000051514O4	25050000⑀	01⑁

Bitte dieses Feld nicht beschreiben und nicht bestempeln

Der Schecknehmer, die Rechtsanwälte Kramer/Paschiller, unterhält sein Konto bei der Sparkasse Erfurt.

Kartenzahlung

```
* *  Kundenbeleg  * *
Sportschloss Velen
Schlossplatz 1
46342 Velen
Tel.: 02863/ 203-0
Kost. St. 001

Datum 31.03.20..      13:48 Uhr
Beleg-Nr.                  6250
Trace-Nr.                021234

           Bezahlung
          VISA CREDIT
       BERGMANN JUERGEN/

Nr.
 ###########3142           0003
gültig bis                03/16
VU-Nr.               4556048409
Genehmigungs-Nr.         026007
Terminal-ID            61238197
Pos-Info              00 053 00
AS-Zeit 31.03.        13:48 Uhr
EMV-Daten 0000008000/F80
0/040302/9002900000230300
000008000F80001//00

Capt._Ref.    : 0000
Seien-Nr.   : 00 053 00

         00 GENEHMIGT

Betrag EUR                245,00
00 GENEHMIGUNG KARTE
      GEPRUEFT
```

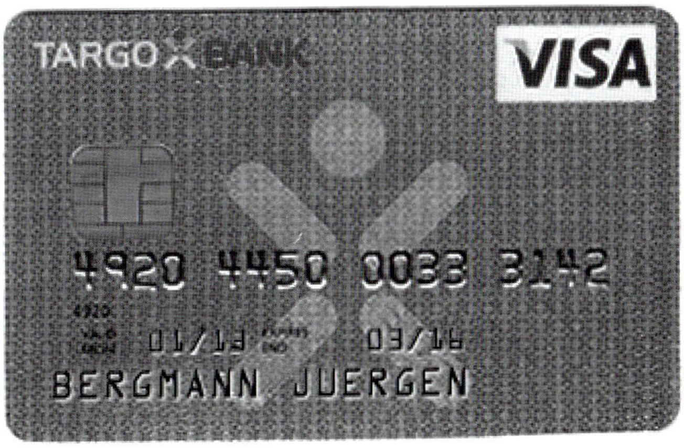

Der Zahler, Jürgen Bergmann, unterhält sein Konto bei der TARGOBANK Düsseldorf.

Der Zahlungsdienstleister des Zahlungsempfängers ist die Sparda-Bank Münster.

Eine **Überweisung** ist die buchmäßige Übertragung einer Geldsumme vom Konto des Zahlers (Auftraggeber) auf das Konto des Zahlungsempfängers. Grundlage der Überweisung ist der Überweisungsauftrag des Zahlers. Es ist ein Auftrag des Kunden an seine Bank, zulasten seines Kontos eine bestimmte Geldsumme an einen Begünstigten zu übermitteln. Überweisungen können in Euro innerhalb Deutschlands und grenzüberschreitend in alle SEPA-Teilnehmerländer per SEPA-Überweisung durchgeführt werden. Der Überweisende und der Begünstigte sowie deren Zahlungsdienstleister werden bei der SEPA-Überweisung durch zwei besondere Kennziffern identifiziert: die IBAN (International Bank Account Number, internationale Kontonummer) und den BIC (Business Identifier Code, internationale Bankleitzahl).

Die **Lastschrift** ist ein vom Gläubiger (Zahlungsempfänger) ausgelöster Zahlungsvorgang, mit dem bei der Bank des Zahlers fällige Forderungen durch Buchgeldübertragung eingezogen werden, sofern der Zahler mit dieser Form des Forderungseinzugs einverstanden ist. Die Lastschrift ist eine Weisung des Zahlungsempfängers an seine Bank, den Gegenwert einzuziehen. Zahler und Zahlungsempfänger können zwischen zwei Verfahren wählen: dem SEPA-Basis-Lastschriftverfahren und dem SEPA-Firmen-Lastschriftverfahren. Beide Verfahren ermöglichen inländische und grenzüberschreitende Lastschriften. Sie basieren auf einem vom Zahler unterschriebenen und dem Zahlungsempfänger erteilten Lastschrift-Mandat, das die Zustimmung des Zahlers gegenüber dem Zahlungsempfänger zum Einzug fälliger Forderungen mittels Lastschrift und die Weisung an seinen Zahlungsdienstleister (Zahlstelle) zur Einlösung durch Belastung seines Zahlungskontos enthält. SEPA-Lastschriften haben ein festes Fälligkeitsdatum, an dem die Kontobelastung erfolgt. Dieses wird dem Zahler vom Zahlungsempfänger vorab mitgeteilt. Auf diese Weise kann der Zahler sicherstellen, dass sein Zahlungskonto zum Zeitpunkt des Lastschrifteinzugs über genügend Deckung verfügt. Eine SEPA-Basislastschrift, bei der ein gültiges Mandat vorliegt, kann der Zahler innerhalb von acht Wochen nach dem Belastungsdatum ohne Angabe von Gründen zurückgeben, sodass der Belastungsbetrag wieder gutgeschrieben wird. Bei der SEPA-Firmen-Lastschrift kann der Zahler nach der Belastung keine Erstattung des Lastschriftbetrages verlangen. Diese Lastschriften können nicht an den Zahlungsempfänger zurückgegeben werden.

Der **Scheck** ist eine auf Sicht ausgestellte Zahlungsanweisung eines Kunden an ein Kreditinstitut, für Rechnung des Kunden (Aussteller) eine bestimmte Geldsumme zu zahlen.

Wenn Schecks keinen Vermerk „Nur zur Verrechnung" tragen, können sie durch Barauszahlung eingelöst werden (Barschecks). Wenn Schecks den Vermerk „Nur zur Verrechnung" tragen (Verrechnungsschecks), werden sie nur im Wege der Gutschrift eingelöst. Unterhält der Scheckinhaber bei dem bezogenen Institut ein Konto, erhält er Gutschrift auf diesem Konto. Diese Gutschrift gilt als Zahlung des bezogenen Instituts. Der Scheck ist damit eingelöst.

Unterhält der Scheckinhaber bei einem anderen Institut ein Konto, reicht er diesem Institut den Scheck zum Einzug ein. Das einziehende Institut legt den Scheck dem bezogenen Institut zur Einlösung vor und erhält Gutschrift im Verrechnungswege. Die Gutschrift gilt als Zahlung des bezogenen Instituts. Der Scheck ist damit eingelöst.

Die Abwicklung der Zahlung mit der **Kreditkarte** erfordert mehrere Schritte:

1. Der Karteninhaber legt zur Bezahlung der Leistung des Vertragsunternehmens bei diesem die Kreditkarte vor und unterzeichnet den Leistungsbeleg, welcher vom Vertragsunternehmen, der Akzeptanzstelle, aufgrund der gespeicherten Daten der Kreditkarte erstellt wird. Zugleich überprüft die Akzeptanzstelle den Verfügungsrahmen und eine eventuelle Sperre der Kreditkarte. Im Falle der positiven Autorisierung wird vom Kartenemittenten eine Autorisierungsnummer übermittelt, welche für das Vertragsunternehmen die Zahlungsgarantie darstellt.
2. Nach Prüfung der Unterschrift händigt das Vertragsunternehmen dem Karteninhaber eine Kopie bzw. Zweitschrift des Beleges aus.
3. Das Vertragsunternehmen reicht den Leistungsbeleg bei dem Kartenemittenten ein.
4. Der Kartenemittent zahlt dem Vertragsunternehmen über seinen Zahlungsdienstleister den Forderungsbetrag abzüglich des vereinbarten Disagios.
5. Monatlich erteilt der Kartenemittent dem Karteninhaber eine Sammelrechnung der über die Kreditkarte abgewickelten Zahlungen und belastet über seinen Zahlungsdienstleister das angegebene Konto.

Aufgaben:

1 Kennzeichnen Sie das Wesen der abgebildeten Zahlungsformen!

2 Nennen Sie jeweils den Zahler und den Zahlungsempfänger!

3 Skizzieren Sie in den nachfolgenden Schaubildern den jeweiligen Zahlungsweg! Vervollständigen Sie die Schaubilder. Tragen Sie die Namen der Beteiligten mit ihrer entsprechenden Bezeichnung ein, z. B. Volksbank Leipzig: Empfängerbank, Raiffeisenbank Oberer Wald eG: Zahlstelle. Bezeichnen Sie die Konten, tragen Sie Pfeilspitzen ein, beschriften Sie die Pfeile und buchen Sie die Zahlungen auf den Konten der betroffenen Kreditinstitute.

4 Welche besonderen Vorteile bieten die jeweiligen Zahlungsformen den Zahlungsempfängern und den Zahlern?

Überweisung

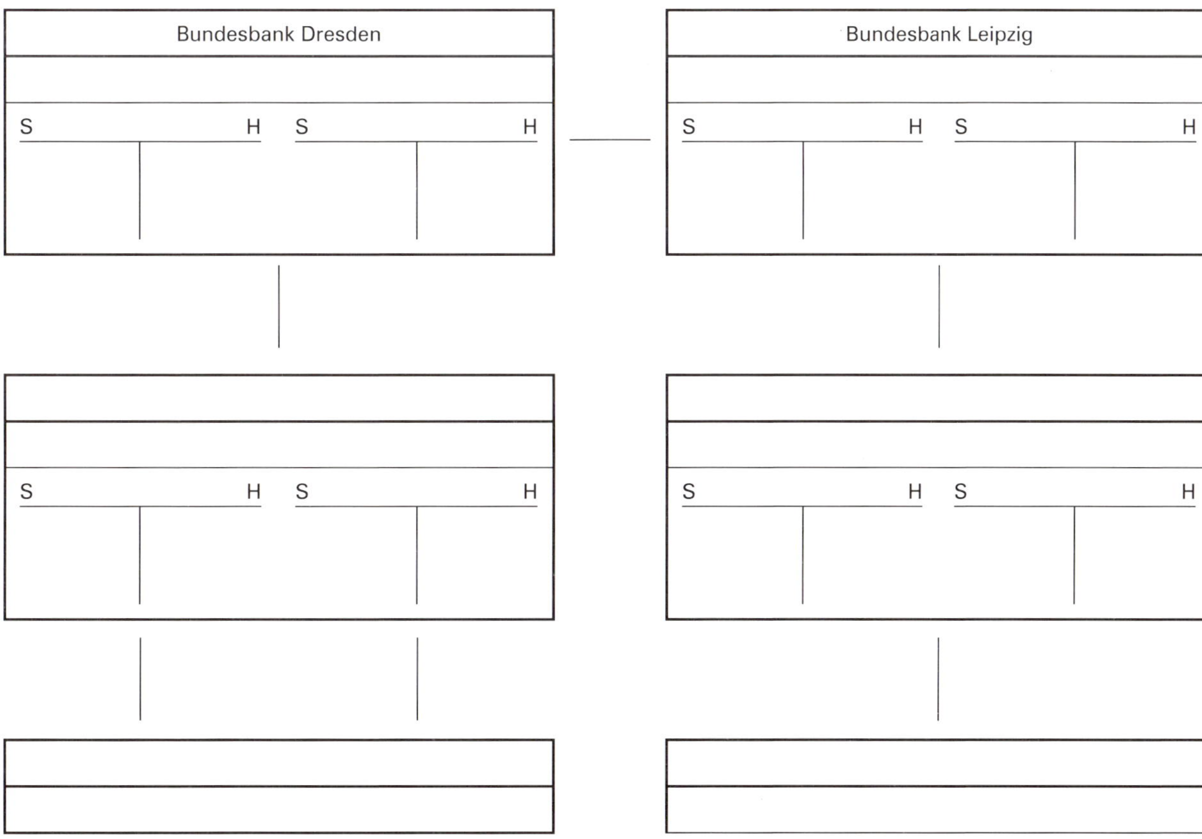

Lastschrift

Genossenschaftliche Zentralbank Stuttgart	Westdeutsche Genossenschafts-Zentralbank Münster
S H S H	S H S H
S H S H	S H S H

Scheckzahlung

	Landesbank Hessen – Thüringen (Helaba)
S H S H	S H S H
	S H S H

Kartenzahlung

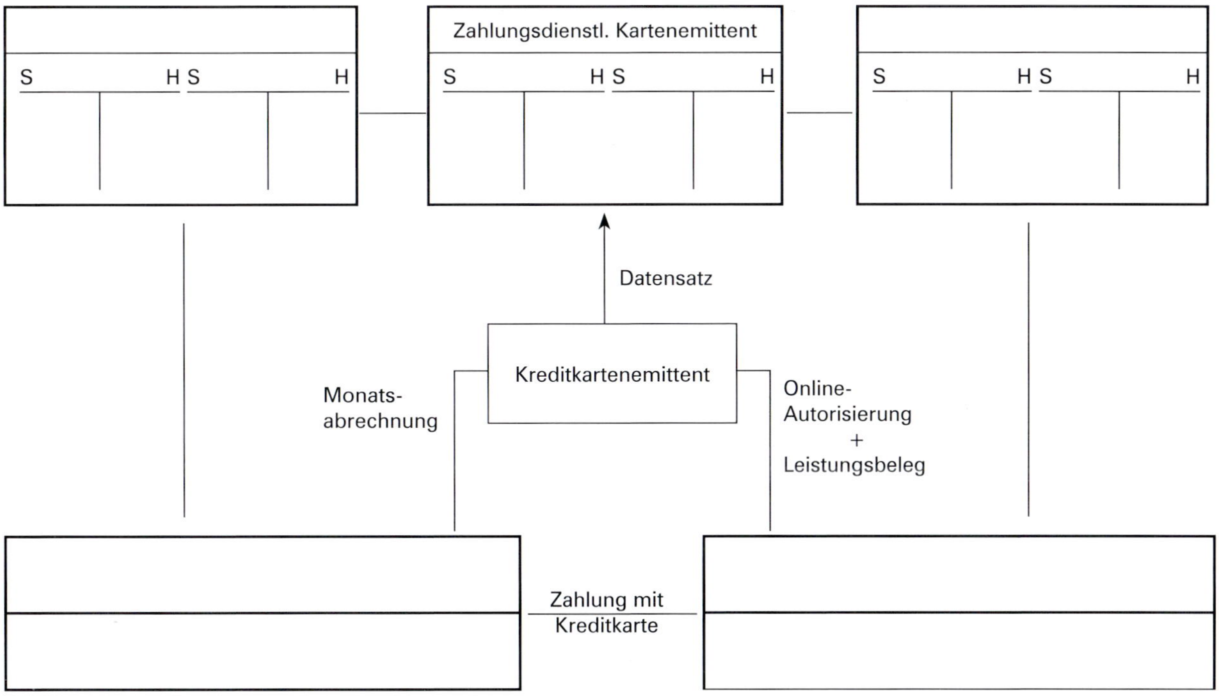

3.2 Beratung über Zahlungsmöglichkeiten

Der Inhaber der Gaststätte „Toni's Treff", der eingetragene Kaufmann Anton Lohkamp, der vor kurzem ein Geschäftsgirokonto eröffnet hat, bittet um Beratung über die zweckmäßigste Zahlungsmöglichkeit.

Welche Zahlungsweise schlagen Sie ihm vor? Begründen Sie diese!

a) Zahlung der monatlichen Telefonrechnung.

b) Zahlung der monatlichen Miete für das Geschäftslokal. Der Vermieter vermietet nur dieses Objekt.

c) Bezahlung einer von einem Lieferanten zugesandten Rechnung. Von diesem Lieferanten wird nur selten Ware bezogen. Das Geschäftsgirokonto wird regelmäßig kreditorisch geführt.

d) Bezahlung der monatlichen Stromrechnung für das Geschäftslokal.

e) Bezahlung des vierteljährlichen Versicherungsbeitrags.

f) Bezahlung der monatlichen Rechnungen über Bierlieferungen der Brauerei.

g) Bezahlung einer von einem Lieferanten zugesandten Rechnung. Von diesem Lieferanten wird nur selten Ware bezogen. Das Konto wird seit einiger Zeit debitorisch geführt.

4 Überweisungsverkehr

4.1 Grenzüberschreitende SEPA-Überweisung

Susanne Nigbur, Ruhrallee 28, 45128 Essen, Kundin der Commerzbank Essen, wünscht am Montag, dem 05.04.20.. an Herrn Sven Sörensen, Kopenhagen, Dänemark, 750,00 Euro als Anzahlung für die Miete eines Ferienhauses zu überweisen.

Dazu legt sie nachstehende Buchungsbestätigung/Rechnung (Auszug) vor:

Sven Sörensen
Taarbakvej 6

DK-2100 København 28.03.20..
Tlf. 70201020

Sehr geehrte Frau Nigbur,

bitte überweisen Sie die Anzahlung in Höhe von 750,00 Euro für den in der Zeit vom 20.07. bis 03. 08.20.. gemieteten Bungalow auf das unten angeführte Konto.

Danske Bank København
2–12 Holmens Kanal
København
IBAN: DK 50 0040 0440 1162 43
BIC (SWIFT-Code): DABADKKK

Berücksichtigen Sie für die Lösungen der folgenden Aufgaben das abgedruckte Informationsmaterial.

Aufgaben:

1 Füllen Sie den Überweisungsauftrag für die Kundin aus. Die IBAN der Kundin Susanne Nigbur lautet: DE61360400390656868719; die BIC der Commerzbank Essen: COBADEFF360.

€uro-Überweisung SEPA

COMMERZBANK

Nur für Überweisungen in Deutschland und in andere EU-/EWR-Staaten in Euro
Bitte Meldepflicht gemäß Außenwirtschaftverordnung beachten!
Entgeltfreie Auskunft unter 0800 - 1234 111

Angaben zum Zahlungsempfänger: Name, Vorname/Firma (max. 27 Stellen, bei maschineller Beschriftung max. 35 Stellen)

IBAN

BIC des Kreditinstituts/Zahlungsdienstleisters (8 oder 11 Stellen)

EUR Betrag: Euro, Cent

Kunden-Referenznummer - Verwendungszweck, ggf. Name und Anschrift des Zahlers - (nur für Zahlungsempfänger)

noch Verwendungszweck (insgesamt max. 2 Zeilen à 27 Stellen, bei maschineller Beschriftung max. 2 Zeilen à 35 Stellen)

Angaben zum Kontoinhaber: Name, Vorname/Firma, Ort (max. 27 Stellen, keine Straßen- oder Postfachangaben)

IBAN
D E 16

SEPA

30/33/47

BITTE NICHT VERGESSEN: Datum Unterschrift(en)

2 a) Die Kundin möchte über die Bedeutung und den Aufbau der International Bank Account Number (IBAN) und den Bank Identifier Code (BIC) informiert werden.

b) Erklären Sie der Kundin, warum die Kreditwirtschaft die IBAN und den BIC eingeführt hat.

c) Wie bekommt die Kundin ihre eigene IBAN und die ihres Vertragspartners?

3 Stellen Sie fest, welche Vertragsbeziehung im Überweisungsverkehr zwischen den Beteiligten, der Commerzbank AG und der Kundin Susanne Nigbur, besteht.

4 Beschreiben Sie die grundsätzlichen Pflichten bei diesem Vertrag.

5 Welche Gebühren stellt die Commerzbank Essen der Kundin Nigbur für die Ausführung dieser Überweisung in Rechnung? Die Kundin führt bei der Commerzbank ein sog. „0-Euro-Konto"mit einem Gehaltseingang über 1 200 EUR im Kalendermonat.

6 Welches System wendet die Commerzbank an? Skizzieren Sie die Abwicklung der vorliegenden Überweisung!

<table>
<tr><th>■ S.W.I.F.T.</th><th>■ Hauseigene Systeme</th><th>■ Verbundsysteme</th><th>■ Automated Clearing Houses</th></tr>
<tr><td>Beleglose Abwicklung des ZV zwischen Banken über computergesteuertes Netz der „SOCIETY…"</td><td colspan="2">Abwicklung über Korrespondenten
– eigene Einrichtungen im jeweiligen Land
– bilaterale Vereinbarungen mit einem Korrespondenten je Land
– bilaterale Vereinbarungen mit mehreren Korrespondenten je Land</td><td>Vernetzung von Clearing-Häusern unterschiedlicher Länder
Bsp.: CLSS[1]
Euro I System
Step 2[2]</td></tr>
<tr><td>Kommerzieller ZV</td><td colspan="3">(auch) Massenzahlungsverkehr</td></tr>
</table>

7 Bis zu welchem Datum ist der Überweisungsbetrag dem Konto des Kreditinstituts des Begünstigten gutzuschreiben? Gehen Sie davon aus, dass die zur Ausführung der Überweisung erforderlichen Angaben vor Ende der Annahmefrist am 05.04.20.. der Commerzbank vorliegen, der Auftrag vom Kunden autorisiert und zu diesem Zeitpunkt ein zur Ausführung der Überweisung ausreichendes Guthaben vorhanden ist. Die Danske Bank København nimmt am SEPA-Überweisungsverfahren teil.

8 Berechnen Sie den Betrag, der dem Vermieter Sven Sörensen gutgeschrieben wird. Die Danske Bank berechnet ein Entgelt von 30,00 DKK. Der Kunde Sörensen unterhält kein EUR-Konto.

(Umrechnungskurs: 1 € = 7,4549 DKK)

9 Nehmen Sie an, die Kundin würde den Überweisungsauftrag zurückrufen wollen, da ein zu hoher Betrag überwiesen wurde. Stellen Sie die Rechtslage dar!

10 Vier Wochen nach Auftragserteilung erscheint die Kundin in der Bank mit einem Schreiben des dänischen Vermieters. Darin bemängelt dieser, dass der Überweisungsbetrag nicht wie vereinbart voll, sondern abzüglich 30,00 DKK Gebühren gutgeschrieben wurde. Er bittet um Nachüberweisung des Restbetrages. Wie ist zu verfahren?

11 Nehmen Sie Stellung zur Meldepflicht gemäß Außenwirtschaftsverordnung bei dieser SEPA-Überweisung (vgl. auch den Hinweis im Überweisungsformular oben rechts).

1 Continuous Linked Settlement; CLS Ltd., London (CLSS).

2 Multilaterales Abwicklungssystem der EBA (Euro Banking Association) zur Abwicklung von Euro-Massenzahlungen.

4 Richard, Mühlmeyer - ISBN 978-3-8120-1232-4

Im Binnenmarkt einheitlich zahlen

Die Produktmerkmale der €uro-Überweisung (SEPA)

Transaktionswährung	Euro
Auflieferung	elektronisch (zum Beispiel mit entsprechender Software)
	beleghaft (mit Beleg „€uro-Überweisung (SEPA)" – Belegschlüssel 16)
Betragsgrenze	keine
Erforderliche Angaben	IBAN des Zahlungsempfängers und BIC[1] des Kreditinstituts/Zahlungsdienstleisters des Zahlungsempfängers
	IBAN des Kontoinhabers und BIC des Kreditinstitutes des Kontoinhabers
Entgeltregelung	„Share" (Entgeltteilung: Überweisender trägt Entgelte der eigenen Bank, Begünstigter trägt die übrigen Entgelte und Auslagen)
Technische Basis	XML-Format UNIFI ISO 20022

1) Die Angabe des BIC soll aufgrund gesetzlicher Vorgaben sukzessive in mehreren Schritten bis 2016 entfallen können. Voraussichtlich zuerst ab 2014 innerhalb Deutschlands und ab 2016 innerhalb der EU-/EWR-Mitgliedstaaten.

Neue Datenstruktur bei Zahlungen

Die derzeit für das Inland bekannte Verwendung von Kontonummer und Bankleitzahl wird im Binnenmarkt vereinheitlicht. Als Kundenkennungen kommen IBAN und BIC zur Anwendung. Weiterhin wird für alle Euro-Zahlungen ein neues einheitliches Datenformat auf der Basis von ISO 20022 genutzt.

IBAN und BIC

Die IBAN als internationaler Kontonummernstandard und der BIC als „Bankadresse" sind Ihnen bestimmt schon seit Jahren von der Durchführung grenzüberschreitender Zahlungen im Binnenmarkt her bekannt. Sie sind unverzichtbare Bestandteile, um eine automatisierte und effiziente Abwicklung zu ermöglichen und finden nun auch bei SEPA für die Adressierung von Konten und Banken Anwendung.

Die IBAN hat je Land eine fixe Länge und kann bis zu 34 Stellen lang sein.

Der grundsätzliche Aufbau einer deutschen IBAN (22-stellig)

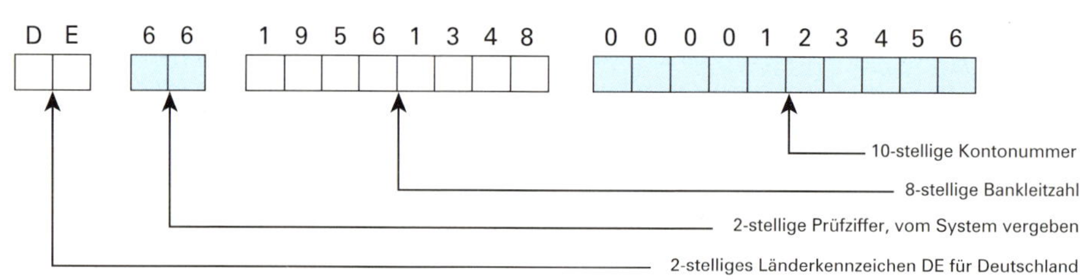

Durch die Prüfzahl kann festgestellt werden, ob die IBAN plausibel ist. Diese Prüfung kann bereits bei der Initiierung der Zahlung durch den Kunden selbst oder dessen Bank erfolgen. Sollte die IBAN nicht plausibel sein, wird die Zahlung erst gar nicht mit diesen falschen Daten ausgeführt. Die Richtigkeit der IBAN, also die Existenz des dadurch bezeichneten Kontos, kann allerdings immer nur die kontoführende Bank feststellen.

Wie bekommen Sie IBAN und BIC?

IBAN und BIC können Sie ganz einfach Ihrem Kontoauszug oder der BankCard entnehmen.

Wenn Sie eine Rechnung begleichen möchten, entnehmen Sie bitte IBAN und BIC den Geschäftspapieren Ihres Vertragspartners, zum Beispiel der Rechnung oder dem Briefbogen. Finden Sie diese Angaben dort nicht, fragen Sie Ihren Vertragspartner nach seiner IBAN und BIC.

Quelle: SEPA – Herausforderung und Chance. Basisinformationen zum einheitlichen Euro-Zahlungsverkehrsraum. Hrsg.: Bundesverband der Deutschen Volksbanken und Raiffeisenbanken e. V., 4. Ausgabe 2012.

Bürgerliches Gesetzbuch

Buch 2. Recht der Schuldverhältnisse
Abschnitt 8. Einzelne Schuldverhältnisse
Titel 12. Auftrag, Geschäftsbesorgungsvertrag und Zahlungsdienste
Untertitel 3. Zahlungsdienste
Kapitel 1. Allgemeine Vorschriften

§ 675 c Zahlungsdienste und elektronisches Geld

(1) Auf einen Geschäftsbesorgungsvertrag, der die Erbringung von Zahlungsdiensten zum Gegenstand hat, sind die §§ [...] entsprechend anzuwenden, soweit in diesem Untertitel nichts Abweichendes bestimmt ist.

§ 675f Zahlungsdienstevertrag

(1) Durch einen Einzelzahlungsvertrag wird der Zahlungsdienstleister verpflichtet, für die Person, die einen Zahlungsdienst als Zahler, Zahlungsempfänger oder in beiden Eigenschaften in Anspruch nimmt (Zahlungsdienstnutzer), einen Zahlungsvorgang auszuführen.

(2) Durch einen Zahlungsdiensterahmenvertrag wird der Zahlungsdienstleister verpflichtet, für den Zahlungsdienstnutzer einzelne und aufeinander folgende Zahlungsvorgänge auszuführen sowie gegebenenfalls für den Zahlungsdienstnutzer ein auf dessen Namen oder die Namen mehrerer Zahlungsdienstnutzer lautendes Zahlungskonto zu führen. [...]

(3) Zahlungsvorgang ist jede Bereitstellung, Übermittlung oder Abhebung eines Geldbetrags, unabhängig von der zugrunde liegenden Rechtsbeziehung zwischen Zahler und Zahlungsempfänger. Zahlungsauftrag ist jeder Auftrag, den ein Zahler seinem Zahlungsdienstleister zur Ausführung eines Zahlungsvorgangs entweder unmittelbar oder mittelbar über den Zahlungsempfänger erteilt.

(4) Der Zahlungsdienstnutzer ist verpflichtet, dem Zahlungsdienstleister das für die Erbringung eines Zahlungsdienstes vereinbarte Entgelt zu entrichten. [...]

§ 675 j Zustimmung und Widerruf der Zustimmung

(1) Ein Zahlungsvorgang ist gegenüber dem Zahler nur wirksam, wenn er diesem zugestimmt hat (Autorisierung). Die Zustimmung kann entweder als Einwilligung oder, sofern zwischen dem Zahler und seinem Zahlungsdienstleister zuvor vereinbart, als Genehmigung erteilt werden. Art und Weise der Zustimmung sind zwischen dem Zahler und seinem Zahlungsdienstleister zu vereinbaren. Insbesondere kann vereinbart werden, dass die Zustimmung mittels eines bestimmten Zahlungsauthentifizierungsinstruments erteilt werden kann.

§ 675 n Zugang von Zahlungsaufträgen

(1) Ein Zahlungsauftrag wird wirksam, wenn er dem Zahlungsdienstleister des Zahlers zugeht. Fällt der Zeitpunkt des Zugangs nicht auf einen Geschäftstag des Zahlungsdienstleisters des Zahlers, gilt der Zahlungsauftrag als am darauf folgenden Geschäftstag zugegangen. Der Zahlungsdienstleister kann festlegen, dass Zahlungsaufträge, die nach einem bestimmten Zeitpunkt nahe am Ende eines Geschäftstags zugehen, für die Zwecke des § 675 s Abs. 1 als am darauf folgenden Geschäftstag zugegangen gelten. Geschäftstag ist jeder Tag, an dem der an der Ausführung eines Zahlungsvorgangs beteiligte Zahlungsdienstleister den für die Ausführung von Zahlungsvorgängen erforderlichen Geschäftsbetrieb unterhält.

§ 675 o Ablehnung von Zahlungsaufträgen

(1) Lehnt der Zahlungsdienstleister die Ausführung eines Zahlungsauftrags ab, ist er verpflichtet, den Zahlungsdienstnutzer hierüber unverzüglich, auf jeden Fall aber innerhalb der Fristen gemäß § 675 s Abs. 1 zu unterrichten. [...]

(2) Der Zahlungsdienstleister des Zahlers ist nicht berechtigt, die Ausführung eines autorisierten Zahlungsauftrags abzulehnen, wenn die im Zahlungsdiensterahmenvertrag festgelegten Ausführungsbedingungen erfüllt sind und die Ausführung nicht gegen sonstige Rechtsvorschriften verstößt.

§ 675 p Unwiderruflichkeit eines Zahlungsauftrags

(1) Der Zahlungsdienstnutzer kann einen Zahlungsauftrag [...] nach dessen Zugang beim Zahlungsdienstleister des Zahlers nicht mehr widerrufen.

§ 675 q Entgelte bei Zahlungsvorgängen

(1) Der Zahlungsdienstleister des Zahlers sowie sämtliche an dem Zahlungsvorgang beteiligte zwischengeschaltete Stellen sind verpflichtet, den Betrag, der Gegenstand des Zahlungsvorgangs ist (Zahlungsbetrag), ungekürzt an den Zahlungsdienstleister des Zahlungsempfängers zu übermitteln.

§ 675 r Ausführung eines Zahlungsvorgangs anhand von Kundenkennungen

(1) Die beteiligten Zahlungsdienstleister sind berechtigt, einen Zahlungsvorgang ausschließlich anhand der von dem Zahlungsdienstnutzer angegebenen Kundenkennung auszuführen. Wird ein Zahlungsauftrag in Übereinstimmung mit dieser Kundenkennung ausgeführt, so gilt er im Hinblick auf den durch die Kundenkennung bezeichneten Zahlungsempfänger als ordnungsgemäß ausgeführt.

§ 675 s Ausführungsfrist für Zahlungsvorgänge

(1) Der Zahlungsdienstleister des Zahlers ist verpflichtet sicherzustellen, dass der Zahlungsbetrag spätestens am Ende des auf den Zugangszeitpunkt des Zahlungsauftrags folgenden Geschäftstags beim Zahlungsdienstleister des Zahlungsempfängers eingeht; [...] Für Zahlungsvorgänge innerhalb des Europäischen Wirtschaftsraums, die nicht in Euro erfolgen, können ein Zahler und sein Zahlungsdienstleister eine Frist von maximal vier Geschäftstagen vereinbaren. Für in Papierform ausgelöste Zahlungsvorgänge können die Fristen nach Satz 1 um einen weiteren Geschäftstag verlängert werden.

§ 675 t Wertstellungsdatum und Verfügbarkeit von Geldbeträgen

(1) Der Zahlungsdienstleister des Zahlungsempfängers ist verpflichtet, dem Zahlungsempfänger den Zahlungsbetrag unverzüglich verfügbar zu machen, nachdem er auf dem Konto des Zahlungsdienstleisters eingegangen ist. Sofern der Zahlungsbetrag auf einem Zahlungskonto des Zahlungsempfängers gutgeschrieben werden soll, ist die Gutschrift, auch wenn sie nachträglich erfolgt, so vorzunehmen, dass der Zeitpunkt, den der Zahlungsdienstleister für die Berechnung der Zinsen bei Gutschrift oder Belastung eines Betrags auf einem Zahlungskonto zugrunde legt (Wertstellungsdatum), spätestens der Geschäftstag ist, an dem der Zahlungsbetrag auf dem Konto des Zahlungsdienstleisters des Zahlungsempfängers eingegangen ist.

Allgemeine Bedingungen für Zahlungsdienste (Auszug)

A. Zahlungsdiensterahmenverträge und Einzelzahlungsverträge

II. Entgelte

[...] Die vom Kunden gegenüber der Bank geschuldeten Entgelte ergeben sich aus dem [...] Preis- und Leistungsverzeichnis der Bank.

III. Geschäftstag, Bankarbeitstag, Annahmezeiten und Ausführungsfristen [...]

1. Geschäftstag [...]

2. Zugang von Zahlungsaufträgen; Annahmeschluss

Der Zugang von Zahlungsaufträgen in papierhafter Form erfolgt durch den Eingang des Auftrags bei der kontoführenden Stelle der Bank. Fällt der Zeitpunkt des Eingangs nicht auf einen Geschäftstag der Bank, so gilt der Zahlungsauftrag als erst am darauf folgenden Geschäftstag zugegangen. Geht ein Zahlungsauftrag in papierhafter Form später als 1 Stunde vor Ende der Öffnungszeit der jeweiligen kontoführenden Stelle der Bank ein, so gilt der Zahlungsauftrag im Hinblick auf die Bestimmung der Ausführungsfrist am darauf folgenden Geschäftstag als zugegangen.

3. Ausführungsfristen

a. Grundregel

Die Bank ist verpflichtet sicherzustellen, dass der Betrag des Zahlungsauftrages spätestens beim Zahlungsdienstleister des Zahlungsempfängers wie folgt eingeht:

Zahlungsaufträge in Euro	
Belegloser Zahlungsauftrag	max. ein Geschäftstag
Beleghafter Zahlungsauftrag	max. zwei Geschäftstage
Zahlungsaufträge in anderen EWR-Währungen	
Belegloser Zahlungsauftrag	max. 4 Geschäftstage
Beleghafter Zahlungsauftrag	max. 4 Geschäftstage

E. Zahlungen mittels Überweisungen

1. Allgemein

1.1 – 1.3 [...]

1.4 Zugang des Überweisungsauftrags bei der Bank

Es gelten die obigen Regeln über Geschäftstage und den Zugang von Zahlungsaufträgen.

1.5 Widerruf des Überweisungsauftrags

Nach dem Zugang des Überweisungsauftrags bei der Bank kann der Kunde diesen nicht mehr widerrufen. Bis zu diesem Zeitpunkt ist ein Widerruf durch Erklärung gegenüber der Bank möglich.

1.6 – 1.7 [...]

1.8 Übermittlung der Überweisungsdaten

Im Rahmen der Ausführung der Überweisung übermittelt die Bank die in der Überweisung enthaltenen Daten (Überweisungsdaten) unmittelbar oder unter Beteiligung zwischengeschalteter Stellen an den Zahlungsdienstleister des Zahlungsempfängers.

[...]

Bei grenzüberschreitenden Überweisungen und bei Eilüberweisungen im Inland können die Überweisungsdaten über das Nachrichtenübermittlungssystem Society for Worldwide Interbank Financial Telecommunication (SWIFT) mit Sitz in Belgien an den Zahlungsdienstleister des Zahlungsempfängers weitergeleitet werden. Aus Gründen der Systemsicherheit speichert SWIFT die Überweisungsdaten vorübergehend in ihren Rechenzentren in der Europäischen Union, in der Schweiz und in den USA.

Preis- und Leistungsverzeichnis (Auszug)

A. Preise für Dienstleistungen im standardisierten Geschäftsverkehr mit privaten Kunden (Kontoführung, Sparverkehr, Reisezahlungsmittel, Kundensafes/Verwahrstücke, Sonstiges)

I. Persönliche Konten

1. Preismodelle für Privatkonten

0-Euro-Konto
(Leistungsumfang: Siehe Komfort-Konto)

– Bei Geldeingang von mindestens 1 200 EUR im Kalendermonat	Monatspauschale	0,00 EUR
– Bei Geldeingang unter 1 200 EUR im Kalendermonat	Monatspauschale	9,90 EUR

Komfort-Konto

(Nur Bestandsgeschäft, kein Neuabschluss möglich)

Sämtliche Buchungsposten girocard-Maestro Card, ggf. Zweitkarte (jede weitere girocard-Maestro Card 7,50 EUR p.a.) ServiceCard ggf. – Zweitkarte (jede weitere Service-Card 3,50 EUR p.a., gilt nur für Bestandskarten mit Verfall bis 12/2013, bei Konto-/Kartenzugängen nur noch girocard-Maestro Card) Ausführung von beleghaften und beleglosen Euro-Überweisungen/SEPA-Überweisungen Einrichtung/Änderung/Ausführung von Daueraufträgen Kontoauszug am Bankterminal	Monatspauschale	9,90 EUR

Meldepflichten nach AWG/AWV – Hotline Deutsche Bundesbank

In der Bundesrepublik Deutschland können Zahlungen grundsätzlich ohne Beschränkungen oder behördliche Genehmigungen in das Ausland geleistet oder aus dem Ausland empfangen werden.

Dabei müssen jedoch die statistischen Meldevorschriften im Außenwirtschaftsrecht beachtet werden. Diese gelten sowohl für Unternehmen als auch für Privatpersonen.

Inländer haben der Deutschen Bundesbank grundsätzlich alle Zahlungen im Dienstleistungs- und Kapitalverkehr zu melden, die sie von Ausländern oder für deren Rechnung von Inländern entgegennehmen (eingehende Zahlungen) oder an Ausländer oder für deren Rechnung von Inländern leisten (ausgehende Zahlungen). Nicht zu melden sind Zahlungen, die den Betrag von 12500 Euro oder den Gegenwert in anderer Währung nicht übersteigen (u.a.).

Die Erhebung dieser Daten im Zahlungsverkehr mit dem Ausland dient ausschließlich der Erstellung der Zahlungsbilanz. Die Bundesbank ist hierbei zur strikten Geheimhaltung aller Einzelangaben verpflichtet. Die Rechtsgrundlagen für die Meldepflichten im Außenwirtschaftsverkehr bilden das Außenwirtschaftsgesetz (AWG) und die Außenwirtschaftsverordnung (AWV).

Alle außenwirtschaftlichen Meldungen von Unternehmen, Kreditinstituten, öffentlichen Stellen und Privatpersonen sind elektronisch der Deutschen Bundesbank einzureichen. Als Standardverfahren bietet die Deutsche Bundesbank hierfür das Allgemeine Meldeportal Statistik (ASM) an. Es werden jedoch auch selbstprogrammierte Verfahren akzeptiert, wenn sie den Formvorschriften entsprechen. Meldungen auf Papier werden nicht akzeptiert.

Weitere Informationen

Für weitere Fragen zum Thema Meldepflicht (Einreichungsweg, Meldefristen etc.) können Sie die Hotline der Deutschen Bundesbank kontaktieren:

Telefonnummer: 0800/1234111

4.2 Inländische SEPA-Überweisung

Georg Gross, Grafenberger Allee 80, 40237 Düsseldorf, hat an die HUK-Coburg Versicherungsverein auf Gegenseitigkeit, 96444 Coburg (Konto-Nr. 0001233803 bei der Postbank München, BLZ 70010080) den Beitrag für seine KFZ-Vollkaskoversicherung in Höhe von 348,65 Euro zu überweisen. Georg Gross erteilt seiner Hausbank, der Deutsche Bank Privat- und Geschäftskunden AG, Düsseldorf (Konto-Nr. 0789044500, BLZ 30070024), am 25. April 20.. den nachstehenden Überweisungsauftrag.

SEPA-Überweisung

Deutsche Bank
Privat- und Geschäftskunden AG

Nur für Überweisungen innerhalb Deutschlands und EU/EWR-Staaten, sowie Schweiz und Monaco.
Bitte ab EUR 12.500 ggf. Meldepflicht gemäß Außenwirtschaftsverordnung beachten!
Entgeltfreie Auskunft unter 0800-1234 111.

Bitte möglichst in >GROSSBUCHSTABEN< ausfüllen.

Angaben zum Begünstigten: Name, Vorname/Firma (max. 27 Stellen, bei maschineller Beschriftung max. 35 Stellen)
HUK COBURG, 96444 COBURG

IBAN
DE27700100800001233803

BIC des Kreditinstituts (8 oder 11 Stellen)
PBNKDEFF700

Bitte nur bei Terminwunsch (min.2/max. 60 Tage) angeben. Bei der Angabe eines Wochenendes/(Bank-)Feiertages erfolgt die Ausführung am darauf folgenden Bankgeschäftstag.

Ausführungstermin TTMMJJ

EUR **Betrag: Euro, Cent**
--348,65---------

Kunden-Referenznummer - Verwendungszweck, ggf. Name und Anschrift des Überweisenden - (nur für Begünstigten)
KFZ-Versicherung 535-0684-G

noch Verwendungszweck (insgesamt max. 2 Zeilen à 27 Stellen, bei maschineller Beschriftung max. 2 Zeilen à 35 Stellen)

Angaben zum Kontoinhaber: Name, Vorname/Firma, Ort (max. 27 Stellen, keine Straßen- oder Postfachangaben)
Gross, Georg, 40237 Duesseldorf

IBAN
DE71300700240789044500 **16**

Datum
25.April 20..

Unterschrift(en)
Georg Gross

002 02100 01 10 09 1

Berücksichtigen Sie für die Lösung der Aufgaben das abgedruckte Informationsmaterial und den Auszug aus dem BGB in der vorhergehenden Übung.

AUFGABEN:

1 Welche Prüfungshandlungen sind von der Deutschen Bank AG vor Ausführung des Überweisungsauftrages vorzunehmen?

2 a) Wann beginnt die Ausführungsfrist für diesen Auftrag? Ausreichendes Guthaben zur Ausführung der Überweisung ist vorhanden. Der Überweisungsauftrag geht der Deutschen Bank am 25.04.20.. (Geschäftstag der Bank) nach Geschäftsschluss in der dafür vorgesehenen Empfangsvorrichtung zu.

b) Bis zu welchem Zeitpunkt kann der Kunde Georg Gross den Überweisungsauftrag widerrufen?

Die Deutsche Bank AG Düsseldorf bearbeitet den Auftrag des Georg Gross im Rahmen des Elektronischen Zahlungsverkehrs in Verbindung mit dem Schriftenlese-System (SLS).

AUFGABE:

3 Beschreiben Sie die Bearbeitung dieses Überweisungsauftrages bei der Deutsche Bank AG durch Beantwortung der folgenden Fragen.

a) Wie und wo werden die Daten des Überweisungsauftrags erfasst?

b) Welche Daten des Auftrags werden erfasst?

c) Warum nimmt die Bank vor Weiterleitung der Überweisungsdaten eine Prüfzifferberechnung vor?

d) Wie erfolgt die Deckungsprüfung bei diesem Auftrag?

Bearbeitung von Überweisungen in SLS (Schriftenlesesystem) (Beispiel)

Überweisungsauftrag

in Maschinenschrift oder Druckschrift

Prüfung:

SLS-geeignet/formell in Ordnung/Unterschrift des Auftraggebers/Kontodeckung

↓

Einlesen der Belege

Rückweisungen ←

Scanner

↙ Elektronisch-optische Archivierung des Images

[1] Automatische Erfassung der Belegdaten:

- Name des Begünstigten
- IBAN des Begünstigten und BIC des Kreditinstituts des Begünstigten
- Verwendungszweck
- Überweisungsbetrag
- IBAN des auftraggebenden Kontoinhabers
- Name des Kontoinhabers/Einzahlers und Ort
- Textschlüssel

[2] Nachbearbeitung:

- Korrektur unlesbarer Zeichen
- Dateneingabe über Tastatur
- automatische Ersetzung von fehlerhaften oder unvollständigen Daten

[3] Prüfzifferberechnung:
(→ richtige Erfassung der Kundenkennung des Empfängers)

[4] Abstimmung:

- Beträge/Beleganzahl

↓

Überweisungsdatei

↓

(Nachdisposition)

↓

Weiterleitung

Überweisungsdateien

↓

IZV-Clearing (Inlandszahlungsverkehr)	Datenträgerverarbeitung	Bundesbank → DFÜ

Die Überweisungsdaten des Kunden Georg Gross werden zusammen mit anderen Datensätzen per Datenfernübertragung von der Deutsche Bank AG Düsseldorf an das Rechenzentrum der Deutschen Bundesbank in Düsseldorf zur Bearbeitung und Weiterleitung übermittelt. Von dort gelangen die Überweisungsdaten in das Rechenzentrum der Deutschen Bundesbank München, das sie an den Zahlungsdienstleister des Zahlungsempfängers, die Postbank München, weiterleitet und mit diesem den Betrag verrechnet.

AUFGABEN:

4 Skizzieren Sie die Bearbeitung des Überweisungsdatensatzes bei der Postbank München.

5 Kennzeichnen Sie die Abwicklung des Überweisungsauftrags, indem Sie in das nachfolgende Schaubild die folgenden Begriffe (ggf. mehrmals) eintragen: Überweisungs-Nachricht , Verrechnung, Überweisungsauftrag, Kontoauszug. Kennzeichnen Sie im Schaubild auch die Verrechnung zwischen den beteiligten Banken, indem Sie den Verrechnungsbetrag in die Konten eintragen!

Welche Buchungen fallen bei den beteiligten Banken an?

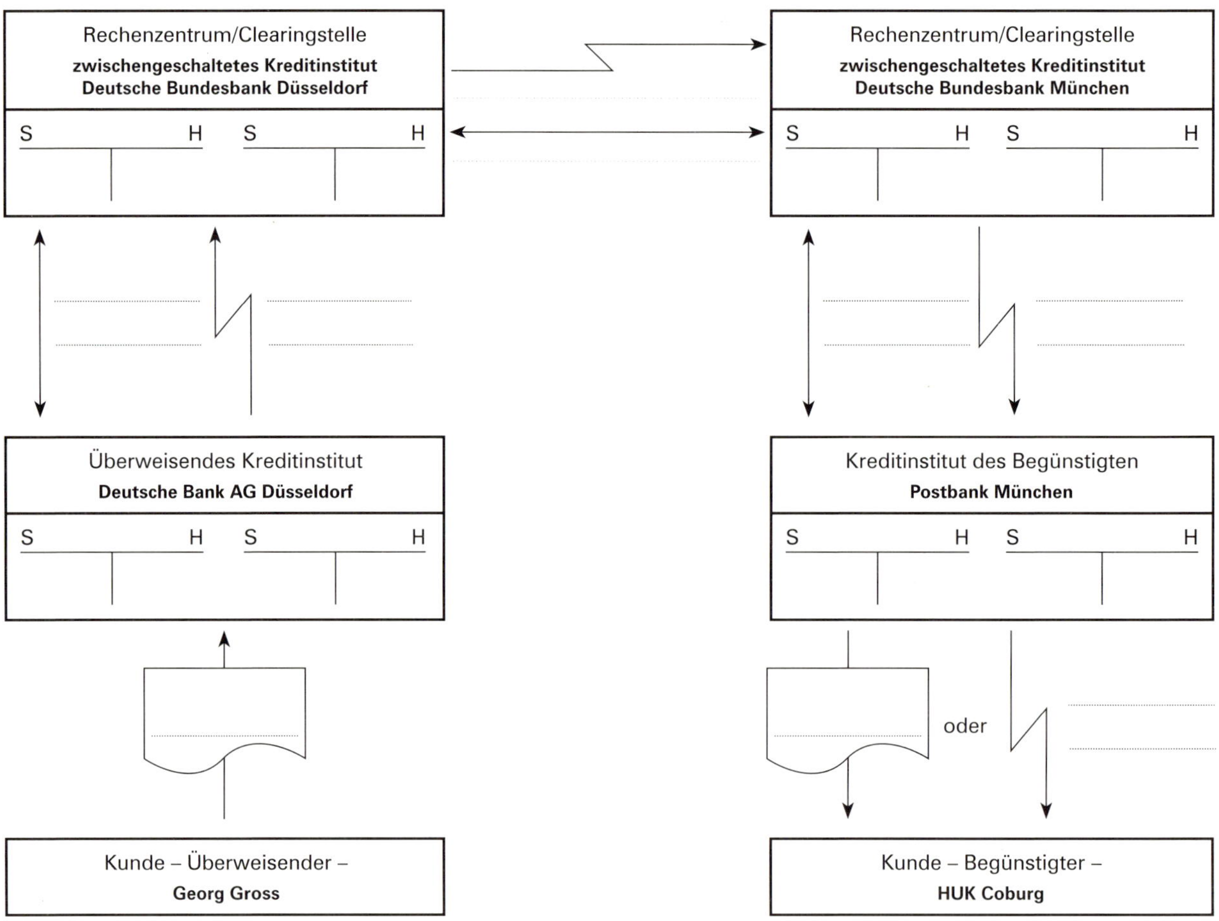

6 Nehmen Sie an, der 26. April 20.. sei ein Donnerstag.

a) Bis zu welchem Datum ist der Gutschriftsbetrag dem Konto des Kreditinstituts des Begünstigten spätestens gutzuschreiben, wenn keine anderslautenden Vereinbarungen vorliegen? (Beachten Sie neben den gesetzlichen Bestimmungen auch die Bedingungen für den Überweisungsverkehr und das Preis- und Leistungsverzeichnis der Deutschen Bank.)

b) Bis zu welchem Datum und mit welcher Wertstellung ist anschließend der Gutschriftsbetrag spätestens dem Konto des Begünstigten gemäß BGB gutzuschreiben, wenn keine anderslautenden Vereinbarungen vorliegen?

7 Die Überweisung erreicht das Kreditinstitut des Zahlungsempfängers erst mit einer Wertstellung von 3 Tagen nach Ablauf der Ausführungsfrist.

Welche Ansprüche kann Georg Gross gegenüber seinem Zahlungsdienstleister, der Deutschen Bank AG, geltend machen?

Bedingungen für den Überweisungsverkehr (Stand: 01.02.2014)

Für die Ausführung von Überweisungsaufträgen von Kunden gelten die folgenden Bedingungen.

1 Allgemein

1.1 Wesentliche Merkmale der Überweisung [...]

Der Kunde kann die Bank beauftragen, durch eine Überweisung Geldbeträge bargeldlos zugunsten eines Zahlungsempfängers an den Zahlungsdienstleister des Zahlungsempfängers zu übermitteln. [...]

1.2 Kundenkennungen

Für das Verfahren hat der Kunde folgende Kundenkennung des Zahlungsempfängers zu verwenden:

Zielgebiet	Währung	Kundenkennung des Zahlungsempfängers
Inland	Euro	IBAN[1]
Grenzüberscheitend innerhalb des Europäischen Wirtschaftsraums[3]	Euro	IBAN und bis 31. Januar 2016 BIC[2]
Inland oder innerhalb des Europäischen Wirtschaftsraums	Andere Währung als Euro	■ IBAN und BIC, ■ Kontonummer und BIC oder ■ Kontonummer und Bank-Code
Außerhalb des Europäischen Wirtschaftsraums	Euro oder andere Währung	■ IBAN und BIC, ■ Kontonummer und BIC oder ■ Kontonummer und Bank-Code

Die für die Ausführung der Überweisung erforderlichen Angaben bestimmen sich nach Nummer 2.1 und 3.1.

Konvertierung für Verbraucher bei Inlandsüberweisungen in Euro

Ist der Kunde Verbraucher beauftragt er eine Inlandsüberweisung in Euro, kann er bis zum 31. Januar 2016 statt der IBAN des Zahlungsempfängers dessen Kontonummer und die Bankleitzahl des Zahlungsdienstleisters des Zahlungsempfängers angeben, die die Bank in die entsprechende IBAN als Kundenkennung des Zahlungsempfängers konvertiert. Ist die Konvertierung nicht möglich, wird der Überweisungsauftrag von der Bank nicht ausgeführt. Hierüber unterrrichtet sie den Kunden gemäß Nummer 1.7.

1.3 Erteilung des Überweisungsauftrags und Autorisierung

(1) Der Kunde erteilt der Bank einen Überweisungsauftrag mittels eines von der Bank zugelassenen Vordrucks oder in der mit der Bank anderweitig vereinbarten Art und Weise (zum Beispiel per Online-Banking) mit den erforderlichen Angaben gemäß Nummer 2.1 beziehungsweise Nummer 3.1.

Der Kunde hat auf Leserlichkeit, Vollständigkeit und Richtigkeit der Angaben zu achten. Unleserliche, unvollständige oder fehlerhafte Angaben können zu Verzögerungen und zu Fehlleitungen von Überweisungen führen; daraus können Schäden für den Kunden entstehen. Bei unleserlichen, unvollständigen oder fehlerhaften Angaben kann die Bank die Ausführung ablehnen (siehe auch Nummer 1.7). Hält der Kunde bei der Ausführung der Überweisung besondere Eile für nötig, hat er dies der Bank gesondert mitzuteilen. Bei formularmäßig erteilten Überweisungen muss dies außerhalb des Formulars erfolgen, falls das Formular selbst keine entsprechende Angabe vorsieht.

(2) Der Kunde autorisiert den Überweisungsauftrag durch Unterschrift oder in der anderweitig mit der Bank vereinbarten Art und Weise (zum Beispiel per Online-Banking-PIN/TAN).

(3) [...]

1.4 Zugang des Überweisungsauftrags bei der Bank

(1) Der Überweisungsauftrag wird wirksam, wenn er der Bank zugeht. Der Zugang erfolgt durch den Eingang des Auftrags in den dafür vorgesehenen Empfangsvorrichtungen der Bank (zum Beispiel mit Abgabe in den Geschäftsräumen oder Eingang auf dem Online-Banking-Server).

(2) Fällt der Zeitpunkt des Eingangs des Überweisungsauftrags nach Absatz 1 Satz 2 nicht auf einen Geschäftstag der Bank gemäß „Preis- und Leistungsverzeichnis“, so gilt der Überweisungsauftrag erst am darauffolgenden Geschäftstag als zugegangen.

(3) Geht der Überweisungsauftrag nach dem an der Empfangsvorrichtung der Bank oder im „Preis- und Leistungsverzeichnis“ angegebenen Annahmezeitpunkt ein, so gilt der Überweisungsauftrag im Hinblick auf die Bestimmung der Ausführungsfrist (siehe Nummer 2.2.2) erst als am darauffolgenden Geschäftstag zugegangen.

1.5 Widerruf des Überweisungsauftrags

(1) Nach Zugang des Überweisungsauftrags bei der Bank (siehe Nummer 1.4 Absatz 1 und 2) kann der Kunde diesen nicht mehr widerrufen. Bis zu diesem Zeitpunkt ist ein Widerruf durch Erklärung gegenüber der Bank möglich.

(2) (3) [...]

1.6 Ausführung des Überweisungsauftrags

(1) Die Bank führt den Überweisungsauftrag des Kunden aus, wenn die zur Ausführung erforderlichen Angaben (siehe die Nummern 2.1 und 3.1) in der vereinbarten Art und Weise (siehe Nummer 1.3 Absatz 1) vorliegen, dieser vom Kunden autorisiert ist (siehe Nummer 1.3 Absatz 2) und ein zur Ausführung der Überweisung ausreichendes Guthaben in der Auftragswährung vorhanden oder ein ausreichender Kredit eingeräumt ist (Ausführungsbedingungen).

(2) Die Bank und die weiteren an der Ausführung der Überweisung beteiligten Zahlungsdienstleister sind berechtigt, die Überweisung ausschließlich anhand der vom Kunden angegebenen Kundenkennung des Zahlungsempfängers (siehe Nummer 1.2) auszuführen.

(3) [...]

1.7 Ablehnung der Ausführung

(1) Sind die Ausführungsbedingungen (siehe Nummer 1.6 Absatz 1) nicht erfüllt, kann die Bank die Ausführung des Überweisungsauftrags ablehnen. [...]

(2) (3) [...]

1.8 Übermittlung der Überweisungsdaten

Im Rahmen der Ausführung der Überweisung übermittelt die Bank die in der Überweisung enthaltenen Daten (Überweisungsdaten) unmittelbar oder unter Beteiligung zwischengeschalteter Stellen an den Zahlungsdienstleister des Zahlungsempfängers. Der Zahlungsdienstleister des Zahlungsempfängers kann dem Zahlungsempfänger die Überweisungsdaten, zu denen auch die Kontonummer beziehungsweise Internationale Bankkontonummer (IBAN) des Zahlers gehört, ganz oder teilweise zur Verfügung stellen. [...]

---

1 International Bank Account Number (Internationale Bankkontonummer).

2 Bank Identifier Code (Bank-Identifizierungs-Code).

3 Siehe Fußnote 1 auf S. 34.

5 Richard, Mühlmeyer - ISBN 978-3-8120-1232-4

1.9 Anzeige nicht autorisierter oder fehlerhaft ausgeführter Überweisungen

Der Kunde hat die Bank unverzüglich nach Feststellung eines nicht autorisierten oder fehlerhaft ausgeführten Überweisungsauftrags zu unterrichten.

1.10 Entgelte

1.10.1 Entgelte für Verbraucher als Kunden für Überweisungen innerhalb Deutschlands und in andere Staaten des Europäischen Wirtschaftsraums (EWR[1]) in Euro oder in einer anderen EWR-Währung[2]

Die Entgelte im Überweisungsverkehr ergeben sich aus dem „Preis- und Leistungsverzeichnis".

[...]

2 Überweisungen innerhalb Deutschlands und in andere Staaten des Europäischen Wirtschaftsraums (EWR) in Euro oder in anderen EWR-Währungen

2.1 Erforderliche Angaben

Der Kunde muss im Überweisungsauftrag folgende Angaben machen:

- Name des Zahlungsempfängers,
- Kundenkennung des Zahlungsempfängers (siehe Nummer 1.2),
- Währung (gegebenenfalls in Kurzform gemäß Anlage 1),
- Betrag,
- Name des Kunden,
- IBAN des Kunden; ist der Kunde Verbraucher und beauftragt er eine Inlandsüberweisung in Euro, kann er bis zum 31. Januar 2016 statt seiner IBAN seine Kontonummer und die Bankleitzahl seiner Bank angeben.

2.2 Maximale Ausführungsfrist

2.2.1 Fristlänge

Die Bank ist verpflichtet sicherzustellen, dass der Überweisungsbetrag spätestens innerhalb der im „Preis- und Leistungsverzeichnis" angegebenen Ausführungsfrist beim Zahlungsdienstleister des Zahlungsempfängers eingeht.

2.2.2 Beginn der Ausführungsfrist

(1) Die Ausführungsfrist beginnt mit dem Zeitpunkt des Zugangs des Überweisungsauftrags des Kunden bei der Bank (siehe Nummer 1.4).

(2) (3) [...]

2.3 Erstattungs- und Schadensersatzansprüche des Kunden

2.3.1 Erstattung bei einer nicht autorisierten Überweisung

Im Falle einer nicht autorisierten Überweisung (siehe Nummer 1.3 Absatz 2) hat die Bank gegen den Kunden keinen Anspruch auf Erstattung ihrer Aufwendungen. Sie ist verpflichtet, dem Kunden den Überweisungsbetrag unverzüglich zu erstatten und, sofern der Betrag einem Konto des Kunden belastet worden ist, dieses Konto wieder auf den Stand zu bringen, auf dem es sich ohne die Belastung durch die nicht autorisierte Überweisung befunden hätte.

2.3.2 Erstattung bei nicht erfolgter oder fehlerhafter Ausführung einer autorisierten Überweisung

(1) Im Falle einer nicht erfolgten oder fehlerhaften Ausführung einer autorisierten Überweisung kann der Kunde von der Bank die unverzügliche und ungekürzte Erstattung des Überweisungsbetrages insoweit verlangen, als die Zahlung nicht erfolgt oder fehlerhaft war. Wurde der Betrag dem Konto des Kunden belastet, bringt die Bank dieses wieder auf den Stand, auf dem es sich ohne den nicht erfolgten oder fehlerhaft ausgeführten Zahlungsvorgang befunden hätte. Soweit vom Überweisungsbetrag von der Bank oder zwischengeschalteten Stellen Entgelte abgezogen worden sein sollten, übermittelt die Bank zugunsten des Zahlungsempfängers unverzüglich den abgezogenen Betrag.

(2) Der Kunde kann über den Absatz 1 hinaus von der Bank die Erstattung derjenigen Entgelte und Zinsen insoweit verlangen, als ihm diese im Zusammenhang mit der nicht erfolgten oder fehlerhaften Ausführung der Überweisung in Rechnung gestellt oder auf seinem Konto belastet wurden.

(3) Liegt die fehlerhafte Ausführung darin, dass die Überweisung beim Zahlungsdienstleister des Zahlungsempfängers erst nach Ablauf der Ausführungsfrist gemäß Nummer 2.2.1 eingegangen ist (Verspätung), sind die Ansprüche nach den Absätzen 1 und 2 ausgeschlossen. Ist dem Kunden durch die Verspätung ein Schaden entstanden, haftet die Bank nach Nummer 2.3.3.; bei Kunden, die keine Verbraucher sind, nach Nummer 2.3.4.

(4) Wurde eine Überweisung nicht oder fehlerhaft ausgeführt, wird die Bank auf Verlangen des Kunden den Zahlungsvorgang nachvollziehen und den Kunden über das Ergebnis unterrichten.

2.3.3 Schadensersatz

(1) Bei nicht erfolgter oder fehlerhafter Ausführung einer autorisierten Überweisung oder bei einer nicht autorisierten Überweisung kann der Kunde von der Bank einen Schaden, der nicht bereits von den Nummern 2.3.1 und 2.3.2 erfasst ist, ersetzt verlangen. Dies gilt nicht, wenn die Bank die Pflichtverletzung nicht zu vertreten hat. Die Bank hat hierbei ein Verschulden, das einer zwischengeschalteten Stelle zur Last fällt, wie eigenes Verschulden zu vertreten, es sei denn, dass die wesentliche Ursache bei einer zwischengeschalteten Stelle liegt, die der Kunde vorgegeben hat. Hat der Kunde durch ein schuldhaftes Verhalten zur Entstehung eines Schadens beigetragen, bestimmt sich nach den Grundsätzen des Mitverschuldens, in welchem Umfang Bank und Kunde den Schaden zu tragen haben.

(2) Die Haftung nach Absatz 1 ist auf 12.500 Euro begrenzt. Diese betragsmäßige Haftungsgrenze gilt nicht

- für nicht autorisierte Überweisungen,
- bei Vorsatz oder grober Fahrlässigkeit der Bank,
- für Gefahren, die die Bank besonders übernommen hat, und
- für den Zinsschaden, wenn der Kunde Verbraucher ist.

2.3.4 Schadensersatzansprüche von Kunden, die keine Verbraucher sind, bei nicht erfolgten autorisierten Überweisungen, fehlerhaft ausgeführten autorisierten Überweisungen oder bei nicht autorisierten Überweisungen [...]

2.3.5 Haftungs- und Einwendungsausschluss [...]

3 Überweisungen innerhalb Deutschlands und in andere Staaten des Europäischen Wirtschaftsraums (EWR) in Währungen eines Staates außerhalb des EWR (Drittstaatenwährung[3]) sowie Überweisungen in Staaten außerhalb des EWR (Drittstaaten)

[...]

1 Zum Europäischen Wirtschaftsraum gehören derzeit die EU-Staaten Belgien, Bulgarien, Dänemark, Deutschland, Estland, Finnland, Frankreich, Griechenland, Irland, Italien, Kroatien, Lettland, Litauen, Luxemburg, Malta, Niederlande, Österreich, Polen, Portugal, Rumänien, Schweden, Slowakei, Slowenien, Spanien, Tschechische Republik, Ungarn, Vereinigtes Königreich von Großbritannien und Nordirland, Zypern und die Staaten Island, Liechtenstein und Norwegen.

2 Zu den EWR-Währungen gehören derzeit: Euro, Britisches Pfund, Bulgarischer Lew, Dänische Krone, Isländische Krone, Norwegische Krone, Polnischer Zloty, Rumänischer Leu, Schwedische Krone, Schweizer Franken, Tschechische Krone, Ungarischer Forint.

3 Z. B. US-Dollar

Preis- und Leistungsverzeichnis (Auszug)

Preis- und Leistungsmerkmale bei Zahlungsdiensten [...]

Überweisungsausgänge

Annahmefristen für Überweisungsaufträge

beleghafte SEPA-Aufträge	bis Geschäftsschluss an Geschäftstagen der Bank
beleglose SEPA-Aufträge	
– per Online-Banking	bis 15.30 Uhr an Geschäftstagen der Bank
– per Selbstbedienungsterminal	bis 16.00 Uhr an Geschäftstagen der Bank
beleglose Auslandsaufträge	bis 12.00 Uhr an Geschäftstagen der Bank

Alle Überweisungen, die nach dem jeweiligen Zeitpunkt eingehen, gelten als erst am nächsten Geschäftstag zugegangen.

Ausführungsfristen

Die Bank ist verpflichtet sicherzustellen, dass der Überweisungsbetrag beim Zahlungsdienstleister des Zahlungsempfängers spätestens wie folgt eingeht:

Überweisungsaufträge in Euro	
Belegloser Überweisungsauftrag	**Beleghafter Überweisungsauftrag**
– Max. 1 Geschäftstag.	– Max. 2 Geschäftstage.

4.3 Onlineüberweisung

Als Kundin der Kreissparkasse Rhein-Pfalz hat sich Frau Christiane Merfort bei der Abwicklung ihrer privaten Bankgeschäfte für das Onlinebanking entschieden.

Aufgaben:

1. Unter welchen technischen und organisatorischen Voraussetzungen kann Frau Merfort das Onlinebanking der Sparkasse nutzen?
2. Auf welchen Authentifizierungsinstrumenten kann die Sparkasse Frau Merfort die TAN bzw. die elektronische Signatur zur Verfügung stellen?
3. Wie erhält die Kundin Zugang zum Onlinebanking der Sparkasse?
4. Nennen Sie die Sorgfaltspflichten, die von Frau Merfort beim Onlinebanking zu beachten sind!

Frau Merfort hat auf der Homepage der Sparkasse ihre erste Onlineüberweisung ausgefüllt.

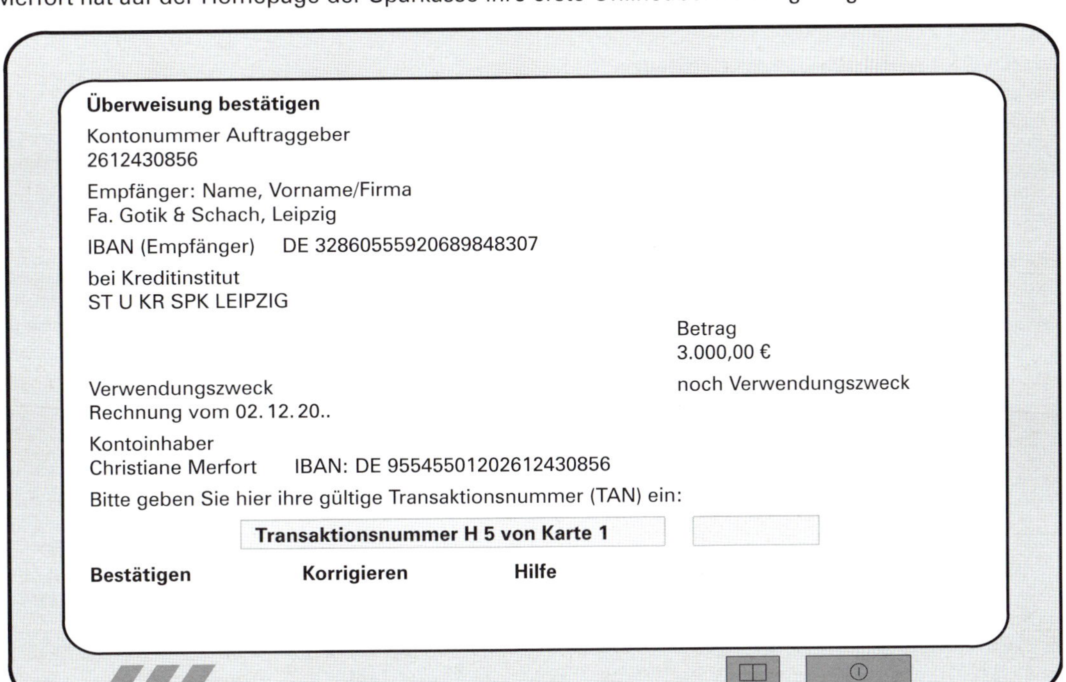

Überweisung bestätigen

Kontonummer Auftraggeber
2612430856

Empfänger: Name, Vorname/Firma
Fa. Gotik & Schach, Leipzig

IBAN (Empfänger) DE 32860555920689848307

bei Kreditinstitut
ST U KR SPK LEIPZIG

Betrag
3.000,00 €

noch Verwendungszweck

Verwendungszweck
Rechnung vom 02.12.20..

Kontoinhaber
Christiane Merfort IBAN: DE 95545501202612430856

Bitte geben Sie hier ihre gültige Transaktionsnummer (TAN) ein:

Transaktionsnummer H 5 von Karte 1

Bestätigen **Korrigieren** **Hilfe**

Aufgaben:

5 Welches Sicherheitsverfahren benutzt die Sparkasse in diesem Fall?

6 Die Überweisungsdaten gehen der Sparkasse am 06.12.20. . (Mittwoch) um 11:00 Uhr auf ihrem Online-Banking-Server zu. Wann und unter welchen Voraussetzungen wird die Sparkasse den Auftrag ausführen?

7 Frau Merfort stellt am Donnerstag, dem 14.12.20. . den Diebstahl ihrer TAN-Liste fest. Während ihrer 7-tägigen Abwesenheit ist in ihre Wohnung eingebrochen worden.

a) Wozu ist die Kundin gemäß den „Bedingungen für das Online-Banking" verpflichtet?

b) Aufgrund des Diebstahls kommt es – bevor Frau Merfort die Sperre des Onlinebanking-Zugangs bei der Sparkasse veranlassen konnte – zu einem nicht autorisierten Zahlungsvorgang in Höhe von 1 200,00 Euro. Frau Merfort berichtet der Sparkasse, dass sie ihre Kontonummer und ihre persönliche Identifikationsnummer zusammen mit der TAN-Liste in der Schreibtischschublade aufbewahrt hatte. Wer haftet für den Schaden?

Neben dem obigen Sicherungsverfahren hat die Kreissparkasse Rhein-Pfalz auch den HBCI-Standard (Homebanking Computer Interface-Standard) eingeführt.

8 Erklären Sie den Unterschied dieses Verfahrens gegenüber dem obigen herkömmlichen und stellen Sie Vor- und Nachteile des HBCI-Standards heraus! Nutzen Sie das auf Seite 39 abgedruckte Informationsmaterial!

9 Welche Vorteile können sich für die Kundin durch die Nutzung von Onlinebanking ergeben?

10 Um den Missbrauch mit Transaktionsnummern zu erschweren und damit die Sicherheit beim Onlinebanking zu erhöhen, setzt die Kreditwirtschaft neue Sicherheitsmodule ein.

Erklären Sie in diesem Zusammenhang das mTAN- (mobile TAN per SMS) und das chipTAN-Verfahren! Nutzen Sie das auf Seite 39 abgedruckte Informationsmaterial!

Bedingungen für das Online-Banking (Stand: 21.01.2013)

1 Leistungsangebot

(1) Der Konto-/Depotinhaber kann Bankgeschäfte mittels Online-Banking in dem von der Sparkasse angebotenen Umfang abwickeln. Zudem kann er Informationen der Sparkasse mittels Online-Banking abrufen.

(2) Konto-/Depotinhaber und Bevollmächtigte werden im Folgenden einheitlich als „Teilnehmer" bezeichnet. Konto und Depot werden im Folgenden einheitlich als „Konto" bezeichnet.

(3) Zur Nutzung des Online-Banking gelten die mit der Sparkasse gesondert vereinbarten Verfügungslimite. Eine Änderung dieser Limite kann der Konto-/Depotinhaber mit seiner Sparkasse gesondert vereinbaren. Bevollmächtigte können nur eine Herabsetzung vereinbaren.

2 Voraussetzungen zur Nutzung des Online-Banking

Der Teilnehmer benötigt für die Abwicklung von Bankgeschäften mittels Online-Banking die mit der Sparkasse vereinbarten Personalisierten Sicherheitsmerkmale und Authentifizierungsinstrumente, um sich gegenüber der Sparkasse als berechtigter Teilnehmer auszuweisen (siehe Nummer 3) und Aufträge zu autorisieren (siehe Nummer 4).

2.1 Personalisierte Sicherheitsmerkmale

Personalisierte Sicherheitsmerkmale sind:

- die persönliche Identifikationsnummer (PIN),
- einmal verwendbare Transaktionsnummern (TAN),
- der Nutzungscode für die elektronische Signatur.

2.2 Authentifizierungsinstrumente

Die TAN beziehungsweise die elektronische Signatur können dem Teilnehmer auf folgenden Authentifizierungsinstrumenten zur Verfügung gestellt werden:

- auf einer Liste mit einmal verwendbaren TAN,
- mittels eines TAN-Generators, der Bestandteil einer Chipkarte oder eines anderen elektronischen Geräts zur Erzeugung von TAN ist (chipTAN),
- mittels eines mobilen Endgerätes (z.B. Mobiltelefon) zum Empfang von TAN per SMS (smsTAN),
- auf einer Chipkarte mit Signaturfunktion oder
- auf einem sonstigen Authentifizierungsinstrument, auf dem sich Signaturschlüssel befinden.

Für eine Chipkarte benötigt der Teilnehmer zusätzlich ein geeignetes Kartenlesegerät.

3 Zugang zum Online-Banking

Der Teilnehmer erhält Zugang zum Online-Banking, wenn

- der Teilnehmer die Kontonummer oder seine individuelle Kundenkennung und seine PIN oder elektronische Signatur übermittelt hat,
- die Prüfung dieser Daten bei der Sparkasse eine Zugangsberechtigung des Teilnehmers ergeben hat und
- keine Sperre des Zugangs (siehe Nummern 8.1 und 9) vorliegt.

Nach Gewährung des Zugangs zum Online-Banking kann der Teilnehmer Informationen abrufen oder Aufträge erteilen.

4 Online-Banking-Aufträge

4.1 Auftragserteilung und Autorisierung

Der Teilnehmer muss Online-Banking-Aufträge (z.B. Überweisungen) zu deren Wirksamkeit mit dem vereinbarten Personalisierten Sicherheitsmerkmal (TAN oder elektronische Signatur) autorisieren und der Sparkasse mittels Online-Banking übermitteln. Die Sparkasse bestätigt mittels Online-Banking den Eingang des Auftrags.

4.2 Widerruf von Aufträgen

Die Widerrufbarkeit eines Online-Banking-Auftrags richtet sich nach den für die jeweilige Auftragsart geltenden Bedingungen (z.B. Bedingungen für den Überweisungsverkehr). Der Widerruf von Aufträgen kann nur außerhalb des Online-Banking erfolgen, es sei denn, die Sparkasse sieht eine Widerrufmöglichkeit im Online-Banking ausdrücklich vor.

5 Bearbeitung von Online-Banking-Aufträgen durch die Sparkasse

(1) Die Bearbeitung der Online-Banking-Aufträge erfolgt an den für die Abwicklung der jeweiligen Auftragsart (z. B. Überweisung) auf der Online-Banking-Seite der Sparkasse oder im „Preis- und Leistungsverzeichnis" bekannt gegebenen Geschäftstagen im Rahmen des ordnungsgemäßen Arbeitslaufes. Geht der Auftrag nach dem auf der Online-Banking-Seite der Sparkasse angegebenen oder im „Preis- und Leistungsverzeichnis" bestimmten Zeitpunkt (Annahmefrist) ein oder fällt der Zeitpunkt des Eingangs nicht auf einen Geschäftstag gemäß „Preis- und Leistungsverzeichnis" der Sparkasse, so gilt der Auftrag als am darauffolgenden Geschäftstag zugegangen. Die Bearbeitung beginnt erst an diesem Tag.

(2) Die Sparkasse wird den Auftrag ausführen, wenn folgende Ausführungsbedingungen vorliegen:

- Der Teilnehmer hat sich mit seinem Personalisierten Sicherheitsmerkmal autorisiert.
- Die Berechtigung des Teilnehmers für die jeweilige Auftragsart (z. B. Wertpapierorder) liegt vor.
- Das Online-Banking-Datenformat ist eingehalten.
- Das gesondert vereinbarte Online-Banking-Verfügungslimit ist nicht überschritten.
- Die Ausführungsvoraussetzungen nach den für die jeweilige Auftragsart maßgeblichen Bedingungen (z. B. ausreichende Kontodeckung gemäß den Bedingungen für den Überweisungsverkehr) liegen vor.

Liegen die Ausführungsbedingungen nach Satz 1 vor, führt die Sparkasse die Online-Banking-Aufträge nach Maßgabe der Bestimmungen der für die jeweilige Auftragsart geltenden Bedingungen (z. B. Bedingungen für den Überweisungsverkehr, Bedingungen für das Wertpapiergeschäft) aus.

(3) Liegen die Ausführungsbedingungen nach Absatz 2 Satz 1 nicht vor, wird die Sparkasse den Online-Banking-Auftrag nicht ausführen und dem Teilnehmer eine Information über die Nichtausführung und – soweit möglich – über deren Gründe und die Möglichkeiten, mit denen Fehler, die zur Ablehnung geführt haben, berichtigt werden können, mittels Online-Banking zur Verfügung stellen.

6 Information des Kontoinhabers über Online-Banking-Verfügungen

Die Sparkasse unterrichtet den Kontoinhaber mindestens einmal monatlich über die mittels Online-Banking getätigten Verfügungen auf dem für Kontoinformationen vereinbarten Weg.

7 Sorgfaltspflichten des Teilnehmers

7.1 Technische Verbindung zum Online-Banking

Der Teilnehmer ist verpflichtet, die technische Verbindung zum Online-Banking nur über die von der Sparkasse gesondert mitgeteilten Online-Banking-Zugangskanäle (z. B. Internetadresse) herzustellen.

7.2 Geheimhaltung der Personalisierten Sicherheitsmerkmale und sichere Aufbewahrung der Authentifizierungsinstrumente

(1) Der Teilnehmer hat

- seine Personalisierten Sicherheitsmerkmale (siehe Nummer 2.1) geheim zu halten und nur im Rahmen einer Auftragserteilung über die von der Sparkasse gesondert mitgeteilten Online-Banking-Zugangskanäle an diese zu übermitteln sowie
- sein Authentifizierungsinstrument (siehe Nummer 2.2) vor dem Zugriff anderer Personen sicher zu verwahren.

Denn jede andere Person, die im Besitz des Authentifizierungsinstruments ist, kann in Verbindung mit dem dazugehörigen Personalisierten Sicherheitsmerkmal das Online-Banking-Verfahren missbräuchlich nutzen.

(2) Insbesondere ist Folgendes zum Schutz des Personalisierten Sicherheitsmerkmals sowie des Authentifizierungsinstruments zu beachten:

a) Das Personalisierte Sicherheitsmerkmal darf nicht elektronisch gespeichert werden (z. B. im Kundensystem).

b) Bei Eingabe des Personalisierten Sicherheitsmerkmals ist sicherzustellen, dass andere Personen dieses nicht ausspähen können.

c) Das Personalisierte Sicherheitsmerkmal darf nicht außerhalb der gesondert vereinbarten Internetseiten eingegeben werden (z. B. nicht auf Online-Händlerseiten).

d) Das Personalisierte Sicherheitsmerkmal darf nicht außerhalb des Online-Banking-Verfahrens weitergegeben werden, also beispielsweise nicht per E-Mail.

e) Die PIN und der Nutzungscode für die elektronische Signatur dürfen nicht zusammen mit dem Authentifizierungsinstrument verwahrt werden.

f) Der Teilnehmer darf zur Autorisierung z. B. eines Auftrags, der Aufhebung einer Sperre oder zur Freischaltung einer neuen TAN-Liste nicht mehr als eine TAN verwenden.

g) Beim smsTAN-Verfahren darf das Gerät, mit dem die TAN empfangen werden (z. B. Mobiltelefon), nicht für das Online-Banking genutzt werden.

7.3 Sicherheit des Kundensystems

Der Teilnehmer muss die Sicherheitshinweise der Sparkasse zum Online-Banking, insbesondere die Maßnahmen zum Schutz der eingesetzten Hard- und Software (Kundensystem), beachten.

7.4 Kontrolle der Auftragsdaten mit von der Sparkasse angezeigten Daten

Soweit die Sparkasse dem Teilnehmer Daten aus seinem Online-Banking-Auftrag (z. B. Betrag, Kontonummer des Zahlungsempfängers, Wertpapierkennnummer) im Kundensystem oder über ein anderes Gerät des Teilnehmers (z. B. Mobiltelefon, Chipkartenlesegerät mit Display) zur Bestätigung anzeigt, ist der Teilnehmer verpflichtet, vor der Bestätigung die Übereinstimmung der angezeigten Daten mit den für die Transaktion vorgesehenen Daten zu prüfen.

8 Anzeige- und Unterrichtungspflichten

8.1 Sperranzeige

(1) Stellt der Teilnehmer den Verlust oder den Diebstahl des Authentifizierungsinstruments, die missbräuchliche Verwendung oder die sonstige nicht autorisierte Nutzung seines Authentifizierungsinstruments oder seines Persönlichen Sicherheitsmerkmals fest, muss der Teilnehmer die Sparkasse hierüber unverzüglich unterrichten (Sperranzeige). Der Teilnehmer kann der Sparkasse eine Sperranzeige jederzeit auch über eine gesondert mitgeteilte Telefonnummer aufgeben.

(2) Der Teilnehmer hat jeden Diebstahl oder Missbrauch unverzüglich bei der Polizei zur Anzeige zu bringen.

(3) Hat der Teilnehmer den Verdacht, dass eine andere Person unberechtigt

- den Besitz an seinem Authentifizierungsinstrument oder die Kenntnis seines Personalisierten Sicherheitsmerkmals erlangt hat oder
- das Authentifizierungsinstrument oder das Personalisierte Sicherheitsmerkmal verwendet,

muss er ebenfalls eine Sperranzeige abgeben.

8.2 Unterrichtung über nicht autorisierte oder fehlerhaft ausgeführte Aufträge

Der Kontoinhaber hat die Sparkasse unverzüglich nach Feststellung eines nicht autorisierten oder fehlerhaft ausgeführten Auftrags hierüber zu unterrichten.

9 Nutzungssperre

9.1 Sperre auf Veranlassung des Teilnehmers

Die Sparkasse sperrt auf Veranlassung des Teilnehmers, insbesondere im Fall der Sperranzeige nach Nummer 8.1,

- den Online-Banking-Zugang für ihn oder alle Teilnehmer oder
- sein Authentifizierungsinstrument.

9.2 Sperre auf Veranlassung der Sparkasse

(1) Die Sparkasse darf den Online-Banking-Zugang für einen Teilnehmer sperren, wenn

- sie berechtigt ist, den Online-Banking-Vertrag aus wichtigem Grund zu kündigen,
- sachliche Gründe im Zusammenhang mit der Sicherheit des Authentifizierungsinstruments oder des Personalisierten Sicherheitsmerkmals dies rechtfertigen oder
- der Verdacht einer nicht autorisierten oder einer betrügerischen Verwendung des Authentifizierungsinstruments besteht.

(2) Die Sparkasse wird den Konto-/Depotinhaber unter Angabe der hierfür maßgeblichen Gründe möglichst vor, spätestens jedoch unverzüglich nach der Sperre unterrichten.

9.3 Aufhebung der Sperre

Die Sparkasse wird eine Sperre aufheben oder das Personalisierte Sicherheitsmerkmal beziehungsweise das Authentifizierungsinstrument austauschen, wenn die Gründe für die Sperre nicht mehr gegeben sind. Hierüber unterrichtet sie den Konto-/Depotinhaber.

9.4 Automatische Sperre eines chip-basierten Authentifizierunginstruments

(1) Die Chipkarte mit Signaturfunktion sperrt sich selbst, wenn der Nutzungscode für die elektronische Signatur dreimal in Folge falsch eingegeben wird.

(2) Ein TAN-Generator, der die Eingabe eines eigenen Nutzungscodes erfordert, sperrt sich selbst, wenn dieser dreimal in Folge falsch eingegeben wird.

(3) Die in den Absätzen 1 und 2 genannten Authentifizierungsinstrumente können dann nicht mehr für das Online-Banking genutzt werden. Der Teilnehmer kann sich mit der Sparkasse in Verbindung setzen, um die Nutzungsmöglichkeiten des Online-Banking wiederherzustellen.

10 Haftung

10.1 Haftung der Sparkasse bei einer nicht autorisierten Online-Banking-Verfügung und einer nicht oder fehlerhaft ausgeführten Online-Banking-Verfügung

Die Haftung der Sparkasse bei einer nicht autorisierten Online-Banking-Verfügung und einer nicht oder fehlerhaft ausgeführten Online-Banking-Verfügung richtet sich nach den für die jeweilige Auftragsart vereinbarten Bedingungen (z. B. Bedingungen für den Überweisungsverkehr, Bedingungen für das Wertpapiergeschäft).

10.2 Haftung des Kontoinhabers bei missbräuchlicher Nutzung seines Authentifizierungsinstruments

10.2.1 Haftung des Kontoinhabers für nicht autorisierte Zahlungsvorgänge vor der Sperranzeige

(1) Beruhen nicht autorisierte Zahlungsvorgänge vor der Sperranzeige auf der Nutzung eines verloren gegangenen, gestohlenen oder sonst abhanden gekommenen Authentifizierungsinstruments, haftet der Kontoinhaber für den der Sparkasse hierdurch entstehenden Schaden bis zu einem Betrag von 150 Euro, ohne dass es darauf ankommt, ob den Teilnehmer an dem Verlust, Diebstahl oder sonstigem Abhandenkommen des Authentifizierungsinstruments ein Verschulden trifft.

(2) Kommt es vor der Sperranzeige zu nicht autorisierten Zahlungsvorgängen aufgrund einer missbräuchlichen Verwendung eines Authentifizierungsinstruments, ohne dass dieses verloren gegangen, gestohlen oder sonst abhanden gekommen ist, haftet der Kontoinhaber für den der Sparkasse hierdurch entstehenden Schaden bis zu einem Betrag von 150 Euro, wenn der Teilnehmer seine Pflicht zur sicheren Aufbewahrung der Personalisierten Sicherheitsmerkmale schuldhaft verletzt hat.

(3) Ist der Kontoinhaber kein Verbraucher, haftet er für Schäden aufgrund von nicht autorisierten Zahlungsvorgängen über die Haftungsgrenze von 150 Euro nach Absatz 1 und 2 hinaus, wenn der Teilnehmer fahrlässig oder vorsätzlich gegen seine Anzeige- und Sorgfaltspflichten nach diesen Bedingungen gehandelt hat.

(4) Der Kontoinhaber ist nicht zum Ersatz des Schadens nach den Absätzen 1, 2 und 3 verpflichtet, wenn der Teilnehmer die Sperranzeige nach Nummer 8.1 nicht abgeben konnte, weil die Sparkasse nicht die Möglichkeit zur Entgegennahme der Sperranzeige sichergestellt hatte und der Schaden dadurch eingetreten ist.

(5) Kommt es vor der Sperranzeige zu nicht autorisierten Zahlungsvorgängen und hat der Teilnehmer seine Sorgfaltspflichten nach diesen Bedingungen vorsätzlich oder grob fahrlässig verletzt oder in betrügerischer Absicht gehandelt, trägt der Kontoinhaber den hierdurch entstandenen Schaden in vollem Umfang. Grobe Fahrlässigkeit des Teilnehmers kann insbesondere dann vorliegen, wenn er

a) den Verlust oder Diebstahl des Authentifizierungsinstruments oder die missbräuchliche Nutzung des Authentifizierungsinstruments oder des Personalisierten Sicherheitsmerkmals der Sparkasse nicht unverzüglich anzeigt, nachdem er hiervon Kenntnis erlangt hat (siehe Nummer 8.1 Absatz 1),
b) das Personalisierte Sicherheitsmerkmal im Kundensystem gespeichert hat (siehe Nummer 7.2 Absatz 2 a),
c) das Personalisierte Sicherheitsmerkmal einer anderen Person mitgeteilt hat und der Missbrauch dadurch verursacht wurde (siehe Nummer 7.2 Absatz 1 Satz 1),
d) das Personalisierte Sicherheitsmerkmal erkennbar außerhalb der gesondert vereinbarten Internetseiten eingegeben hat (siehe Nummer 7.2 Absatz 2 c),
e) das Personalisierte Sicherheitsmerkmal außerhalb des Online-Banking-Verfahrens, beispielsweise per E-Mail, weitergegeben hat (siehe Nummer 7.2 Absatz 2 d),
f) das Personalisierte Sicherheitsmerkmal auf dem Authentifizierungsinstrument vermerkt oder zusammen mit diesem verwahrt hat (siehe Nummer 7.2 Absatz 2 e),
g) mehr als eine TAN zur Autorisierung eines Auftrags verwendet (siehe Nummer 7.2 Absatz 2 f),
h) beim smsTAN-Verfahren das Gerät, mit dem die TAN empfangen werden (z. B. Mobiltelefon), auch für das Online-Banking nutzt (siehe Nummer 7.2 Absatz 2 g).

(6) Die Haftung für Schäden, die innerhalb des Zeitraums, für den der Verfügungsrahmen gilt, verursacht werden, beschränkt sich jeweils auf den vereinbarten Verfügungsrahmen.

10.2.2 Haftung bei nicht autorisierten Wertpapiertransaktionen vor der Sperranzeige [...]

10.2.3 Haftung der Sparkasse ab der Sperranzeige

Sobald die Sparkasse eine Sperranzeige des Teilnehmers erhalten hat, übernimmt sie alle danach durch nicht autorisierte Online-Banking-Verfügungen entstehenden Schäden. Dies gilt nicht, wenn der Teilnehmer in betrügerischer Absicht gehandelt hat.

10.2.4 Haftungsausschluss [...]

11 Außergerichtliche Streitschlichtung und sonstige Beschwerdemöglichkeit [...]

Informationen zum Produkt HBCI-Banking

Wesentliche Leistungsmerkmale

Bei dem Produkt HBCI (HomeBankingComputerInterface) handelt es sich um ein modernes und sicheres Datenübertragungsverfahren für den Zahlungsverkehr. Es nutzt Autorisierungs- und Verschlüsselungstechniken zum sicheren Übertragen der Zahlungen über das Internet. Bei jedem Kontakt mit dem Bankrechner werden die Kundendaten immer wieder neu elektronisch unterschrieben und verschlüsselt. Die elektronische Unterschrift erfolgt entweder mittels HBCI-Chipkarte oder mittels HBCI-Sicherheitsdatei (HBCI-Benutzerkennung). Das HBCI-Verfahren wird von allen aktuellen Zahlungsverkehrsprogrammen unterstützt. Es können z. Zt. folgende Geschäftsvorfälle abgewickelt werden: Einzelüberweisungen, Sammelüberweisungen, Sammellastschriften, Umsatzabfragen, Terminüberweisungen und Dauerauftragsverwaltung. Das HBCI-Verfahren ist für den Kunden komfortabler, da das Verwalten der TAN-Listen entfällt. Es hat allerdings den Nachteil, dass es aufwendiger in der Nutzung ist und das Onlinebanking auf den heimischen Computer beschränkt.

mTAN – die mobile TAN per SMS

Mehr Sicherheit bei Transaktionen

Sicher und komfortabel: Sie fordern online eine mobile TAN an, wir schicken sie Ihnen per SMS auf Ihr Mobiltelefon. Alles, was Sie dafür benötigen ist ein Konto, die Freischaltung zum Online-Banking sowie den Aktivierungscode und natürlich ein Mobiltelefon.

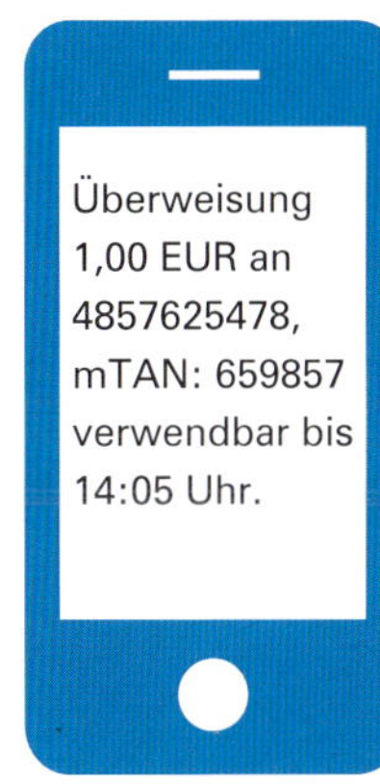

Ihre mTAN Sicherheits-Vorteile

- Einmalige Nutzung: Jede mTAN wird nur einmal verwendet.
- Begrenzte Gültigkeit: Jede mTAN gilt nur für kurze Zeit.
- Transaktions-Check: Die SMS zur mTAN enthält die Daten Ihrer Transaktion, die Sie noch einmal überprüfen können.

So einfach funktioniert das mTAN-Verfahren

Sie fordern nach Eingabe der Transaktionsdaten eine mTAN an. Sekunden später erscheint eine 6-stellige mTAN auf Ihrem bei uns registrierten Mobiltelefon zusammen mit allen relevanten Transaktionsdaten. Einfach diese mTAN in das vorgesehene Feld eingeben, bestätigen, fertig.

chipTAN comfort

Ihre Vorteile auf einen Blick

- Mobil: der TAN-Generator passt in jede Tasche und ist mit jedem internetfähigen PC nutzbar.
- Bequem: Papierlisten und Freischaltung von Folgelisten werden durch Endlosgenerierung von TANs auf Knopfdruck ersetzt.
- Sicher: Schutz vor Phishing[1] und Echtzeit-Angriffen (Man-in-the-Middle) durch logische Verknüpfung der TAN mit den Auftragsdaten.

Und so funktioniert das chipTAN-Verfahren:

Der Kunde gibt die Überweisung in die Online-Banking-Maske ein. Dann steckt er seine girocard oder Bankkarte mit Chip in ein Plastikkästchen, den TAN-Generator. Von Hand gibt er dort die Überweisungsdaten ein oder überträgt sie per optischer Schnittstelle vom Computerbildschirm auf das Lesegerät. Das gibt einen Zahlencode aus, den der User in die Onlinemaske eingibt. Das Verfahren ist relativ sicher, da ein Hacker sowohl auf den Computer als auch auf den unabhängigen Generator zugreifen müsste. Das gilt als unwahrscheinlich.

1 vgl. Übung 4.4.2

4.4 Onlinebanking-Verfahren

4.4.1

Unterschiedlich komfortabel und sicher

Verschiedene Online-Banking-Verfahren im Vergleich

Online-Banking-Kunde

sicher, aber umständlich

Das **HBCI-Verfahren** (Home Banking Computer Interface) gilt derzeit als das sicherste System für Online-Banking. Bei diesem Verfahren benötigt der Kunde eine Chipkarte der Bank, eine Software auf dem Rechner und ein Kartenlesegerät. Da Überweisungen nur von einem Rechner mit Lesegerät für die Chipkarte möglich sind, haben Phishing-Betrüger zwar keine Chance, die Kunden sind aber weniger flexibel.

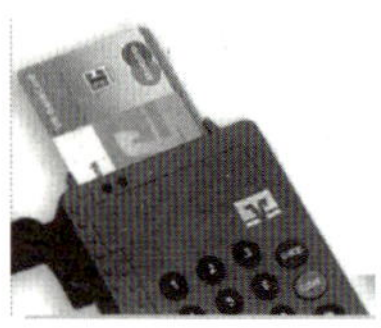

nicht sicher, aber einfach

Der Anwender erhält den **TAN-Bogen** von seiner Bank zugeschickt. Für jede Online-Banking-Transaktion wählt der Kunde eine TAN aus, die er in das Bearbeitungsfeld im Internet-Banking eingibt. Der Auftrag ist erteilt. Die TAN ist frei wählbar und wird lediglich von der Liste gestrichen. Bei der **iTAN** ist vom Nutzer eine genau bestimmte TAN aus einer durchnummerierten TAN-Liste einzusetzen, z.B. die TAN auf der Position 16 oder der Position C3.

Phishing-Betrüger haben gezeigt, wie leichtgläubig manche Menschen sind, und sich die TAN erschwindelt.

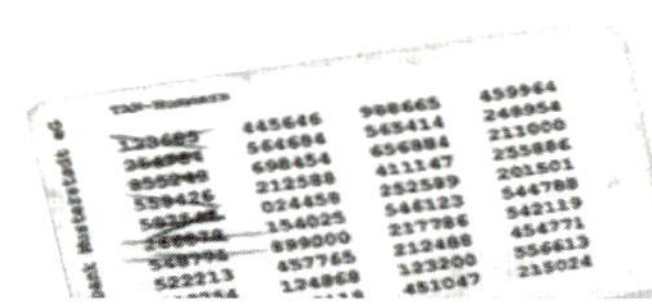

sicher, durch Interaktion

Viele Banken bieten alternativ die **mobile TAN**. Der Online-Kunde hinterlegt seine Handy-Nummer im System der Bank. Vor Abschluss der Online-Banking-Transaktion erhält der Anwender seine Tan per SMS auf sein Handy, die zur Kontrolle den Betrag und die Empfängerkontonummer anzeigt. Die TAN hat somit einen direkten Bezug zum Auftrag. Die mobile TAN steigert die Sicherheit der Transaktion, indem zwei unabhängige Kommunikationsmedien (Computer und Handy) eingesetzt werden.

Beim **chipTAN-Verfahren** benötigt der Anwender eine Bankkarte mit Chip sowie ein Kartenlesegerät mit Tastatur. Der Anwender muss einen Online-Banking-Auftrag ausfüllen und an die Bank senden. Er erhält dann einen auftragsbezogenen Bankcode sowie die Transaktionsdaten, die in das Lesegerät eingegeben werden. Daraus errechnet das Gerät eine TAN, die nur für diese Transaktion gültig ist und zur Bestätigung des Auftrages eingegeben werden muss.

AUFGABEN:

Nutzen Sie für die Lösung den abgedruckten Text und die Unterlagen der Aufgabe 4.3.

1 Nennen Sie stichwortartig, welche Sicherheitsmaßnahmen ein Kunde gem. den „Bedingungen für das Online-Banking" beim HBCI- und beim PIN/TAN-Verfahren zu beachten hat!

2 Vervollständigen Sie die Ablaufskizzen! Ordnen Sie die Ziffern den jeweiligen Vorgängen zu!

mobile TAN-Verfahren

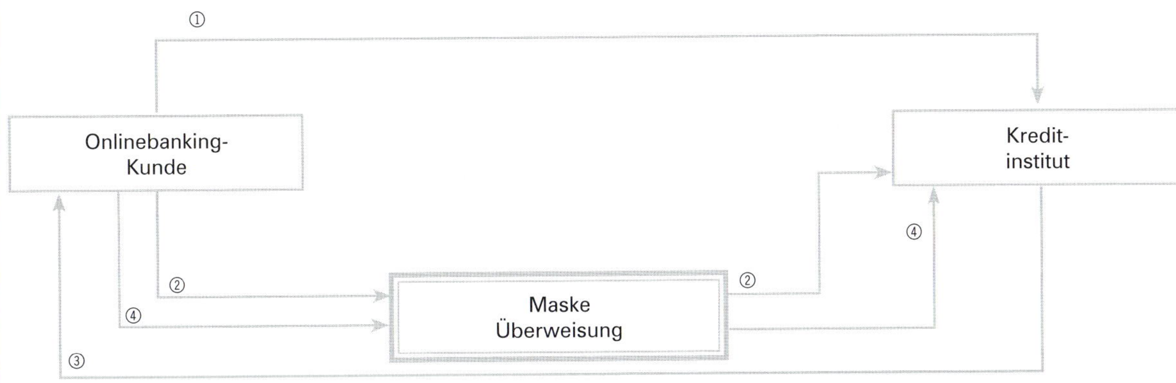

Vorgänge:

- ◯ Eingabe der TAN
  Auftrags-erteilung
- ◯ Ausfüllen Maske
  Senden
- ◯ Hinterlegung Handy-Nummer
- ◯ SMS mit wesentlichen Auftragsdaten und Übermittlung der TAN

chip TAN-Verfahren

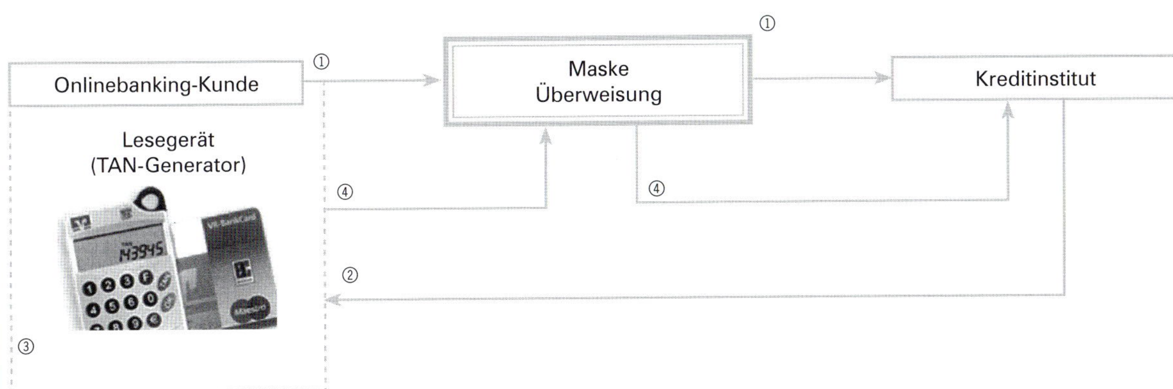

Vorgänge:

- ◯ TAN-Eingabe
  Auftrags-erteilung
- ◯ Bankcode/ Transaktions-daten
- ◯ Eingabe Bankcode Transaktionsdaten
- ◯ Ausfüllen Maske Über-weisung
  Senden

3 Stellen Sie die Vorteile der mobileTAN und der chipTAN gegenüber der herkömmlichen „Papier-TAN" heraus!

6 Richard, Mühlmeyer - ISBN 978-3-8120-1232-4

4.4.2

Bank haftet für Missbrauch beim Homebanking

Gericht: Kontoinhaber muss bloß einen üblichen Virenschutz verwenden

jja. FRANKFURT, 3. Juli. Wer bei Geldüberweisungen vom Heimcomputer aus ein gängiges Virenschutzprogramm benutzt, haftet nicht, wenn Kriminelle trotzdem Daten abzapfen. Das hat das Amtsgericht Wiesloch in einem noch unveröffentlichten Urteil entschieden. Obwohl die Sorge vor Missbrauch beim Homebanking weit verbreitet ist, gibt es bislang nur wenige Gerichtsentscheidungen zu diesem Thema. Dabei registrierte das Bundeskriminalamt im vergangenen Jahr eine Zunahme solcher Diebstähle von Passwörtern (Phishing) um etwa 20 Prozent auf rund 4200 Fälle. Wenn sich die Linie des aktuellen Richterspruchs durchsetzt, müssen Geldinstitute künftig in vergleichbaren Fällen die Haftung übernehmen. „Das Fälschungsrisiko eines Überweisungsauftrages trägt die Bank", heißt es in der Gerichtsentscheidung.

Im Streitfall waren von dem Familiencomputer eines kaufmännischen Angestellten ohne dessen Wissen rund 5000 Euro auf ein anderes Konto überwiesen worden; als Verwendungszweck wurde ein angeblicher Kauf bei dem Versandhändler Ebay angegeben. Die Empfängerin hob das Geld in bar ab und ließ es mit dem Dienstleister Western Union ins russische Sankt Petersburg transferieren, wie sie später vor der Kriminalpolizei zugab. Die Bank berief sich gegenüber dem geschädigten Kontoinhaber auf einen „Anscheinsbeweis", wonach er selbst die Überweisung vorgenommen habe oder zumindest jemand, der in seinem Auftrag gehandelt habe. Deshalb wollte sie die Abbuchung nicht rückgängig machen. Außerdem pochte sie darauf, Hinweise zur Sicherheit von Online-Banking ins Internet gestellt zu haben.

Diese Argumente wies der zuständige Richter nun zurück. Dabei stützte er sich auch auf besondere Kenntnisse, die er zufälligerweise von dieser Materie besitzt: Er hatte früher als Staatsanwalt typische Fälle von Computerbetrug verfolgt. Dabei werden heimlich Schadprogramme auf die Rechner von Bankkunden geschleust, um Transaktionsnummern (TAN) und persönliche Identifikationsnummern (PIN) auszuspionieren. Mit deren Hilfe überweisen Kriminelle dann Geld auf das Konto von Helfern – sogenannten Finanzagenten –, die dieses gegen Provision ins Ausland weiterschicken, weil sie mitunter nicht einmal den kriminellen Hintergrund erkennen.

Das Gericht sah es auch in dem jetzigen Fall als erwiesen an, dass die Überweisung durch den Einsatz „bösartiger Software" zustande gekommen war. Es bezeichnete die Aussage der Ehefrau des Kontoinhabers als glaubhaft, nach der sie zuvor bei einer anderen Überweisung eine TAN eingegeben habe, die darauf „verschwunden" sei, während der Bildschirm zweimal ganz kurz schwarz geworden sei. Ein daraufhin eingeschalteter Gutachter, dessen Kosten die Bank nun ebenfalls erstatten muss, fand 14 verschiedene Viren auf dem Rechner. Nicht endgültig klären ließ sich allerdings, ob ein „Trojaner" darunter war, der etwa die Tastatureingaben ausspähte (Keylogging) oder den Nutzer auf eine gefälschte Website lotste (Pharming).

Maßgeblich war für das Gericht, dass der betroffene Kunde die Sorgfaltspflichten eines „durchschnittlichen PC-Benutzers" eingehalten hatte. Die Familie hatte sich nämlich von einem Freund ein kostenpflichtiges Antivirenprogramm installieren lassen, das zwischenzeitlich aktualisiert wurde und zudem Angriffe durch eine sogenannte Firewall abwehrte. Ein Kreditinstitut könne nicht das gesamte Risiko auf seine Kontoinhaber abwälzen, heißt es in dem Gerichtsentscheid – zumal es durch Einsatz des Internets Personalkosten spare (Az.: 4 C 57/08).

„Das Urteil stellt klar, dass in einem solchen Fall überhaupt kein Überweisungsvertrag zwischen Kunde und Bank zustande kommt", sagte der Mannheimer Rechtsanwalt Stefan Schilling von der Kanzlei Baumert & Vigano dieser Zeitung. Er hatte den Kontoinhaber vor Gericht vertreten. Der allgemeine Warnhinweis des Geldinstituts auf seiner Homepage, Kunden müssten sich vor aktuellen Bedrohungen schützen, genüge jedenfalls nicht. Wohl erstmals habe ein Gericht damit die Haftung des Geldinstituts bekräftigt und nicht nur des zwischengeschalteten – und meist mittellosen – Finanzagenten.

Quelle: FAZ 4. 7. 08 Nr. 154, Seite 23.

Aufgaben:

1 Erläutern Sie die Begriffe Phishing, Trojaner, Pharming, Keylogging, Firewall!

2 Notieren Sie in Stichworten den beschriebenen Ablauf des Betrugsvorgangs!

3 Welche Regeln sollte der Überweisende beim Homebanking beachten, um eine Haftung auszuschließen? Entwerfen Sie ein Merkblatt für die Kundenberatung!

4.4.3

Vorsicht Skimming: Wie Ihr Konto „geplündert" wird ...

Stuttgart. Debit- und Kreditkarten sind grundsätzlich sichere Zahlungsmittel. Doch sollte man sorgsam damit umgehen, denn Betrüger schaffen es immer wieder, mit kreativen Methoden an das Geld ihrer Opfer zu kommen: Mittels Minikamera, aufgeklebter Tastatur oder manipuliertem Eingabeschacht spähen sie die Daten ihrer Opfer beim Geldabheben am Geldautomaten aus. Dabei kann sich jeder gegen das sogenannte Skimming bereits mit einfachsten Maßnahmen schützen.

Quelle: http://www.polizei-beratung.de/presse/.

Aufgabe:

Nennen Sie Maßnahmen zur Verhinderung von Skimming!

4.5 Dauerauftrag

HypoVereinsbank

Hamburg

DAUERAUFTRAG

NDL-Nummer	IBAN des Auftraggebers
	DE 55200300000623228400

Dauerauftragsnummer: 5 oder ☐ Gesamt (alle Aufträge)

Kontoinhaber: Name, Vorname, Firma: Silke Sauer

☒ Neuzugang ☐ Streichung
☐ Änderung ☐ Übernahme
☐ Reaktivierung

Bei Änderung, Streichung und Reaktivierung bitte ausfüllen

Bisheriger Betrag	Bisheriger Empfängername

Ab hier bei Neuanlage bitte vollständig ausfüllen, bei Änderung nur zu ändernde Daten einsetzen, bei Streichung genügen Datum und Unterschrift.

Empfänger: Name, Vorname, Firma	Dr. Wolfgang Satta
IBAN des Empfängers	DE 54546512400031241201
Verwendungszweck 1. Zeile	Honorar
Verwendungszweck 2. Zeile	
Bankleitzahl	54651240
Bei (Bankbezeichnung, bitte genaue Ortsangabe)	Kreissparkasse Bad Dürkheim
Betrag	500,00 Euro
VL-Zahlungen	☐ ja
Dynamisierungssatz	% jährlich

Regelmäßiger Ausführungstermin

Erstmals zum: ☐ 1. ☐ 5. ☐ 8. ☒ 10. ☐ 15. ☐ 25. ☐ 30.

Ab Monat/Jahr: März/2014

Periode: ☐ monatlich ☒ vierteljährl. ☐ halbjährl. ☐ jährlich ☐ variabel

Variable Monate (bei Periode »variabel«): ☐ Jan. ☐ Febr. ☐ März ☐ April ☐ Mai ☐ Juni ☐ Juli ☐ Aug. ☐ Sept. ☐ Okt. ☐ Nov. ☐ Dez.

Letztmalige Ausführung

Termin: ☐ 1. ☐ 5. ☐ 8. ☒ 10. ☐ 15. ☐ 25. ☐ 30.

Monat/Jahr: 12/16

Aussetzen von MMJJ: ______ bis MMJJ: ______

Für Daueraufträge gelten die umseitig abgedruckten Bedingungen.

Ort, Datum	Unterschrift(en)
02.03.2014	Verlagshaus Silke Sauer

Bedingungen für Daueraufträge

1. Als Daueraufträge führt die Bank nur solche Überweisungen aus, deren Beträge für mehrere Überweisungstermine gleich bleiben.
2. Überweisungen durch Dauerauftrag führt die Bank in monatlichen, viertel-, halbjährlichen, jährlichen oder variablen Abständen aus, und zwar jeweils am 01., 05., 08., 10., 15., 25. oder 30. eines Monats.
3. Neue Daueraufträge sowie Änderungen und Streichungen können für den bevorstehenden Termin nur berücksichtigt werden, wenn sie der Bank mindestens drei Geschäftstage vorher bekannt geworden sind.
4. [...]
5. Der Widerruf von Daueraufträgen sollte aus Beweisgründen möglichst schriftlich erfolgen.
6. Für die Neuanlage, Ausführung, Änderung, Streichung und Reaktivierung von Daueraufträgen berechnet die Bank die durch Aushang bekannt gegebenen Preise.
7. Die Bank behält sich vor, Daueraufträge zu kündigen, für deren Ausführung das Auftraggeberkonto keine ausreichende Deckung aufwies.

Aufgaben:

1 Nennen Sie stichwortartig Merkmale und Vorteile eines Dauerauftrags für den Kunden!

2 Welche Voraussetzungen müssen für die Ausführung eines Dauerauftrags gegeben sein (beleghaft/„online" erteilt)?

Daueraufträge (onlinebanking)

Onlinebanking bietet Ihnen die Möglichkeit, Daueraufträge über den Bildschirm zu eröffnen, zu ändern, den Auftrag an bestimmten Terminen aussetzen zu lassen oder auch zu löschen. Voraussetzung hierfür ist die Teilnahme am Onlinebanking mit PIN und TAN und die Anerkennung der Teilnahme-Bedingungen. Mit Onlinebanking können Sie die Dauerauftragsbestandteile ändern, bei denen lediglich Zahlenangaben von der Änderung betroffen sind (z.B. Beträge, IBAN des Empfängers). Zur wirksamen Eingabe eines Dauerauftrages oder auch zu seiner Änderung/Löschung benötigen Sie eine TAN.

Unser Programm hilft Ihnen, den Überblick über Ihre bestehenden Daueraufträge zu behalten. Dies geschieht in Form einer „Kurzanzeige", mit der Sie auf einen Blick feststellen können, welche Daueraufträge vorgemerkt sind.

Über die Bedienerführung am unteren Rand der Bildseite haben Sie die Möglichkeit, sich aus Ihrem Dauerauftragsbestand einen Auftrag anzeigen zu lassen, um

- ▶ Informationen über die Einzeldaten zu gewinnen,
- ▶ Änderungen im Auftrag zu veranlassen,
- ▶ Löschungen durchzuführen.

Daueraufträge erfordern für unsere bankinterne Bearbeitung einige Vorlaufzeit. Zwischen Ihrer Eingabe der Daten über das Zugangsmedium und der Änderung in unseren Datenverarbeitungsbeständen zeigen wir die von Ihnen gewünschten Datenänderungen über den Bildschirm als „vorgemerkt" an. Sie können von der termingerechten Bearbeitung Ihrer Wünsche ausgehen, wenn Sie uns eventuell erforderliche Änderungen im Datenbestand über das Zugangsmedium rechtzeitig – d.h. fünf Arbeitstage – vor dem nächsten Ausführungstermin aufgeben.

DAUERAUFTRAG KONTO 0623228400

DA-Nr. 20
EMPFÄNGERANGABEN

IBAN : 54546512400031241201
Institut : Kreissparkasse Bad Dürkheim
Name : Dr. W. Satta
Betrag : EUR 500,00
Verwendungszweck : Honorar
Termin (TTMM) : 10.03. Interval : 2
Ende (MMJJ) : 12.16 DA-Art. : 0
einmalig : EUR 0 cent 00 im Monat : 00
TAN-Nr.: ▪ .....

Bitte Transaktions-Nummer eingeben

3 Stellen Sie die Auftragserteilung „traditionell"/„Onlinebanking-Verfahren" gegenüber!

4 Stellen Sie die besonderen Vorteile zusammen, die bei Onlinebanking-Nutzung gegeben sind!

5 Die Kundin Silke Sauer möchte nach dreimaliger Ausführung des Dauerauftrags eine Änderung des Betrages vornehmen. Erklären Sie der Kundin die genaue Vorgehensweise zur Änderung des Dauerauftrags beim Online-Banking!

4.6 Fehlerhafte Überweisung

Herr Dr. W. Brands hat vom Hirmer Verlag wegen einer ausstehenden Rechnung eine Mahnung erhalten. Bei Prüfung seines Kontoauszuges stellt Dr. Brands fest, dass der fragliche Betrag seinem Konto am 02. 10. 20 . . belastet wurde

COMMERZBANK AG

Kontoauszug Nr. 32 BLZ 440 400 37

KONTO 4345539900 DATUM 04.10.20.. BLATT 1

TAG	WERT		EURO
02.10.	02.10.	UEBERWEISUNG/EBS 021608533 HIRMER VERLAG LIEFERSCH. 55177 BAND 4 V.11.08. BLZ 70010080/KTO. 0011507805	80,78S

(Auszug)

Er beauftragt die Commerzbank Dortmund mit der Nachforschung. Von dieser erhält er folgende Mitteilung (Fotokopien):

POSTBANK GIRO MÜNCHEN 0011805075 0000 20 00
HIRMER VERLAG LIEFERSCH. 55177 BAND 4
V.11.08.20..
DR.W.BRANDS

Anfragendes Institut

Commerzbank AG
Dortmund
Postfach 10 50 16 Tel.-Nr.
44047 Dortmund
PLZ Ort

Rekl.-Nr.

Bankleitzahl 440 400 37

☒ **Überweisungs-Nachfrage über Verrechnungsweg**[1]

Die nachstehende Überweisung ☒ soll auf dem Konto des Begünstigten nicht gutgeschrieben worden sein.
☐ ist dem Konto des Begünstigten verspätet am ______ gutgeschrieben worden.

Wir bitten den Eingang dieser Überweisung zu prüfen und diesen um Ihre Weiterleitungsdaten ergänzten Vordruck unverzüglich an Ihre Nachstelle weiterzugeben. Der Überweisungsempfänger ist ggf. noch einmal auf die bereits erfolgte Gutschrift hinzuweisen.

[1] Bei Überweisungen an Versicherungen, Versandhäuser usw. bitte stets die Versicherungs-, Kunden-Nr. usw. angeben. Bitte Fotokopie des Originalauftrags beifügen. **Nachfragen zu Überweisungen sind grundsätzlich unmittelbar an das endbegünstigte Institut zu richten.**

☐ **Zweitschriftanforderung**

Zu der nachstehenden Überweisungs- bzw. Zahlschein-Gutschrift erbitten wir eine Zweitschrift.
Diese Anforderung ist an die jeweilige Vorstelle weiterzuleiten, **sofern nicht aufgrund der angegebenen Einreichernummer zwischengeschaltete Stellen übersprungen werden können.**

Begünstigter		Bankleitzahl
Hirmer Verlag		700 100 80
Konto-Nr. des Begünstigten	**bei**	**Euro/Cent**
11507–805	Postbank (Giro) München	80,78

Verwendungszweck		
Liefersch. 55177 + Band 4 v. 11.08.20..		
Bankleitzahl der erstbeauftragten Stelle	**Konto-Nr. des Auftraggebers**	**Auftraggeber**
440 400 37	4345539900	Dr. W. Brands

Bei Onlinebanking-Zahlungen Referenznummer: 132021608533

Ergänzende Anmerkungen:

☐ Fehlcodierung, codierte BLZ: ______ ☒ Begünstigten-Konto-Nr. war falsch; richtige Konto-Nr.: 0011805075

☐ Sonstige: ______

Die Antwort auf die Überweisungs-Nachfrage bzw. die Zweitschrift bitte direkt an das anfragende Institut zurücksenden.

Antwort auf Überweisungs-Nachfrage

Die Überweisung ist bei uns eingegangen am 05.10.20..

☒ sie wurde gutgeschrieben am 05.10.20..

auf dem angegebenen Konto Nr. 0011507805 Kontoinhaber Hans Becker

Der Kontoinhaber erhielt Gutschriftsanzeige am ______ und nochmals am

☐ sie wurde am ______ durch Post-Zahlungsanweisung/Barauszahlung erledigt.

Verzögerung entstand: ☐ keine ☐ ja, durch: ______

Antwort auf Zweitschriftanforderung

☐ Die gewünschte Zweitschrift ist beigefügt

☐ Zweitschriftausstellung ist nicht möglich. Grund: ______

Direkt zurücksenden an folgende Anschrift des anfragenden/Zweitschrift anfordernden Instituts.

06.11.20.. — 570-527

Datum — Abdruck des Sicherungsstempels oder Firmenstempels Bankleitzahl und Kontroll-Unterschrift

Veith

An BLZ:

Commerzbank AG
44047 Dortmund

Aufgaben:

1 Welcher Fehler liegt vor und wodurch könnte der Fehler verursacht worden sein?

2 Unterstellen Sie, dass Herrn Dr. Brands 20,00 EUR Fremdkosten und 10,00 EUR eigene Kosten (Telefonkosten usw.) entstanden sind.

Wer hat diese Kosten gegebenenfalls zu tragen?

Auszug aus den AGB – Banken

Grundregeln für die Beziehung zwischen Kunde und Bank

...

3. Haftung der Bank; Mitverschulden des Kunden

(1) Haftungsgrundsätze

Die Bank haftet bei der Erfüllung ihrer Verpflichtungen für jedes Verschulden ihrer Mitarbeiter und der Personen, die sie zur Erfüllung ihrer Verpflichtungen hinzuzieht. Soweit die Sonderbedingungen für einzelne Geschäftsbeziehungen oder sonstige Vereinbarungen etwas Abweichendes regeln, gehen diese Regelungen vor. Hat der Kunde durch ein schuldhaftes Verhalten (zum Beispiel durch Verletzung der in Nr. 11 dieser Geschäftsbedingungen aufgeführten Mitwirkungspflichten) zu der Entstehung eines Schadens beigetragen, bestimmt sich nach den Grundsätzen des Mitverschuldens, in welchem Umfang Bank und Kunde den Schaden zu tragen haben.

(2) ... (3)

11. Mitwirkungspflichten des Kunden

(1) ...

(2) Klarheit von Aufträgen

Aufträge müssen ihren Inhalt zweifelsfrei erkennen lassen. Nicht eindeutig formulierte Aufträge können Rückfragen zur Folge haben, die zu Verzögerungen führen können. Vor allem hat der Kunde bei Aufträgen auf die Richtigkeit und Vollständigkeit seiner Angaben, insbesondere der Kontonummer und Bankleitzahl oder IBAN und BIC sowie der Währung zu achten. Änderungen, Bestätigungen oder Wiederholungen von Aufträgen müssen als solche gekennzeichnet sein.

Auszug aus den Bedingungen für den Überweisungsverkehr

1.6 Ausführung des Überweisungsauftrags

Die Bank führt den Überweisungsauftrag des Kunden aus, wenn die zur Ausführung erforderlichen Angaben in der vereinbarten Art und Weise vorliegen, dieser vom Kunden autorisiert ist und ein zur Ausführung der Überweisung ausreichendes Guthaben in der Auftragswährung vorhanden oder ein ausreichender Kredit eingeräumt ist (Ausführungsbedingungen). Die Bank und die weiteren an der Ausführung der Überweisung beteiligten Zahlungsdienstleister sind berechtigt, die Überweisung ausschließlich anhand der vom Kunden angegebenen Kundenkennung des Zahlungsempfängers auszuführen.

3 Kennzeichnen Sie den Weg, den die Überweisung genommen hat (Leitweg)!

5 Lastschriftverkehr

5.1 Grenzüberschreitende SEPA-Basislastschrift

Die SEPA-Basislastschrift

Die SEPA-Lastschrift ist ein „lokales" Zahlungsinstrument für die gesamte Eurozone. Sie löst viele unterschiedliche nationale Verfahren ab. Im grenzüberschreitenden Zahlungsverkehr stellt sie eine echte Neuerung dar, da bislang ein standardisiertes Produkt fehlte. Grundlage für die SEPA-Lastschrift ist die EU-Richtlinie über Zahlungsdienste im Binnenmarkt (EU Payment Services Directive), die in nationales Recht der bei SEPA teilnehmenden Länder übernommen wurde, um unterschiedliche Gesetzeslagen für Widerspruchsfristen zu ersetzen und den Lastschrifteinzug über Ländergrenzen hinweg zu ermöglichen.

Die SEPA-Lastschrift ist ein reines Einzugsverfahren, das auf einem Lastschriftmandat basiert, welches der Zahler dem Zahlungsempfänger erteilt. Dieser reicht die Lastschriftdaten bei seiner Bank elektronisch zum Einzug ein. Die Lastschriftdaten enthalten dabei gleichzeitig die elektronischen Mandatsdaten. Sie sind identisch mit den für den Einzug relevanten Angaben. Die Bank des Zahlers erhält also das Mandat integriert in den Geldeinzug. Die Bank des Zahlers ist nicht verpflichtet, die übermittelten Mandatsdaten an ihren Kunden weiterzuleiten bzw. sie zu prüfen.

Die SEPA-Basislastschrift hat folgende Merkmale:

- Sie ermöglicht inländische und grenzüberschreitende Lastschriften. Europaweite Nutzung in 31 EU/EWR-Staaten sowie Schweiz und Monaco.
- Sie basiert auf einem vom Zahler unterschriebenen und dem Zahlungsempfänger erteilten Mandat. Das SEPA-Lastschriftmandat ermächtigt den Zahlungsempfänger, den fälligen Betrag vom Konto des Zahlers einzuziehen, gleichzeitig wird die Bank des Zahlers zur Einlösung der Lastschrift angewiesen. Dieses Mandat ist inhaltlich standardisiert und muss in der Sprache des Landes, in dem der Zahler seinen Wohnsitz hat, ausgestellt sein.
- IBAN und BIC ersetzen Kontonummer und Bankleitzahl.
- Es besteht keine Betragsgrenze.

Datenelemente:

- Eine vom Lastschrifteinreicher zu vergebende, eindeutige Mandatsnummer.
- Eine zentral (in Deutschland durch die Deutsche Bundesbank) vergebene Begünstigtenkennung zwecks eindeutiger Identifikation des Lastschrifteinreichers → Gläubiger-Identifikationsnummer (Unique Creditor Identifier/UCI). Durch Mandatsnummer und Identifikationsnummer wird jedes Mandat eindeutig identifiziert.
- Verwendungszwecklänge 140 Zeichen.
- Möglichkeit der Einstellung und Weiterleitung einer zusätzlichen Kundenreferenz zur Unterstützung der Debitoren- bzw. Kreditorenbuchhaltung.

Fristenregelungen:

- Lastschriften haben ein Fälligkeitsdatum, das vom Einreicher zu vergeben ist. Dies ist das Datum, an dem der Zahler belastet wird.
- 14 Kalendertage vor Fälligkeit erfolgt die Anzeige von Datum und Betrag der Belastung beim Zahler. Dies ist jedoch vertraglich abdingbar.
- 5 Bankarbeitstage vor Fälligkeit werden Erstlastschriften unter einem Mandat oder Einmallastschriften in das Clearing gegeben.[1]
- 2 Bankarbeitstage vor Fälligkeit müssen Folgelastschriften unter einem Mandat in das Clearing gegeben werden.[1]
- 5 Arbeitstage nach Kontobelastung sollen mögliche Rückgaben durch die Zahlstelle erfolgen (z. B. wenn das Konto geschlossen ist).
- Bis zu 8 Wochen nach Kontobelastung kann der Zahler ohne Angabe von Gründen Erstattung des Lastschriftbetrags verlangen und die Lastschrift zurückgeben.
- Bis zu 13 Monate nach Kontobelastung kann eine unautorisierte Lastschrift (Gläubiger kann kein Mandat vorweisen) zurückgegeben werden. Nach Ablauf von 13 Monaten nach der Belastungsbuchung verfällt der Erstattungsanspruch.
- Das Mandat erlischt 36 Monate nach der letzten Lastschrifteinreichung.

Quelle: In Anlehnung an Deutsche Bank, SEPA-Lastschrift.

1 Die Vorlauffrist von 5 bzw. 2 Tagen kann ab November 2013 deutschlandweit auf 1 Tag verkürzt werden (SEPA-Basislastschrift mit verkürzter Vorlauffrist COR1). Diese verkürzte Vorlauffrist gilt als Variante zum normalen Verfahren (SDD Core).

5.1.1

Hans Morlock, Ruhrallee 90, 45138 Essen, Kunde der Commerzbank Essen (BIC: COBADEFF360), Konto-Nr. 4269552636, IBAN: DE20360400394269552636, hat in Dänemark ein Haus am Meer gekauft, für das vierteljährlich eine Zahlung in unterschiedlicher Höhe geleistet werden muss. Herr Morlock hat von der Möglichkeit des grenzüberschreitenden Lastschrifteinzugs gehört. Er möchte, dass der dänische Hausverwalter Sven Soerensen, Taarbakvej 6, DK-2100 København, die vierteljährliche Zahlung von seinem Konto bei der Commerzbank Essen einzieht. Nachdem sich Herr Morlock mit dem Verwalter Soerensen in Verbindung gesetzt hat, sendet ihm dieser das folgende SEPA-Basislastschrift-Mandat zu mit der Bitte um Vervollständigung und Rücksendung.

AUFGABEN:

1 Füllen Sie für Herrn Morlock das SEPA-Basislastschrift-Mandat mit dem Datum 18.05.20.. aus

Sven Soerensen, DK-2100 København, Taarbakvej 6

Gläubiger-Identifikationsnummer DK99ZZZ05678901234

Mandatsreferenz 987 543 CB2

SEPA-Basislastschrift-Mandat

Ich ermächtige Herrn Sven Soerensen, Zahlungen von meinem Konto mittels Lastschrift einzuziehen. Zugleich weise ich mein Kreditinstitut an, die von Herrn Soerensen auf mein Konto gezogenen Lastschriften einzulösen.

Hinweis: Ich kann innerhalb von acht Wochen, beginnend mit dem Belastungsdatum, die Erstattung des belasteten Betrages verlangen. Es gelten dabei die mit meinem Kreditinstitut vereinbarten Bedingungen.

Vorname und Name (Kontoinhaber)	Kreditinstitut (Name und BIC) _ _ _ _ _ _ _ _ | _ _ _
Straße und Hausnummer	DE _ _ | _ _ _ _ | _ _ _ _ | _ _ _ _ | _ _ _ _ | _ _ (IBAN)
Postleitzahl und Ort	
Ort, Datum	Unterschrift

2 Welche Erklärungen gibt Hans Morlock in dem von ihm erteilten SEPA-Lastschriftmandat ab?

Nachdem der Hausverwalter Sven Soerensen das von Herrn Morlock ausgefüllte und unterzeichnete Mandat zurückerhalten hat, versendet er an Herrn Morlock das folgende Bestätigungsschreiben:

VS

Sven Soerensen
Property Management

DK-2100 København
Taarbakvej 6
25. 05. 20..

Herrn
Hans Morlock
Ruhrallee 90
45138 Essen

Einzug der Hauskosten

Sehr geehrter Herr Morlock,

vielen Dank, dass Sie uns ein SEPA-Lastschriftmandat zum Einzug der Hauskosten erteilt haben.

Die Mandatsreferenz für dieses SEPA-Mandat lautet: 987543CB2. Wir werden die fälligen Beträge über unseren Zahlungsdienstleister, die Danske Bank København, vierteljährlich, beginnend am 15. Juni 20.., von folgendem Konto einziehen:

IBAN: DE20360400394269552636
BIC: COBADEFF360

Jeweils 14 Tage vor Fälligkeit geht Ihnen eine Vorabinformation über die Abbuchung zu.

Sie erkennen unsere Lastschrift an der Gläubiger-Identifikationsnummer DK99ZZZ05678901234 und der Angabe „Verwaltung Soerensen".

Mit freundlichen Grüßen

Sven Soerensen

3 Im Monat Juni nimmt der Hausverwalter Soerensen den ersten Lastschrifteinzug vor. Wie veranlasst er diesen Geldeinzug?

4 Welcher Zahlungsdienstleister ist die 1. Inkassostelle, welcher die Zahlstelle?

5 Wo verbleibt das von Hans Morlock erteilte SEPA-Lastschriftmandat?

6 Die vierteljährlichen Hauskosten fallen in dänischen Kronen an. In welcher Währung erfolgt der Lastschrifteinzug?

7 Kennzeichnen Sie die Abwicklung dieses Lastschrifteinzugs. Tragen Sie die unten stehenden Merkmale in das Schaubild ein. Beschriften Sie die Pfeile und die entsprechenden Stellen.

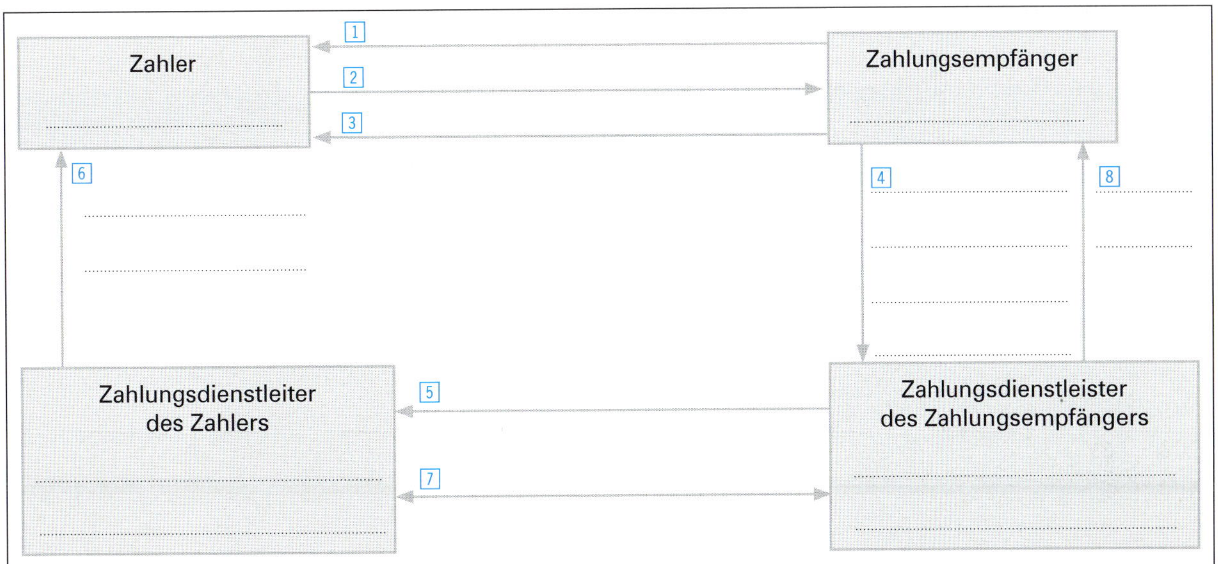

- Weiterleitung der Daten über Clearingsystem 5 bzw. 2 Bankarbeitstage vor Fälligkeit
- Sven Soerensen
- vervollständigtes und unterschriebenes Mandat
- Vorabinformation 14 Tage vor Fälligkeit
- Gutschrift
- Commerzbank Essen
- Mandat
- Clearing und Verrechnung
- Zahlstelle
- 1. Inkassostelle
- Hans Morlock
- Belastung am Fälligkeitstag
- Danske Bank København
- Einreichung eines Datensatzes: Lastschrift und Mandatsinformationen

5.1.2

Der HypoVereinsbank Köln liegt am 10. Januar 20.. der vom Kunden elektronisch übermittelte Datensatz (Auszug) einer SEPA-Basislastschrift zum Einzug vor.

Name und Anschrift des Zahlungsempfängers:	Scheuer Hausbetreuung GmbH; Wilhelm-Busch-Str. 5, 51105 Köln
Gläubiger-Identifikationsnummer des Zahlungsempfängers:	DE 9912808901284765
Mandatsreferenz:	9346; Ausstellungsdatum des Mandats: 01.12.20..(Vorjahr)
Name des Zahlers:	Benito Vitario-Suarez, Avenida Gran Via Hortaleza 23, 28033 Madrid
Name des Zahlungsdienstleisters des Zahlers:	Banco Español de Credito S.A. (Banesto) Madrid
BIC des Zahlungsdienstleisters des Zahlers:	ESPCESMM
IBAN des Zahlers:	ES78 0030 4090 1202 9355 9273
Betrag:	1650,00 EUR
Verwendungszweck:	Hausbetreuungskosten Januar 20..
Fälligkeitsdatum:	20. Januar 20..
Zusatzinformation:	Wiederkehrende Zahlung, Erstlastschrift

7 Richard, Mühlmeyer - ISBN 978-3-8120-1232-4

Aufgaben:

1. Nennen Sie die beiden rechtlichen Voraussetzungen, die erfüllt sein müssen, damit die Scheuer Hausbetreuung GmbH diesen Lastschriftdatensatz zum Einzug an die HypoVereinsbank Köln geben kann.

2. Bis zu welchem Tag hat die Scheuer Hausbetreuung GmbH dem Zahler Benito Vitario-Suarez den Lastschrifteinzug anzukündigen?

3. Die Einzugsvoraussetzungen liegen seitens der HypoVereinsbank Köln vor. An welchem Tag muss die Lastschrift von der Bank spätestens in das Clearing gegeben werden, wenn es sich um eine SDD Core Lastschrift handelt? Das Fälligkeitsdatum ist ein Mittwoch.

4. Die HypoVereinsbank Köln steht mit der Banco Español de Credito S.A. nicht in direkter Kontoverbindung. Wie leitet sie die Lastschriftdaten an die Zahlstelle weiter?

Das SEPA-Basis-Lastschriftverfahren (SDD Core)

Mit dem SEPA-Basis-Lastschriftverfahren können Zahlungsempfänger Lastschrift-Zahlungen in Euro innerhalb des Binnenmarktes bewirken beziehungsweise Zahlungsempfänger können nach Abschluss einer entsprechenden „Vereinbarung zum Lastschrifteinzug mittels SEPA-Basis-Lastschriftverfahren" (Inkassovereinbarung) Gelder von Konten im Binnenmarkt einziehen.

Die Produktmerkmale der SEPA-Basis-Lastschrift (SDD Core)

Transaktionswährung	Euro
Auflieferung	elektronisch, zum Beispiel mit entsprechender Software (Hinweis: es gibt kein Formular) maximal 14 Kalendertage vor dem Fälligkeitstag
Lastschrifttypen	einmalige und wiederkehrende Einzüge
Erforderliche Angaben	IBAN des Zahlungsempfängers und BIC[1] des Kreditinstituts/Zahlungsdienstleisters des Zahlungsempfängers IBAN des Zahlers und BIC[1] des Kreditinstituts/Zahlungsdienstleisters des Zahlers
Fälligkeit	Buchung am definierten Fälligkeitsdatum D (Due Date)
Vorlauffristen	erst- und einmalige Lastschriften: D – 5 wiederkehrende Lastschriften: D – 2

Quelle: SEPA-Herausforderung und Chance. Basisinformationen zum einheitlichen Euro-Zahlungsverkehrsraum. Hrsg.: Bundesverband der Deutschen Volksbanken und Raiffeisenbanken e. V., 4. Ausgabe 2012.

Bedingungen für den Lastschrifteinzug (Auszug) (Stand: 01. 02. 2014)

Für den Einzug von Forderungen des Kunden als Zahlungsempfänger mittels Lastschrift gelten folgende Bedingungen.

4 SEPA-Basislastschrift

4.1 Wesentliche Merkmale des SEPA-Basislastschriftverfahrens

Das SEPA-Basislastschriftverfahren richtet sich nach dem „SEPA Core Direct Debit Scheme Rulebook" des European Payments Council.

Mit dem SEPA-Basislastschriftverfahren kann ein Zahler über seinen Zahlungsdienstleister an den Zahlungsempfänger Zahlungen in Euro innerhalb des Gebiets des einheitlichen Euro-Zahlungsverkehrsraums („Single Euro Payments Area", SEPA) bewirken.

Für die Ausführung von Zahlungen mittels SEPA-Basislastschriften muss der Zahler vor dem Zahlungsvorgang dem Zahlungsempfänger das SEPA-Lastschriftmandat (siehe Nummer 4.4) erteilen.

Der Kunde als Zahlungsempfänger löst den jeweiligen Zahlungsvorgang aus, indem er über die Bank dem Zahlungsdienstleister des Zahlers die Lastschriften vorlegt.

Der Zahler kann bei einer autorisierten Zahlung aufgrund einer SEPA-Basislastschrift binnen einer Frist von acht Wochen ab dem Zeitpunkt der Belastungsbuchung auf seinem Konto von seinem Zahlungsdienstleister die Erstattung des belasteten Lastschriftbetrages verlangen. Dies führt zu einer Rückgängigmachung der Vorbehaltsgutschrift auf dem Konto des Zahlungsempfängers.

4.2 Kundenkennungen

Für das Verfahren hat der Kunde

- die ihm von der Bank erteilte IBAN und bei grenzüberschreitenden Zahlungen bis 31. Januar 2016 zusätzlich den BIC der Bank als seine Kundenkennung sowie
- die ihm vom Zahler mitgeteilte IBAN – und bei grenzüberschreitenden Zahlungen (innerhalb des Europäischen Wirtschaftsraums bis 31. Januar 2016) zusätzlich den BIC des Zahlungsdienstleisters des Zahlers – als die Kundenkennung des Zahlers zu verwenden.

1 Die Angabe des BIC soll aufgrund gesetzlicher Vorgaben sukzessive in mehreren Schritten bis 2016 entfallen können. Voraussichtlich zuerst ab 2014 innerhalb Deutschlands und ab 2016 innerhalb der EU-/EWR-Mitgliedstaaten.

Die Bank ist berechtigt, den Einzug der Lastschriften ausschließlich auf Grundlage der ihr übermittelten Kundenkennungen durchzuführen.

4.3 Übermittlung von Lastschriftdaten

Bei SEPA-Basislastschriften können die Lastschriftdaten über das Nachrichtenübermittlungssystem der Society for Worldwide Interbank Financial Telecommunication (SWIFT) mit Sitz in Belgien und Rechenzentren in der Europäischen Union und in der Schweiz von der Bank an den Zahlungsdienstleister des Zahlers weitergeleitet werden.

4.4 SEPA-Lastschriftmandat

4.4.1 Erteilung des SEPA-Lastschriftmandats (SEPA Direct Debit Mandate)

Der Kunde muss vor Einreichung von SEPA-Basislastschriften vom Zahler ein SEPA-Lastschriftmandat einholen. In dem SEPA-Lastschriftmandat müssen die folgenden Erklärungen des Zahlers enthalten sein:

- Ermächtigung des Kunden durch den Zahler, Zahlungen vom Konto des Zahlers mittels SEPA-Basislastschrift einzuziehen, und
- Weisung des Zahlers an seinen Zahlungsdienstleister, die vom Kunden auf das Konto des Zahlers gezogenen SEPA-Basislastschriften einzulösen.

Der Kunde muss hierzu den als Anlage B.2 beigefügten Text oder einen inhaltsgleichen Text in einer Amtssprache der in unten genannten Staaten und Gebiete gemäß den Vorgaben des European Payments Council (www.europeanpayments council.eu) verwenden.

Zusätzlich müssen folgende Angaben im Mandat enthalten sein:

- Name des Kunden, seine Adresse und seine Gläubiger-Identifikationsnummer (diese wird für in Deutschland ansässige Kunden von der Deutschen Bundesbank vergeben, siehe http://glaeubiger-id.bundesbank.de),
- Angabe, ob das Mandat für wiederkehrende Zahlungen oder eine einmalige Zahlung gegeben wird,
- Name des Zahlers oder Bezeichnung gemäß Anlage C Nummer 2,
- Kundenkennung des Zahlers (siehe Nummer 4.2),
- Zeichnung durch den Zahler sowie
- Datum der Zeichnung durch den Zahler.

Die vom Kunden individuell vergebene Mandatsreferenz

- bezeichnet in Verbindung mit der Gläubiger-Identifikationsnummer das jeweilige Mandat eindeutig,
- ist bis zu 35 alphanumerische Stellen lang und
- kann bereits im Mandat enthalten sein oder muss dem Zahler nachträglich bekannt gegeben werden.

Über die genannten Daten hinaus kann das SEPA-Lastschriftmandat zusätzliche Angaben enthalten.

4.4.2 Einzugsermächtigung als SEPA-Lastschriftmandat [...]

4.4.3 Aufbewahrungspflicht

Der Kunde als Zahlungsempfänger ist verpflichtet, das vom Zahler erteilte SEPA-Lastschriftmandat – einschließlich Änderungen – in der gesetzlich vorgegebenen Form aufzubewahren. Nach Erlöschen des Mandats ist dieses noch für einen Zeitraum von mindestens 14 Monaten, gerechnet vom Einreichungsdatum der letzten eingezogenen Lastschrift, aufzubewahren.

4.4.4 Widerruf des SEPA-Lastschriftmandats durch einen Zahler

Widerruft ein Zahler gegenüber dem Kunden ein SEPA-Lastschriftmandat, darf der Kunde keine weiteren SEPA-Basislastschriften mehr auf Grundlage dieses SEPA-Lastschriftmandats einziehen. Erhält der Kunde eine SEPA-Basislastschrift mit dem Rückgabegrund „no mandate/unauthorised transaction" zurück, teilt der Zahlungsdienstleister des Zahlers dem Kunden mit, dass der Zahler das dem Kunden erteilte SEPA-Lastschriftmandat widerrufen hat. Der Kunde darf dann keine weiteren SEPA- Basislastschriften mehr auf Grundlage dieses SEPA-Lastschriftmandats einziehen.

4.5 Ankündigung des SEPA-Basislastschrift-Einzugs

Der Kunde hat dem Zahler spätestens 14 Kalendertage vor der Fälligkeit der ersten SEPA-Basislastschrift-Zahlung den SEPA-Basislastschrift-Einzug anzukündigen (z. B. durch Rechnungsstellung); Kunde und Zahler können auch eine andere Frist vereinbaren. Bei wiederkehrenden Lastschriften mit gleichen Lastschriftbeträgen genügen eine einmalige Unterrichtung des Zahlers vor dem ersten Lastschrifteinzug und die Angabe der Fälligkeitstermine.

4.6 Einreichung der SEPA-Basislastschrift

(1) Das vom Zahler erteilte SEPA-Lastschriftmandat verbleibt beim Kunden als Zahlungsempfänger. Dieser übernimmt die Autorisierungsdaten und etwaige zusätzliche Angaben in den Datensatz zur Einziehung von SEPA-Basislastschriften. Der jeweilige Lastschriftbetrag und der Fälligkeitstag der Lastschriftzahlung werden vom Kunden angegeben.

(2) Der Kunde übermittelt elektronisch den Datensatz zur Einziehung der SEPA-Basislastschrift unter Beachtung der vereinbarten Einreichungsfristen an die Bank. Die Lastschrift ist gemäß Anlage C zu kennzeichnen. Der Zahlungsdienstleister des Zahlers (Zahlstelle) ist berechtigt, Lastschriften nach der Kennzeichnung zu bearbeiten.

(3) Fällt der im Datensatz vom Kunden angegebene Fälligkeitstag auf keinen TARGET2-Geschäftstag[1], ist die Bank berechtigt, den folgenden TARGET2-Geschäftstag als Fälligkeitstag im Lastschriftdatensatz anzugeben.

(4) Reicht der Kunde zu einem SEPA-Lastschriftmandat in einem Zeitraum von 36 Monaten (gerechnet vom Fälligkeitstermin der zuletzt vorgelegten SEPA-Basislastschrift) keine SEPA-Basislastschrift ein, hat er Lastschrifteinzüge auf Basis dieses Mandats zu unterlassen und ist verpflichtet, ein neues SEPA-Lastschriftmandat einzuholen, wenn er zukünftig SEPA-Basislastschriften von dem Zahler einziehen möchte. Die Bank ist nicht verpflichtet, die Einhaltung der Maßnahmen in Satz 1 zu prüfen.

(5) Die Bank wird die rechtzeitig und ordnungsgemäß eingereichte SEPA-Basislastschrift so an den Zahlungsdienstleister des Zahlers übermitteln, dass die Verrechnung an dem im Lastschriftdatensatz enthaltenen Fälligkeitstag ermöglicht wird.

4.7 Ausführung des Zahlungsvorgangs und Rücklastschriften

(1) Der Zahlungsdienstleister des Zahlers leitet den von ihm dem Konto des Zahlers aufgrund der SEPA-Basislastschrift belasteten Lastschriftbetrag der Bank zu.

(2) Bei einer von dem Zahlungsdienstleister des Zahlers nicht eingelösten oder wegen des Erstattungsverlangens des Zahlers zurückgegebenen Lastschrift macht die Bank die Vorbehaltsgutschrift rückgängig. Dies geschieht unabhängig davon, ob in der Zwischenzeit ein Rechnungsabschluss erteilt wurde.

1 TARGET2 steht für ein Trans-European Automated Real-time Gross settlement Express Transfer System. TARGET2 ist täglich außer samstags, sonntags, an Neujahr, am Karfreitag und Ostermontag, am 1. Mai sowie am 25. und 26. Dezember geöffnet.

Die Banco Español de Credito S.A. lehnt am Fälligkeitstag die Einlösung der Lastschrift ab.

Aufgaben:

5 a) Nennen Sie Gründe, die zur Nichteinlösung der Lastschrift der Scheuer Hausbetreuung GmbH geführt haben können.

b) Beschreiben Sie die Arbeitsgänge im Zusammenhang mit der Nichteinlösung der SEPA-Basislastschrift.

6 Gehen Sie in Abweichung von Aufgabe 5 davon aus, dass die Banco Español de Credito S.A. die Lastschrift der Scheuer Hausbetreuung GmbH am Fälligkeitstag einlöst.

a) Innerhalb welcher Frist hat die Banco Español den Lastschriftbetrag der HypoVereinsbank Köln anzuschaffen?

b) Bis zu welchem Tag könnte der Zahlungspflichtige Benito Vitario-Suarez die Erstattung des belasteten Betrages verlangen, wenn er im Nachhinein mit der Belastung nicht einverstanden ist?

Bedingungen für Zahlungen mittels Lastschrift im SEPA-Basislastschriftverfahren (Auszug) (Stand: 01.02.2014)
Für Zahlungen des Kunden an Zahlungsempfänger mittels SEPA-Basislastschrift über sein Konto bei der Bank gelten folgende Bedingungen.

2.4 Zahlungsvorgang aufgrund der SEPA-Basislastschrift

2.4.1 Belastung des Kontos des Kunden mit dem Lastschriftbetrag

(1) Eingehende SEPA-Basislastschriften des Zahlungsempfängers werden am im Datensatz angegebenen Fälligkeitstag mit dem vom Zahlungsempfänger angegebenen Lastschriftbetrag dem Konto des Kunden belastet. Fällt der Fälligkeitstag nicht auf einen im Preis- und Leistungsverzeichnis ausgewiesenen Bankarbeitstag[1] der Bank, erfolgt die Kontobelastung am nächsten Geschäftstag.

(2) Eine Kontobelastung erfolgt nicht oder wird spätestens am zweiten Bankarbeitstag nach ihrer Vornahme rückgängig gemacht (siehe Nummer 2.4.2), wenn

- der Bank ein Widerruf des SEPA-Lastschriftmandats gemäß Nummer 2.2.3 zugegangen ist,
- der Kunde über kein für die Einlösung der Lastschrift ausreichendes Guthaben auf seinem Konto oder über keinen ausreichenden Kredit verfügt; Teileinlösungen nimmt die Bank nicht vor,
- die im Lastschriftdatensatz angegebene IBAN des Zahlers keinem Konto des Kunden bei der Bank zuzuordnen ist, oder
- die Lastschrift nicht von der Bank verarbeitbar ist, da im Lastschriftdatensatz
  - eine Gläubigeridentifikationsnummer fehlt oder für die Bank erkennbar fehlerhaft ist,
  - eine Mandatsreferenz fehlt,
  - ein Ausstellungsdatum des Mandats fehlt oder
  - kein Fälligkeitstag angegeben ist.

(3) Darüber hinaus erfolgt eine Kontobelastung nicht oder wird spätestens am zweiten Bankarbeitstag nach ihrer Vornahme rückgängig gemacht (siehe Nummer 2.4.2), wenn dieser SEPA-Basislastschrift eine gesonderte Weisung des Kunden nach Nummer 2.2.4 entgegensteht.

2.4.2 Einlösung von SEPA-Basislastschriften

SEPA-Basislastschriften sind eingelöst, wenn die Belastungsbuchung auf dem Konto des Kunden nicht spätestens am zweiten Bankarbeitstag nach ihrer Vornahme rückgängig gemacht wird.

2.4.3 Unterrichtung über die Nichtausführung oder Rückgängigmachung der Belastungsbuchung oder Ablehnung der Einlösung

Über die Nichtausführung oder Rückgängigmachung der Belastungsbuchung (siehe Nummer 2.4.1 Absatz 2) oder die Ablehnung der Einlösung einer SEPA-Basislastschrift (siehe Nummer 2.4.2) wird die Bank den Kunden unverzüglich, spätestens bis zu der gemäß Nummer 2.4.4 vereinbarten Frist unterrichten. Dies kann auch auf dem für Kontoinformationen vereinbarten Weg geschehen. Dabei wird die Bank, soweit möglich, die Gründe sowie die Möglichkeiten angeben, wie Fehler, die zur Nichtausführung, Rückgängigmachung oder Ablehnung geführt haben, berichtigt werden können.

Für die Unterrichtung über eine berechtigte Ablehnung der Einlösung einer autorisierten SEPA-Basislastschrift wegen fehlender Kontodeckung (siehe Nummer 2.4.1 Absatz 2 zweiter Spiegelstrich) berechnet die Bank das im „Preis- und Leistungsverzeichnis" ausgewiesene Entgelt.

2.4.4 Ausführung der Zahlung

(1) Die Bank ist verpflichtet sicherzustellen, dass der von ihr dem Konto des Kunden aufgrund der SEPA-Basislastschrift des Zahlungsempfängers belastete Lastschriftbetrag spätestens innerhalb der im Preis- und Leistungsverzeichnis angegebenen Ausführungsfrist beim Zahlungsdienstleister des Zahlungsempfängers eingeht.

(2) Die Ausführungsfrist beginnt an dem im Lastschriftdatensatz angegebenen Fälligkeitstag. Fällt dieser Tag nicht auf einen Geschäftstag gemäß Preis- und Leistungsverzeichnis der Bank, so beginnt die Ausführungsfrist am darauf folgenden Geschäftstag.

(3) Die Bank unterrichtet den Kunden über die Ausführung der Zahlung auf dem für Kontoinformationen vereinbarten Weg und in der vereinbarten Häufigkeit.

2.5 Erstattungsanspruch des Kunden bei einer autorisierten Zahlung

(1) Der Kunde kann bei einer autorisierten Zahlung aufgrund einer SEPA-Basislastschrift binnen einer Frist von acht Wochen ab dem Zeitpunkt der Belastungsbuchung auf seinem Konto von der Bank ohne Angabe von Gründen die Erstattung des belasteten Lastschriftbetrages verlangen. Dabei bringt sie das Konto wieder auf den Stand, auf dem es sich ohne die Belastung durch die Zahlung befunden hätte. Etwaige Zahlungsansprüche des Zahlungsempfängers gegen den Kunden bleiben hiervon unberührt.

(2) Der Erstattungsanspruch nach Absatz 1 ist ausgeschlossen, sobald der jeweilige Betrag der Lastschriftbelastungsbuchung durch eine ausdrückliche Genehmigung des Kunden unmittelbar gegenüber der Bank autorisiert worden ist.

(3) Erstattungsansprüche des Kunden bei einer nicht erfolgten oder fehlerhaft ausgeführten autorisierten Zahlung richten sich nach Nummer 2.6.2.

2.6 Erstattungs- und Schadensersatzansprüche des Kunden [...]

1 Bakarbeitstage sind alle Werktage außer: Sonnabende, 24. und 31. Dezember.

Preis- und Leistungsverzeichnis der Banco Español de Credito (Banesto) Madrid (Auszug)
ins Deutsche übersetzt

Einlösung von SEPA-Basis- und SEPA-Firmenlastschriften

SEPA-Basislastschriften

Ausführungsfristen: Die Bank ist verpflichtet sicherzustellen, dass der Lastschriftbetrag innerhalb von max. einem Geschäftstag beim Zahlungsdienstleister des Zahlungsempfängers eingeht.

5.2 Inländische SEPA-Basislastschrift

Die Vertreterin der Musikschule der Stadt Essen, Frau Romberg-Schneider, spricht am 15.04.20.. beim Kundenberater der Deutsche Bank AG Essen vor und teilt mit, dass die Unterrichtsgebühren der Musikschüler und -schülerinnen künftig monatlich im Lastschriftverfahren von den Konten der Erziehungsberechtigten abgebucht werden sollen, um Mahnungen und verspätete Zahlungseingänge zu vermeiden.

Die Dateien mit den Lastschrifteinzugsaufträgen sollen unter Einschaltung eines Service-Rechenzentrums erstellt und durch dieses im Wege der Datenfernübertragung monatlich an die Bank zum Einzug weitergeleitet werden. Frau Romberg-Schneider teilt weiter mit, dass SEPA-Basislastschriftmandate bei den Eltern der Musikschüler bereits eingeholt worden seien und dass monatlich mit einer Lastschrifteinreichung von ca. 15000,00 EUR zu rechnen sei.

Der Kundenberater der Bank erklärt Frau Romberg-Schneider das grundsätzliche Einverständnis der Bank über die Teilnahme der Musikschule am Lastschriftverfahren in der vorgesehenen Weise. Jedoch müsse vorher die folgende Vereinbarung zwischen der Musikschule und der Bank getroffen und eine Bonitätsprüfung durchgeführt werden.

AUFGABEN:

1 a) Füllen Sie als zuständiger Kundenberater die Vereinbarung über den Einzug von Forderungen durch Lastschriften aus (Gläubiger-Identifikationsnummer der Musikschule der Stadt Essen: DE3000100000001272). Nennen Sie die wichtigsten Inhalte dieser Inkassovereinbarung (Formular Seite 54).

b) Warum schließt die Bank mit der Musikschule der Stadt Essen diese Vereinbarung ab?

2 Warum überprüft die Bank, bevor die Musikschule am Lastschriftverfahren teilnehmen kann, die Kreditwürdigkeit der Kundin?

Intern richtet die Bank ihrer Kundin, der Musikschule der Stadt Essen, ein Lastschriftobligo (Lastschrift-Einreicherlimit) ein.

3 a) Was ist unter einem Lastschriftobligo zu verstehen?

b) Welches Obligo wird die Bank für die Musikschule vorsehen?

Bedingungen für Zahlungen mittels Lastschrift im SEPA-Basislastschriftverfahren

2.5 Erstattungsanspruch des Kunden bei einer autorisierten Zahlung

(1) Der Kunde kann bei einer autorisierten Zahlung aufgrund einer SEPA-Basislastschrift binnen einer Frist von acht Wochen ab dem Zeitpunkt der Belastungsbuchung auf seinem Konto von der Bank ohne Angabe von Gründen die Erstattung des belasteten Lastschriftbetrages verlangen. Dabei bringt sie das Konto wieder auf den Stand, auf dem es sich ohne die Belastung durch die Zahlung befunden hätte. Etwaige Zahlungsansprüche des Zahlungsempfängers gegen den Kunden bleiben hiervon unberührt.

(2) Der Erstattungsanspruch nach Absatz 1 ist ausgeschlossen, sobald der jeweilige Betrag der Lastschriftbelastungsbuchung durch eine ausdrückliche Genehmigung des Kunden unmittelbar gegenüber der Bank autorisiert worden ist.

(3) [...]

c) Berechnen Sie, bis zu welchem Datum ein Kunde gemäß den „Bedingungen für Zahlungen mittels Lastschrift im SEPA-Basislastschriftverfahren" die Erstattung des belasteten Lastschriftbetrages verlangen kann, wenn die Lastschrift dem Konto des Kunden am 05. Juli 20.. belastet wurde.

Anfang des nächsten Monats, am 2. Mai 20.., reicht die Musikschule unter Einschaltung des Service-Rechenzentrums Dateien mit Lastschrifteinzugsaufträgen des Monats Mai der Bank zum Einzug ein.

4 a) Wie autorisiert die Musikschule gegenüber der Bank den Auftrag, die an die Bank übermittelten Dateien mit Lastschrifteinzugsaufträgen auszuführen?

b) Wozu ist die Musikschule gemäß den „Bedingungen für den beleglosen Datenaustausch" vor Freigabe (Autorisierung) der Dateien verpflichtet?

c) Beschreiben Sie die Arbeitsvorgänge bei der Deutschen Bank AG im Zusammenhang mit der Einreichung des Lastschriftmaterials!

d) Bei der Kontrolle der Dateien durch die Bank ergeben sich in einigen Datensätzen Fehler. Wie verhält sich die Bank?

Deutsche Bank

Vereinbarung über den Einzug von Forderungen durch Lastschriften (Lastschriftinkassovereinbarung)

interne Vermerke
Ablageschlüssel
Bemerkung

Zwischen

Gläubiger-Identifikations-Nummer des Kunden:

(nachstehend Kunde)

und der ______________________________
(Kreditinstitut des Kunden als Zahlungsempfänger - nachstehend Bank-)

wird folgende Vereinbarung getroffen:

1. Inkassoabrede
Der Kunde als Zahlungsempfänger ist berechtigt, fällige Forderungen, für deren Geltendmachung die Vorlage einer Urkunde nicht erforderlich ist, mittels des/der nachstehend vereinbarten Lastschriftverfahren(s) einzuziehen. Der Kunde verpflichtet sich, wenn nicht anders mit der Bank vereinbart, Lastschriften nur dann zum Einzug einzureichen, wenn ihm hierzu ein Lastschriftmandat des Zahlers vorliegt. Der Kunde hat der Bank auf Verlangen das Mandat vorzulegen.
Der Kunde kann folgende Lastschriftverfahren nutzen (Zutreffendes ankreuzen):

☐ SEPA-Basis-Lastschriftverfahren ☐ SEPA-Firmen-Lastschriftverfahren

Für das/die ausgewählte(n) Lastschriftverfahren gelten die Sonderbedingungen für den Lastschrifteinzug.

2. Lastschrifteinzug
Lastschriften sind der Bank grundsätzlich mittels elektronischer Datensätze einzureichen. Hierfür gelten die Bedingungen für die Datenfernübertragung und das Online-Banking.
Die Bank schreibt Lastschrifteinzugsbeträge – bei einem Sammeleinzugsauftrag den Gesamtbetrag – dem Konto des Kunden mit „Eingang vorbehalten“ gut (Vorbehaltsgutschrift). Teileinlösungen werden nicht vorgenommen. Lastschriften, die zurückbelastet worden sind, dürfen nicht erneut zum Einzug eingereicht werden.
Regelmäßig einzuziehende Kleinstbeträge sollten zu viertel- oder halbjährlichem Einzug zusammengezogen werden, sodass sich nach Möglichkeit ein Einzugsbetrag von 20,00 € je Lastschrift ergibt.
Das Lastschrift-Einreicherlimit wird separat vereinbart.

3. Einreichungsfristen / Cut-off-Zeiten / Geschäftstage
Die Einreichungsfristen / Cut-Off-Zeiten entsprechen den Einreichungsfristen /Cut-Off-Zeiten für Überweisungen und sind, wie auch die Definition für die Geschäftstage, im „Preis- und Leistungsverzeichnis“ bestimmt.

4. Entgelte
Die Entgelte sind im „Preis- und Leistungsverzeichnis“ bestimmt.

______________________ ______________________
Ort, Datum Ort, Datum

Deutsche Bank AG

____
Unterschrift(en) / Stempel / Siegel des Kunden
(rechtsverbindlich bzw. gemäß Bankvollmachten)

Urschrift für die Bank

Nach der Prüfung der Datensätze auf ihre Richtigkeit sortiert das Rechenzentrum der Bank die von der Musikschule eingereichten Lastschriftdaten nach den entsprechenden Leitwegen, und nach Belastung der Zahler im eigenen Haus gibt sie die übrigen Lastschriftdaten im Rahmen des Clearingabkommens[1] an die Clearingstellen/Rechenzentren der verschiedenen Institutsgruppen weiter.

5 Am Morgen des 4. Mai 20.. meldet sich telefonisch Frau Romberg-Schneider beim Kundenberater der Bank und ruft einen Lastschriftdatensatz, der für die Eheleute Josef und Christel Keimer in Hattingen bestimmt ist, mit dem Hinweis zurück, die Schülerin Ingrid Keimer hätte vor zwei Wochen die Schule verlassen und die Belastung müsse aus diesem Grunde rückgängig gemacht werden.

Bearbeiten Sie den Vorgang!

1 Vereinbarung über den beleglosen Datenaustausch in der zwischenbetrieblichen Abwicklung des Inlandszahlungsverkehrs (Clearingabkommen).

Bedingungen für den beleglosen Datenaustausch unter Einschaltung von Service-Rechenzentren mit ausschließlicher Autorisierung durch Begleitzettel

I. Allgemeine Verfahrensbestimmungen und Leistungsumfang

1. Der beleglose Datenaustausch im Wege der Datenfernübertragung unter Einschaltung von Service-Rechenzentren (SRZ) mit ausschließlicher Autorisierung durch Begleitzettel wird mit dem Kunden auf Basis der nachfolgenden Bedingungen abgewickelt.
2. Im beleglosen Datenaustausch unter Einschaltung von Service-Rechenzentren nimmt die von der Bank beauftragte Zentralstelle Dateien für Überweisungsaufträge und Lastschrifteinzugsaufträge entgegen, die von dem durch den Kunden beauftragten Service-Rechenzentrum erstellt worden sind. Sofern dies gesondert vereinbart wurde, stellt die Bank Kontoauszugsinformationen zur Abholung durch das vom Kunden beauftragte Service-Rechenzentrum bereit.
3. Für die Auftragserteilung durch den Kunden wird die Bank oder die von dieser beauftragte Zentralstelle die ihr übermittelten Dateien 14 Kalendertage ab Anlieferung der Daten zur Verfügung halten. Nach Ablauf dieser Frist kann der Kunde (Kontoinhaber) einen Auftrag zur Ausführung dieser Dateien nicht mehr erteilen. Kontoauszugsinformationen werden durch die Zentralstelle dem Service-Rechenzentrum für die Dauer von mindestens 10 Kalendertagen beginnend mit dem Tag des Tagesabschlusses zur Abholung bereitgestellt.
4. Voraussetzung für das Verfahren ist, dass das SRZ mit der Bank bzw. mit der Zentralstelle eine entsprechende Vereinbarung unter Anerkennung der „Richtlinien für die Beteiligung von Service-Rechenzentren am beleglosen Datenaustausch per Datenfernübertragung (DFÜ)" getroffen hat. Die Einschaltung eines anderen Service-Rechenzentrums teilt der Kunde der Bank unverzüglich schriftlich mit.

II. Auftragserteilung

1. Mit dem von ihm unterschriebenen Begleitzettel autorisiert der Kunde gegenüber seiner Bank den Auftrag, die in den vom Service-Rechenzentrum an die Bank übermittelten Dateien enthaltenen Überweisungsaufträge und/oder Lastschrifteinzugsaufträge auszuführen. Der Kunde erhält vom Service-Rechenzentrum einen bereits ausgefüllten Begleitzettel und eine Abstimmliste. Er ist verpflichtet, die Angaben in der Abstimmliste und im Begleitzettel auf ihre Richtigkeit zu prüfen. Er ist ferner verpflichtet, die Übereinstimmung der Zahlungsvorgänge (Anzahl der Datensätze C), die Summe der Beträge, die Referenznummer und das Dateierstellungsdatum im Begleitzettel mit den Angaben in der Abstimmliste zu prüfen. Änderungen des Begleitzettels sind nicht möglich. Die Bank ist berechtigt, den Auftrag gemäß seinem Inhalt auszuführen.

   Erhält der Kunde auf seine Veranlassung von seinem Service-Rechenzentrum einen korrigierten Begleitzettel, so muss er diesen zur Auftragserteilung bei der Bank verwenden. Der ursprüngliche Begleitzettel darf dann nicht zur Autorisierung verwendet werden. Im Begleitzettel wird die Frist genannt, innerhalb derer die Autorisierung nach diesem Verfahren möglich ist.
2. Für Zahlungsaufträge hat der Kunde die Kundenkennung (IBAN und BIC) des Zahlers und die Kundenkennung des Zahlungsempfängers (IBAN und BIC oder andere Kennung des Zahlungsdienstleisters des Zahlungsempfängers) zutreffend anzugeben. Die in die Abwicklung des Zahlungsauftrags eingeschalteten Zahlungsdienstleister sind berechtigt, die Bearbeitung ausschließlich anhand der Kundenkennungen vorzunehmen. Fehlerhafte Angaben können Fehlleitungen des Auftrags zur Folge haben.

III. Rückruf von Aufträgen

1. Der Rückruf einer Datei ist ausgeschlossen, sobald der Bank der dazugehörige Begleitzettel zugegangen ist.
2. Änderungen eines Dateiinhalts sind nur durch Rückruf der Datei und erneute Auftragserteilung möglich.
3. Einzelne Überweisungsaufträge und Lastschrifteinzugsaufträge können nur außerhalb des Verfahrens zurückgerufen werden. Die Widerrufbarkeit eines Auftrags richtet sich nach den dafür geltenden Sonderbedingungen (z. B. Bedingungen für den Überweisungsverkehr). Hierzu hat der Kunde der Bank die Einzelangaben des Originalauftrags mitzuteilen.

IV. Kontrolle der Dateien durch die Bank

1. Werden bei der Bearbeitung des Auftrags Unstimmigkeiten zwischen Datei und dem Begleitzettel festgestellt, so wird der Kunde hierüber unterrichtet. Der Auftrag wird dann nicht ausgeführt.
2. Ergeben sich bei der Kontrolle der Dateien durch die Bank Fehler, ist sie berechtigt, fehlerhafte Datensätze von der weiteren Bearbeitung auszuschließen, wenn die ordnungsgemäße Ausführung des Auftrags nicht sichergestellt werden kann.

   Hierüber wird sie den Kunden unverzüglich auf dem vereinbarten Weg informieren.

V. Ausführung der Aufträge

1. Die Bank wird die Aufträge ausführen, wenn alle nachfolgenden Ausführungsbedingungen vorliegen:
   - Die vom Service-Rechenzentrum eingelieferten Auftragsdaten wurden autorisiert.
   - Das festgelegte Datenformat ist eingehalten.
   - Die Ausführungsvoraussetzungen nach den für die jeweilige Auftragsart maßgeblichen Bedingungen (z. B. ausreichende Kontodeckung gemäß den Bedingungen für den Überweisungsverkehr) liegen vor.
2. Liegen die Ausführungsbedingungen nach Absatz 1 nicht vor, wird die Bank den Auftrag nicht ausführen und den Kunden über die Nichtausführung unverzüglich auf dem vereinbarten Weg unterrichten. Soweit möglich, nennt die Bank dem Kunden die Gründe und Fehler, die zur Nichtausführung geführt haben, und Möglichkeiten, wie diese Fehler berichtigt werden können.
3. Die der Bank vom Service-Rechenzentrum übermittelten Auftragsdaten werden im Rahmen des ordnungsgemäßen Arbeitsablaufs bearbeitet.

   [...]

Im Rahmen des beleglosen Datenaustauschs werden am 5. Mai 20.. die drei folgenden Lastschriftdatensätze mit folgenden Feldinhalten von der Bundesbank Filiale Gelsenkirchen der Zahlstelle, der SEB Bank AG[1] Gelsenkirchen, mit anderen Datensätzen vorgelegt.

BLZ der Zahlstelle	420 101 11	420 101 11	420 101 11
Betrag	90,00 Euro	110,00 Euro	102,50 Euro
Kontonummer des Zahlers	0000107743	0209759100	0019833870
Name des Zahlers	Karin Zindler	Wolfgang Reck	Dieter Krump

6 Stellen Sie für die erste Lastschrift den Verrechnungsweg im nachfolgenden Schaubild dar! Ergänzen Sie das Schaubild und tragen Sie die Buchungen in die entsprechenden Konten ein!

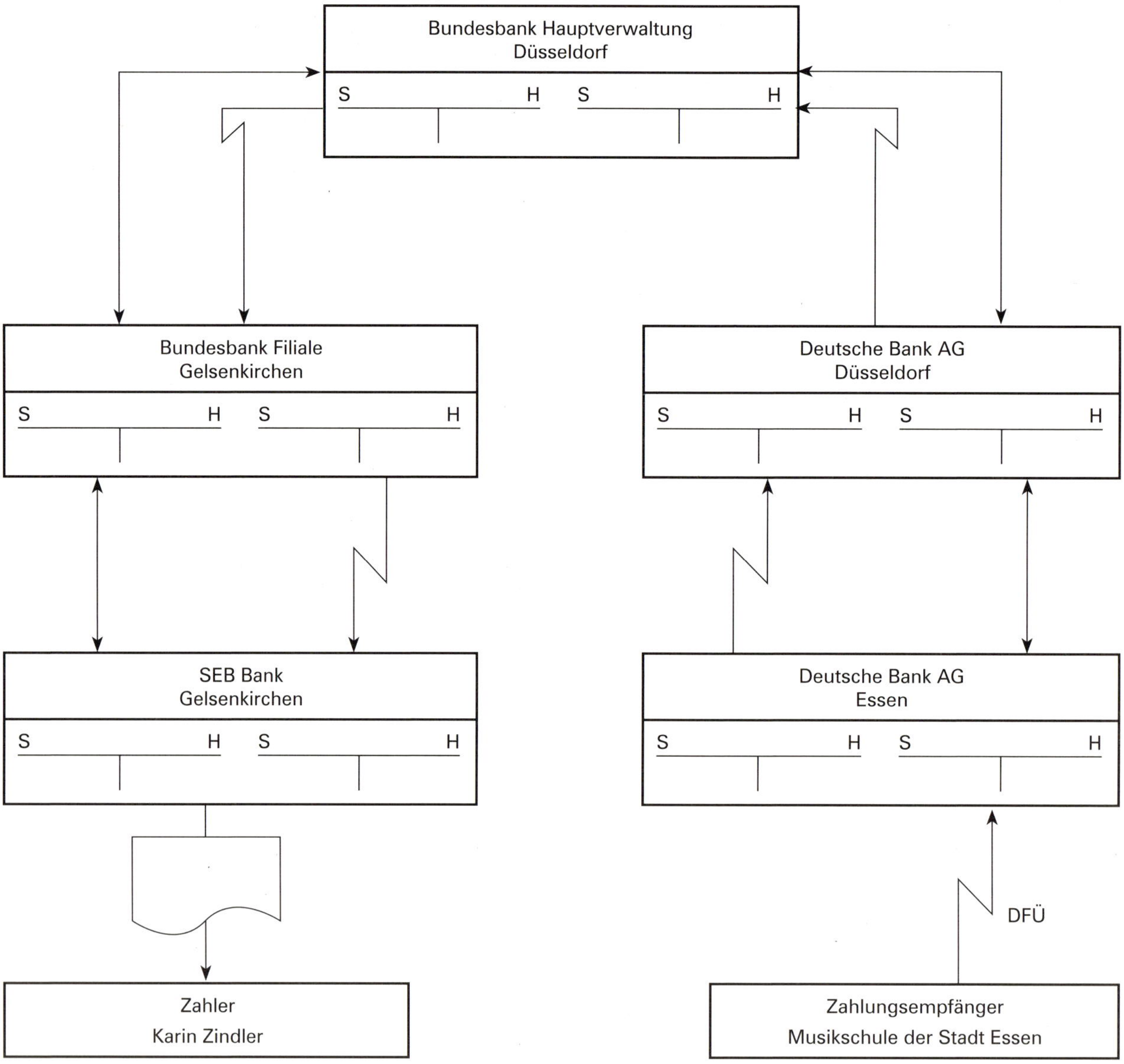

7 Bei der Disposition stellt der Sachbearbeiter der SEB Bank Gelsenkirchen fest, dass die beiden Lastschriften der Zahler Reck und Krump im Rahmen des Guthabens eingelöst werden können.

Das Konto des Zahlers Karin Zindler weist lediglich ein Guthaben von 30,00 EUR auf (Lastschriftbetrag 90,00 EUR). Ein Dispositionskredit wird nicht gewährt.

a) Beschreiben Sie die Arbeitsvorgänge bei der SEB Bank Gelsenkirchen im Zusammenhang mit der Einlösung der Lastschriften!

b) Wie ist die Lastschrift der Karin Zindler zu bearbeiten?

1 Skandinaviska Enskilda Banken (Skandinavische Privatbank).

Am Mittwoch, dem 30.08.20.., meldet sich beim Kundenberater der SEB Bank Gelsenkirchen der Kunde Wolfgang Reck und beschwert sich über die Belastung vom 5. Mai 20.. in Höhe von 110,00 EUR. Er bittet um Wiedergutschrift des Betrages, da er der Musikschule der Stadt Essen nie ein Lastschriftmandat erteilt habe.

8 Wie verhält sich die Bank gegenüber dem Verlangen des Kunden?

5.3 SEPA-Firmen-Lastschrift

Die Software Raabe GmbH, Duisburg, die Geschäftsverbindungen in verschiedene EU-Staaten unterhält, will in Zukunft das SEPA-Firmen-Lastschriftverfahren (SEPA B2B[1] Direct Debit) nutzen.

Der Geschäftspartner in den Niederlanden, die ABC Europe PC-Systems, Amsterdam, soll seine Forderungen mittels SEPA-Firmen-Lastschrift einziehen.

Die Software Raabe GmbH sendet dem niederländischen Gläubiger folgendes ausgefüllte und unterschriebene Mandat zurück:

ABC Europe PC-Systems, Amsterdam, Heerengracht 27

Gläubiger-Identifikationsnummer NL 99 ZZZ056808911234
Mandatsreferenz 990 441

SEPA-Firmenlastschrift-Mandat

Ich ermächtige die ABC Europe PC-Systems, Zahlungen von meinem Konto mittels Lastschrift einzuziehen. Zugleich weise ich mein Kreditinstitut an, die von der ABC Europe PC-Systems auf mein Konto gezogenen Lastschriften einzulösen.

Hinweis: Dieses Lastschriftmandat dient nur dem Einzug von Lastschriften, die auf Konten von Unternehmen gezogen sind. Ich bin nicht berechtigt, nach der erfolgten Einlösung eine Erstattung des belasteten Betrages zu verlangen. Ich bin berechtigt, mein Kreditinstitut bis zum Fälligkeitstag anzuweisen, Lastschriften nicht einzulösen.

Stefan Raabe GmbH
Vorname und Name (Kontoinhaber)

Marientor 25
Straße und Hausnummer

47051 Duisburg
Postleitzahl und Ort

Commerzbank Duisburg COBADEFF1 350
Kreditinstitut (Name und BIC)

IBAN DE 36 | 35 04 | 00 38 | 4040 | 1232 | 59

Duisburg, 19. 09. 20..   Stefan Raabe
Datum, Ort und Unterschrift   Software Raabe GmbH

Aufgaben:

1 Kennzeichnen Sie die Bestandteile des Mandats mit Ziffern (→ vgl. auch 2.2.1 „Bedingungen für den Lastschriftverkehr“: Erklärungen und Autorisierungsdaten). Welcher wesentliche Unterschied besteht zur SEPA-Basislastschrift B2C[2]?

2 Wie lautet die Kundenkennung im vorliegenden Fall?

3 Wem muss die Mandatserteilung zugänglich gemacht werden?

1 Business-to-Business (Firmenkunden)

2 Business-to-Consumer (Privatkunden)

8 Richard, Mühlmeyer - ISBN 978-3-8120-1232-4

4 Stellen Sie die Gemeinsamkeiten und die Unterschiede des SEPA-Basislastschriftverfahrens und des SEPA-Firmenlastschriftverfahrens vergleichend gegenüber. Nutzen Sie für die Erstellung der Übersicht die Bedingungen für den Lastschriftverkehr und den folgenden Informationstext.

	SEPA-Basislastschrift	SEPA-Firmen-Lastschrift
Anwendungsbereich/ Nutzungsmöglichkeit		
Kundenkennung		
Mandatserklärungen des Zahlers		
Identifizierung des Mandats		
Frist für die Vorabankündigung des Lastschrifteinzugs		
Betragsgrenze		
Mandatsgültigkeit		
Form der Weitergabe der Mandatsdaten an die Zahlstelle		
Frist für die Vorlage von Erst- und Einmal-Lastschriftdaten bei der Zahlstelle		
Frist für die Vorlage von Folgelastschriftdaten bei der Zahlstelle		
Unterrichtung der Zahlstelle durch den Zahler über die Erteilung des Mandats (Mandatsbestätigung)		
Frist für den Erstattungsanspruch des Zahlers für autorisierte Zahlungen		
Frist für den Erstattungsanspruch des Zahlers für nicht autorisierte Zahlungen		

	SEPA-Basislastschrift	SEPA-Firmen-Lastschrift
Rückgabefrist für die Zahlstelle im Falle der Ablehnung der Einlösung		
Mandatsprüfung durch die Zahlstelle bei Vorlage der Lastschrift		
Nutzbarkeit für Verbraucher		

Bedingungen für den Lastschriftverkehr (Stand: 01.02.2014)
(Auszug)

D. Zahlungen mittels Lastschrift im SEPA-Firmen-Lastschriftverfahren

1 [. . .]

2 SEPA-Firmen-Lastschrift

2.1 Allgemein

2.1.1 Wesentliche Merkmale des SEPA-Firmen-Lastschriftverfahrens

Das SEPA-Firmen-Lastschriftverfahren kann nur von Kunden genutzt werden, die keine Verbraucher[1] sind.

Mit dem SEPA-Firmen-Lastschriftverfahren kann der Kunde über die Bank an einen Zahlungsempfänger Zahlungen in Euro innerhalb des Gebiets des einheitlichen Euro-Zahlungsverkehrsraums („Single Euro Payments Area", SEPA) bewirken. [. . .]

Für die Ausführung von Zahlungen mittels SEPA-Firmen-Lastschrift muss

- der Zahlungsempfänger und dessen Zahlungsdienstleister das SEPA-Firmen-Lastschriftverfahren nutzen,
- der Kunde vor dem Zahlungsvorgang dem Zahlungsempfänger das SEPA-Firmenlastschrift-Mandat erteilen und
- der Kunde der Bank die Erteilung des SEPA-Firmenlastschrift-Mandats bestätigen.

Der Zahlungsempfänger löst den jeweiligen Zahlungsvorgang aus, indem er über seinen Zahlungsdienstleister der Bank die Lastschriften vorlegt.

Der Kunde kann bei einer autorisierten Zahlung aufgrund einer SEPA-Firmen-Lastschrift von der Bank keine Erstattung des seinem Konto belasteten Lastschriftbetrages verlangen.

2.1.2 Kundenkennungen

Für das Verfahren hat der Kunde die ihm mitgeteilte IBAN und bei grenzüberschreitenden Zahlungen (innerhalb des Europäischen Wirtschaftsraums bis zum 31. Januar 2016) zusätzlich den BIC der Bank als seine Kundenkennung gegenüber dem Zahlungsempfänger zu verwenden, da die Bank berechtigt ist, die Zahlung aufgrund der SEPA-Firmen-Lastschrift ausschließlich auf der Grundlage der ihr übermittelten Kundenkennung auszuführen. Die Bank und die weiteren beteiligten Stellen führen die Zahlung an den Zahlungsempfänger anhand der im Lastschriftdatensatz vom Zahlungsempfänger als dessen Kundenkennung angegebenen IBAN und bei grenzüberschreitenden Zahlungen zusätzlich angegebenen BIC aus.

2.1.3 Übermittlung von Lastschriftdaten

Bei SEPA-Firmen-Lastschriften können die Lastschriftdaten über das Nachrichtenübermittlungssystem der Society for Worldwide Interbank Financial Telecommunication (SWIFT) mit Sitz in Belgien und Rechenzentren in der Europäischen Union, in der Schweiz oder in den USA von dem Zahlungsdienstleister des Zahlungsempfängers an die Bank weitergeleitet werden.

2.2 SEPA-Firmenlastschrift-Mandat

2.2.1 Erteilung des SEPA-Firmenlastschrift-Mandats (SEPA Business-to-Business Direct Debit Mandate)

Der Kunde erteilt dem Zahlungsempfänger ein SEPA-Firmenlastschrift-Mandat. Damit autorisiert er gegenüber seiner Bank die Einlösung von SEPA-Firmen-Lastschriften des Zahlungsempfängers. Das Mandat ist schriftlich oder in der mit seiner Bank vereinbarten Art und Weise zu erteilen.

In dem SEPA-Firmenlastschrift-Mandat müssen die folgenden Erklärungen des Kunden enthalten sein:

- Ermächtigung des Zahlungsempfängers, Zahlungen vom Konto des Kunden mittels SEPA-Firmen-Lastschrift einzuziehen, und
- Weisung an die Bank, die vom Zahlungsempfänger auf sein Konto gezogenen SEPA-Firmen-Lastschriften einzulösen.

Das SEPA-Firmenlastschrift-Mandat muss folgende Angaben (Autorisierungsdaten) enthalten:

- Bezeichnung des Zahlungsempfängers,
- eine Gläubiger-Identifikationsnummer,
- Kennzeichnung einer einmaligen Zahlung oder wiederkehrender Zahlungen,
- Name des Kunden und
- seine Kundenkennung (siehe Nummer D.2.1.2).

Über die Autorisierungsdaten hinaus kann das Lastschriftmandat zusätzliche Angaben enthalten.

2.2.2 Bestätigung der Erteilung eines SEPA-Firmenlastschrift-Mandats

Der Kunde hat seiner Bank die Autorisierung nach Nummer D.2.2.1 unverzüglich zu bestätigen, indem er der Bank folgende Daten in der vereinbarten Art und Weise aus dem vom Zahlungsempfänger erteilten SEPA-Firmenlastschrift-Mandat übermittelt und diese Mitteilung unterzeichnet oder in der vereinbarten Art und Weise authentifiziert:

- Bezeichnung des Zahlungsempfängers,
- Gläubiger-Identifikationsnummer des Zahlungsempfängers,
- Mandatsreferenz,
- Kennzeichnung einer einmaligen Zahlung oder wiederkehrender Zahlungen und
- Datum auf dem Mandat.

1 § 13 BGB: Verbraucher ist jede natürliche Person, die ein Rechtsgeschäft zu einem Zwecke abschließt, der weder ihrer gewerblichen noch ihrer selbständigen beruflichen Tätigkeit zugerechnet werden kann.

Hierzu kann der Kunde der Bank auch eine Kopie des SEPA-Firmenlastschrift-Mandats übermitteln.

Ohne diese Mitteilung an die Sparkasse wird diese keine Zahlungsvorgänge aufgrund SEPA-Firmen-Lastschriften des Zahlungsempfängers einlösen.

Über Änderungen oder die Aufhebung des SEPA-Firmenlastschrift-Mandats gegenüber dem Zahlungsempfänger hat der Kunde die Bank unverzüglich, möglichst schriftlich, zu informieren.

2.2.3 Widerruf des SEPA-Firmenlastschrift-Mandats

[...]

2.2.4 Zurückweisung einzelner Lastschriften

(1) Der Kunde kann der Bank gesondert die Weisung erteilen, Zahlungen aus bestimmten SEPA-Firmen-Lastschriften des Zahlungsempfängers nicht zu bewirken. Diese Weisung muss der Bank bis spätestens zum Ende des Geschäftstages gemäß „Preis- und Leistungsverzeichnis" vor dem im Datensatz der Lastschrift angegebenen Fälligkeitstag [...] zugehen. Diese Weisung sollte möglichst schriftlich und möglichst gegenüber der kontoführenden Stelle der Bank erfolgen. Zusätzlich sollte diese auch gegenüber dem Zahlungsempfänger erklärt werden.

(2) Am Tag der Belastungsbuchung der SEPA-Firmen-Lastschrift kann diese nur noch zurückgewiesen werden, wenn Kunde und Bank dies vereinbart haben. Die Vereinbarung wird wirksam, wenn es der Bank gelingt, den Lastschriftbetrag endgültig zurückzuerlangen. Für die Bearbeitung eines solchen Widerrufs des Kunden berechnet die Bank das im „Preis- und Leistungsverzeichnis" ausgewiesene Entgelt.

(3) Nach dem Tag der Belastungsbuchung der SEPA-Firmen-Lastschrift kann der Kunde diese nicht mehr zurückweisen.

2.3 Einzug der SEPA-Firmen-Lastschrift auf Grundlage des SEPA-Firmenlastschrift-Mandats durch den Zahlungsempfänger

(1) Das vom Kunden erteilte SEPA-Firmenlastschrift-Mandat verbleibt beim Zahlungsempfänger. Dieser übernimmt die Autorisierungsdaten und etwaige zusätzliche Angaben in den Datensatz zur Einziehung von SEPA-Firmen-Lastschriften. Der jeweilige Lastschriftbetrag wird vom Zahlungsempfänger angegeben.

(2) Der Zahlungsempfänger übermittelt elektronisch den Datensatz zur Einziehung der SEPA-Firmen-Lastschrift unter Einschaltung seines Zahlungsdienstleisters an die Bank als Zahlstelle. Dieser Datensatz verkörpert auch die im SEPA-Firmenlastschrift-Mandat enthaltene Weisung des Kunden an die Bank zur Einlösung der jeweiligen SEPA-Firmen-Lastschrift (siehe Nummer D.2.2.1 Sätze 2 und 4). Für den Zugang dieser Weisung verzichtet die Bank auf die für die Erteilung des Mandats vereinbarte Form (siehe Nummer D.2.2.1 Satz 3).

2.4 Zahlungsvorgang aufgrund der SEPA-Firmen-Lastschrift

2.4.1 Belastung des Kontos des Kunden mit dem Lastschriftbetrag

(1) Eingehende SEPA-Firmen-Lastschriften des Zahlungsempfängers werden am im Datensatz angegebenen Fälligkeitstag mit dem vom Zahlungsempfänger angegebenen Lastschriftbetrag dem Konto des Kunden belastet. Fällt der Fälligkeitstag nicht auf einen im „Preis- und Leistungsverzeichnis" ausgewiesenen Geschäftstag der Bank, erfolgt die Kontobelastung am nächsten Geschäftstag.

(2) Eine Kontobelastung erfolgt nicht oder wird spätestens am zweiten Geschäftstag gemäß „Preis- und Leistungsverzeichnis" nach ihrer Vornahme rückgängig gemacht, wenn

- der Bank keine Bestätigung des Kunden gemäß Nummer D.2.2.2 vorliegt,
- der Bank ein Widerruf des SEPA-Firmenlastschrift-Mandats gemäß Nummer D.2.2.3 zugegangen ist,
- der Bank eine Zurückweisung der Lastschrift des Kunden gemäß Nummer D.2.2.4 zugegangen ist,
- der Kunde über kein für die Einlösung der Lastschrift ausreichendes Guthaben auf seinem Konto oder über keinen ausreichenden Kredit verfügt (fehlende Kontodeckung); Teileinlösungen nimmt die Bank nicht vor,
- die im Lastschriftdatensatz angegebene IBAN des Zahlungspflichtigen keinem Konto des Kunden bei der Bank zuzuordnen ist

oder

- die Lastschrift nicht von der Bank verarbeitbar ist, da im Lastschriftdatensatz
  + eine Gläubiger-Identifikationsnummer fehlt oder für die Bank erkennbar fehlerhaft ist,
  + eine Mandatsreferenz fehlt,
  + ein Ausstellungsdatum des Mandats fehlt oder
  + kein Fälligkeitstag angegeben ist.

2.4.2 Einlösung von SEPA-Firmen-Lastschriften

SEPA-Firmen-Lastschriften sind eingelöst, wenn die Belastungsbuchung auf dem Konto des Kunden nicht spätestens gemäß Nummer D.2.4.1 Absatz 2 rückgängig gemacht wird.

2.4.3 Unterrichtung über die Nichtausführung oder Rückgängigmachung der Belastungsbuchung oder Ablehnung der Einlösung

Über die Nichtausführung oder Rückgängigmachung der Belastungsbuchung (siehe Nummer D.2.4.1 Absatz 2) oder die Ablehnung der Einlösung einer SEPA-Firmen-Lastschrift (siehe Nummer D.2.4.2) wird die Bank den Kunden unverzüglich, spätestens bis zu der gemäß Nummer D.2.4.4 vereinbarten Frist unterrichten. Dies kann auch auf dem für Kontoinformationen vereinbarten Weg geschehen. Dabei wird die Bank, soweit möglich, die Gründe sowie die Möglichkeiten angeben, wie Fehler, die zur Nichtausführung, Rückgängigmachung oder Ablehnung geführt haben, berichtigt werden können. Für die Unterrichtung über eine berechtigte Ablehnung berechnet die Bank das im „Preis- und Leistungsverzeichnis" ausgewiesene Entgelt.

2.4.4 Ausführung der Zahlung

(1) Die Bank ist verpflichtet sicherzustellen, dass der von ihr dem Konto des Kunden aufgrund der SEPA-Firmen-Lastschrift des Zahlungsempfängers belastete Lastschriftbetrag spätestens innerhalb der im „Preis- und Leistungsverzeichnis" angegebenen Ausführungsfrist beim Zahlungsdienstleister des Zahlungsempfängers eingeht.

(2) Die Ausführungsfrist beginnt an dem im Lastschriftdatensatz angegebenen Fälligkeitstag. Fällt dieser Tag nicht auf einen Geschäftstag gemäß „Preis- und Leistungsverzeichnis" der Bank, so beginnt die Ausführungsfrist am darauffolgenden Geschäftstag.

(3) Die Bank unterrichtet den Kunden über die Ausführung der Zahlung auf dem für Kontoinformationen vereinbarten Weg und in der vereinbarten Häufigkeit.

2.5 Ausschluss des Erstattungsanspruchs bei einer autorisierten Zahlung

[...]

2.6 Erstattungs- und Schadensansprüche des Kunden

[...]

Unterscheidung der beiden SEPA-Lastschrift-Verfahren

Das Standardverfahren der SEPA-Basislastschrift (CORE), die im Geschäft mit Privatpersonen/Verbrauchern Anwendung findet, ist stark auf diese Personengruppe ausgerichtet. Der Zahlungsempfänger muss die SEPA-Lastschrift termingerecht zum Einzug einreichen, sodass sie der Bank des Zahlers rechtzeitig vorliegt. Bei Erst- und Einmallastschriften sind das mindestens fünf Target-Tage und bei wiederkehrenden Lastschriften mindestens zwei Target-Tage vor Fälligkeit. Gleichzeitig sehen die CORE-Lastschriften aufgrund gesetzlicher Vorgaben lange Rückgabefristen vor (bis zu 13 Monate).

Eine wichtige Anforderung seitens der Firmenkunden war die Schaffung eines Lastschriftinstruments, das auf deren spezifische Bedürfnisse ausgerichtet ist. Zu diesem Zweck wurde ein optionales Firmenkunden-Lastschriftverfahren (B2B) entwickelt, das dem bisherigen deutschen Abbuchungsverfahren ähnelt. Bei diesem Verfahren muss die Bank des Zahlers bei Vorlage der Lastschrift eine Mandatsprüfung durchführen, d. h. der Zahler muss seiner Bank, anders als beim CORE-Verfahren, das Mandat vorlegen und damit seine Bank mit der Einlösung beauftragen. Die B2B-Lastschriften können daher nicht vom Zahler zurückgegeben werden. Ausnahme: Lastschriftziehung und -belastung erfolgen ohne Mandat. Es gelten außerdem kürzere Einzugsfristen, d. h. spätestens einen Target-Tag vor Fälligkeit ist die Lastschrift an die Zahlstelle zu geben und spätestens zwei Target-Tage nach Fälligkeit müssen Banken die Lastschrift zurückgeben, wenn eine Einlösung nicht erfolgen kann.

5.4 Lastschriftobligo

Mit dem Dachdeckermeister Albrecht Zierer wurde eine Lastschrift-Vereinbarung getroffen. Die Buchung der ersten Lastschrifteinreichung über 9 870,00 EUR erfolgte Valuta 01.07.20... Der Sachbearbeiter ruft folgende Daten ab:

Kontokorrent
Lastschrifteinreichungen

Bediener A7253
Anzeigen
Seite 1

Befehl ===

Kontonummer:	:	0066324039	
Währung	:	EUR	
Saldo des lfd. Kontos	:	4 000,00	–
Summe Lastschriften	:	9 870,00	
Lastschriften/Jahr	:	9 870,00	
Rücklastschriften/Jahr	:	0,00	
Anteil Rücklastschriften	:	0	%
Rücklastschriften/Woche	:	0,00	
Lastschrift-Limit	:	15 000,00	
verfügbar	:	5 130,00	

Senden
F1 = Hilfe F2 = Exkurs F3 = Ende F7 = Rückw F8 = Vorw F12 = Abbruch

			Kontokorrent Lastschrifteinreichungen		Bediener A7253 Anzeigen Seite 1
Befehl ===					
Kontonummer: . . . . :			0066324039		
Währung . . . . :			EUR		
- - - - Lastschrifteinreichungen - - -					
01.07.:	9870,00	02.07.:	9870,00	03.07.:	9870,00
04.07.:	9870,00	05.07.:	9870,00	08.07.:	9870,00
09.07.:	9870,00	10.07.:	9870,00	11.07.:	9870,00
12.07.:	9870,00	15.07.:	9870,00	16.07.:	9870,00
17.07.:	9870,00	18.07.:	9870,00	19.07.:	9870,00
22.07.:	9870,00	23.07.:	9870,00	24.07.:	9870,00
25.07.:	9870,00	26.07.:	9870,00	29.07.:	9870,00
30.07.:	9870,00	31.07.:	9870,00	01.08.:	9870,00
02.08.:	9870,00	05.08.:	9870,00	06.08.:	9870,00
07.08.:	9870,00	08.08.:	9870,00	09.08.:	9870,00
12.08.:	9870,00	13.08.:	9870,00	14.08.:	9870,00
15.08.:	9870,00	16.08.:	9870,00	19.08.:	9870,00
20.08.:	9870,00	21.08.:	9870,00	22.08.:	9870,00
23.08.:	9870,00	26.08.:	9870,00	27.08.:	9870,00
28.08.:	9870,00	29.08.:	9870,00	30.08.:	9870,00
02.09.:	0,00				
F1 = Hilfe	F2 = Exkurs	F3 = Ende	F7 = Rückw	F8 = Vorw	F12 = Abbruch

Anmerkung: Das Programm rechnet eine Woche für den Rücklauf der Retoure ein.

AUFGABE:

Herr Zierer reicht weitere Lastschriften ein. Sie werden Valuta 04.07.20. . verbucht. Betrag 4920,00 EUR.

a) Stellen Sie die veränderten Bildschirm-Daten zusammen (Seite 1 / Seite 2)! Die Bank legt für die Berechnung der Rückgabefrist die Vorschriften über den Lastschrifteinzug im SEPA-Basislastschriftverfahren zugrunde.

b) Der Kunde möchte am 05.08.20. . Lastschriften in Höhe von 6900,00 EUR einreichen. Nehmen Sie Stellung!

Bedingungen für den Lastschrifteinzug

4. SEPA-Basislastschrift

4.1 Wesentliche Merkmale des SEPA-Basislastschriftverfahrens

[...]

Der Zahler kann bei einer autorisierten Zahlung aufgrund einer SEPA-Basislastschrift binnen einer Frist von acht Wochen ab dem Zeitpunkt der Belastungsbuchung auf seinem Konto von seinem Zahlungsdienstleister die Erstattung des belasteten Lastschriftbetrages verlangen. Dies führt zu einer Rückgängigmachung der Vorbehaltsgutschrift auf dem Konto des Kunden als Zahlungsempfänger.

5.5 Lastschriftwiderspruch

Der Inhaber des Einzelhandelsunternehmens „Lebensmittel Schulte e.K.“, Hans Schulte, spricht am 29. Oktober 20.. bei seiner Hausbank vor und beanstandet Belastungen auf seinem Privatgiro- und seinem Geschäftsgirokonto.

Privatgirokonto

Kontonummer	Kontoinhaber/in	Erstellungsdatum + Ausz.-Nr. + Blatt
0623228400	HANS SCHULTE	30.09. 052 01

Alter Saldo Euro
8.101,91 H

Kontoauszug

Wert	Primanota	Text	Umsatz Euro
01.09.	2508977	LASTSCHRIFT GEM. SEPA-BASISLASTSCHRIFT-VERFAHREN 0070360602 748000 JAHRESBEITRAG GOLF CLUB	750,00 S
10.09.	2708368	SEPA-BASISLASTSCHRIFT LEIPZIGER VERSICHERUNGS AG 0068288642 BEITRAG HAFTPFLICHTVERSICHERUNG III/20..	234,48 S
11.09.	2608974	VISAKARTE 4549383665983000 RG 08 12055669	147,52 S
29.09.	2708501	SCHECKEINZUG/GUTSCHRIFT	1.467,33 H
		NEUER SALDO	8.437,24 H

Geschäftsgirokonto

Kontonummer	Kontoinhaber/in	Erstellungsdatum + Ausz.-Nr. + Blatt
2612430865	LEBENSMITTEL SCHULTE e.K.	30.10. 060 03

Alter Saldo Euro
2.639,18 H

Kontoauszug

Wert	Primanota	Text	Umsatz Euro
28.10.	4697138	UEBERWEISUNGSEINGANG 006294 R568001765 FA. FELIX MÖLLER	3.651,78 H
29.10.	3612511	LASTSCHRIFT GEM. SEPA-FIRMENLAST-SCHRIFTVERFAHREN LIEFERUNG SEPTEMBER 20.. 0715671830 74800 METRO GROSSHANDEL	4.531,60 S
		NEUER SALDO	1.759,36 H

Herr Schulte erhebt Widerspruch gegen die Belastungen auf seinem Privatgirokonto vom 01.09.20.. über 750,00 EUR, vom 10.09.20.. über 234,48 EUR und gegen die Belastung auf seinem Geschäftsgirokonto vom 29.10.20.. über 4531,60 EUR, da alle Beträge überhöht seien. Er verlangt Wiedergutschrift auf seinen Konten.

Aufgabe:

Prüfen Sie, ob dem Erstattungsverlangen des Kunden entsprochen werden kann.

Zahlungen mittels Lastschrift im SEPA-Basislastschriftverfahren

2.4.2 Einlösung von SEPA-Basislastschriften

SEPA-Basislastschriften sind eingelöst, wenn die Belastungsbuchung auf dem Konto des Kunden nicht spätestens am zweiten Geschäftstag der Bank nach ihrer Vornahme rückgängig gemacht wird.

2.5 Erstattungsanspruch des Kunden bei einer autorisierten Zahlung

Der Kunde kann bei einer autorisierten Zahlung aufgrund einer SEPA-Basislastschrift binnen einer Frist von acht Wochen ab dem Zeitpunkt der Belastungsbuchung auf seinem Konto von der Bank ohne Angabe von Gründen die Erstattung des belasteten Lastschriftbetrages verlangen. Dabei bringt sie das Konto wieder auf den Stand, auf dem es sich ohne die Belastung durch die Zahlung befunden hätte. Etwaige Zahlungsansprüche des Zahlungsempfängers gegen den Kunden bleiben hiervon unberührt.

Der Erstattungsanspruch nach Absatz 1 ist ausgeschlossen, sobald der jeweilige Betrag der Lastschriftbelastungsbuchung durch eine ausdrückliche Genehmigung des Kunden unmittelbar gegenüber der Bank autorisiert worden ist.

Zahlungen mittels Lastschrift im SEPA-Firmenlastschriftverfahren

2.2.4 Zurückweisung einzelner SEPA-Firmenlastschriften

Der Kunde kann der Bank gesondert die Weisung erteilen, Zahlungen aus bestimmten SEPA-Firmenlastschriften des Zahlungsempfängers nicht zu bewirken. Diese Weisung muss der Bank bis spätestens zum Ende des Geschäftstages vor dem im Datensatz der Lastschrift angegebenen Fälligkeitstag zugehen. Diese Weisung sollte möglichst schriftlich und möglichst gegenüber der kontoführenden Stelle der Bank erfolgen. Zusätzlich sollte diese auch gegenüber dem Zahlungsempfänger erklärt werden.

Am Tag der Belastungsbuchung der SEPA-Firmenlastschrift kann diese nur noch zurückgewiesen werden, wenn Kunde und Bank dies vereinbart haben. Die Vereinbarung wird wirksam, wenn es der Bank gelingt, den Lastschriftbetrag endgültig zurückzuerlangen. Für die Bearbeitung eines solchen Widerrufs des Kunden berechnet die Bank das im Preis- und Leistungsverzeichnis ausgewiesene Entgelt.

Nach dem Tag der Belastungsbuchung der SEPA-Firmenlastschrift kann der Kunde diese nicht mehr zurückweisen.

2.4.2 Einlösung von SEPA-Firmenlastschriften

SEPA-Firmenlastschriften sind eingelöst, wenn die Belastungsbuchung auf dem Konto des Kunden nicht spätestens am zweiten Geschäftstag der Bank nach ihrer Vornahme rückgängig gemacht wird.

5.6 Rücklastschrift mit Zinsausgleich (R-Transaktion)

Die Postbank Essen (BLZ 36010043) erhält am 19.01.20.. per Datenfernübertragung von der Deutschen Bundesbank u. a. den folgenden SEPA-Basislastschriftdatensatz angeliefert:

IBAN des Zahlers:	Betrag in EUR:	Fälligkeitsdatum:	Name des Zahlers:	Zahlungsempfänger/ Verwendungszweck:
DE68360100430025040432	25 360,00,00	26.01.20..	Bernd Haerkötter	Karin Schmalz-Haerkötter/ Unterhaltsansprüche
IBAN des Zahlungsempfängers:	Gläubiger-Identifikationsnummer:		Zusatzinformation:	Mandatsreferenz:
DE63420700240384731604	DE02ZZZ08604789123		einmalige Zahlung	987306CB1

Die Lastschrift wird am Fälligkeitstag mit Valuta 26.01.20.. dem Konto des Zahlers belastet. Am 14.05. desselben Jahres erhebt der Zahler Bernd Haerkötter Widerspruch gegen die Belastung und macht seinen Erstattungsanspruch geltend, da er dem Zahlungsempfänger kein Lastschriftmandat erteilt habe. Da Karin Schmalz-Haerkötter nach Aufforderung durch ihre Bank der Zahlstelle die Kopie des Lastschriftmandats nicht vorlegen kann, wird die Lastschrift am 21.05. desselben Jahres an die 1. Inkassostelle zurückgegeben.

Aufgabe:

Ermitteln Sie den Rückrechnungsbetrag unter Berücksichtigung eines Zinsausgleichs und eines Rücklastschriftentgelts in Höhe von 3,00 EUR. Legen Sie für die Berechnung des Zinsausgleichs die folgenden EONIA*-Zinssätze zugrunde, und nehmen Sie den folgenden Text zu Hilfe. (Es handelt sich nicht um ein Schaltjahr.)

EONIA-Zinssätze:

02.01.20..	0,07 %	01.04.20..	0,09 %
01.02.20..	0,08 %	02.05.20..	0,11 %
01.03.20..	0,08 %		

Das **Rulebook SDD Core für SEPA-Basislastschriften** sieht für Rücklastschriften (sog. Refunds → Rückgabe durch den Zahler) einen Zinsausgleich vor:

Bei Rücklastschriften hat die Bank des Zahlers gegenüber der Bank des Zahlungsempfängers Anspruch auf Zinsausgleich dafür, dass der Gegenwert der Rücklastschrift dem Zahler mit Wertstellung des ursprünglichen Fälligkeitsdatums wieder gutzuschreiben ist.

Berechnungsgrundlage für den Zinsausgleich ist der EONIA-Zinssatz des ersten Bankarbeitstages eines jeden Monats, der zwischen der Belastung und der Rückgabe der Lastschrift liegt. Dabei werden alle Kalendertage des jeweiligen Monats berücksichtigt. Das Jahr wird mit 360 Tagen berechnet. Der Fälligkeitstag (Valutierungstag) wird in die Tageberechnung mit einbezogen. Der eigentliche Tag der Rückgabe der Lastschrift bleibt bei der Berechnung des Zinsausgleichs unberücksichtigt.

* EuroOverNightIndexAverage

5.7 Beratung Lastschriftverfahren

5.7.1

Der Sportverein Blau-Weiß Leipzig hat bisher seine Vereinsbeiträge in bar oder durch Überweisung zahlen lassen. In Zukunft soll auf das Lastschriftverfahren umgestellt werden.

AUFGABEN:

1. Beraten Sie den Kassenwart des Vereins über das sich hierbei anbietende Lastschriftverfahren und dessen Abwicklung!

2. Welche Vorteile bietet die Umstellung gegenüber dem bisherigen Verfahren
   a) für den Verein,
   b) für die Mitglieder?

5.7.2

Als Kundenberater/-in betreuen Sie das Verlagshaus Müller GmbH. Das Verlagshaus bietet Bücher aller Art an. Das Unternehmen hat seine Verkaufsräume auf einer Einkaufsstraße. Ein großer Teil der Kunden, die regelmäßig Einkäufe tätigen, zahlt bar oder per Karte. Viele gewerbliche Kunden kaufen ihre Bücher auf Rechnung. Die Rechnungsbeträge belaufen sich im Durchschnitt über ca. 1 500,00 Euro. Die Bestellungen erfolgen über telekommunikative Kommunikationsmittel wie Fax oder E-Mail. Den gewerblichen Geschäftspartnern wurden die Forderungen bisher per Rechnung mitgeteilt. Da sich die Überwachung der Zahlungseingänge der Kunden, die auf Rechnung kaufen, als sehr arbeitsaufwendig erweist, empfehlen Sie Herrn Müller (allein vertretungsberechtigter Geschäftsführer der GmbH), seine Forderungen mittels Lastschriften einzuziehen. Herr Müller wünscht für diesen Teil der Zahlungen eine größtmögliche Zahlungssicherheit.

AUFGABEN:

1. Welches Lastschriftverfahren empfehlen Sie Herrn Müller? Erläutern Sie ihm auch den Ablauf des Verfahrens!

2. Begründen Sie Ihre Empfehlung!

9 Richard, Mühlmeyer - ISBN 978-3-8120-1232-4

6 Scheckverkehr

6.1 Scheckausstellung

Nachstehend abgebildeter Scheck wird am Schalter der Commerzbank Mülheim zur Barauszahlung vorgelegt.

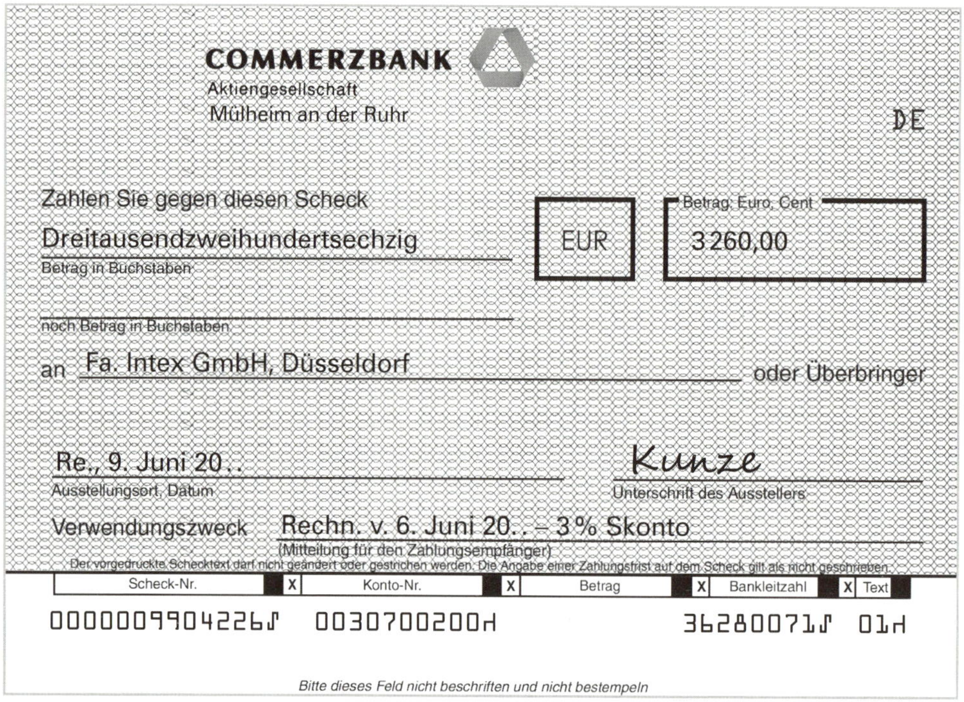
COMMERZBANK
Aktiengesellschaft
Mülheim an der Ruhr

DE

Zahlen Sie gegen diesen Scheck
Dreitausendzweihundertsechzig
Betrag in Buchstaben

EUR | Betrag: Euro, Cent 3260,00

noch Betrag in Buchstaben

an Fa. Intex GmbH, Düsseldorf oder Überbringer

Re., 9. Juni 20..
Ausstellungsort, Datum

Kunze
Unterschrift des Ausstellers

Verwendungszweck Rechn. v. 6. Juni 20.. – 3 % Skonto
(Mitteilung für den Zahlungsempfänger)

Der vorgedruckte Schecktext darf nicht geändert oder gestrichen werden. Die Angabe einer Zahlungsfrist auf dem Scheck gilt als nicht geschrieben.

Scheck-Nr.	X	Konto-Nr.	X	Betrag	X	Bankleitzahl	X	Text

0000009904226 0030700200 36280071 01

Bitte dieses Feld nicht beschriften und nicht bestempeln

AUFGABEN:

1 Entspricht die Scheckausstellung den Formerfordernissen des Scheckgesetzes (ScheckG)?

2 Welche Folgen hat es, wenn Art. 2 ScheckG zutrifft?

Nehmen Sie an, dass der Scheck alle erforderlichen Bestandteile enthält.

3 Welche Prüfungen muss die Bank vor Einlösung des Schecks vornehmen?

4 Wann gilt der Scheck gemäß AGB als eingelöst

Scheckgesetz (ScheckG)
(Auszug)
Erster Abschnitt. Ausstellung und Form des Schecks

Art. 1. [Bestandteile] Der Scheck enthält:

1. die Bezeichnung als Scheck im Texte der Urkunde, und zwar in der Sprache, in der sie ausgestellt ist;
2. die unbedingte Anweisung, eine bestimmte Geldsumme zu zahlen;
3. den Namen dessen, der zahlen soll (Bezogener);
4. die Angabe des Zahlungsortes;
5. die Angabe des Tages und des Ortes der Ausstellung;
6. die Unterschrift des Ausstellers.

Art. 2. [Fehlen von Bestandteilen] (1) Eine Urkunde, in der einer der im vorstehenden Artikel bezeichneten Bestandteile fehlt, gilt nicht als Scheck, vorbehaltlich der in den folgenden Absätzen bezeichneten Fälle.

(2) Mangels einer besonderen Angabe gilt der bei dem Namen des Bezogenen angegebene Ort als Zahlungsort. Sind mehrere Orte bei dem Namen des Bezogenen angegeben, so ist der Scheck an dem an erster Stelle angegebenen Orte zahlbar.

(3) Fehlt eine solche und jede andere Angabe, so ist der Scheck an dem Orte zahlbar, an dem der Bezogene seine Hauptniederlassung hat.

(4) Ein Scheck ohne Angabe des Ausstellungsortes gilt als ausgestellt an dem Orte, der bei dem Namen des Ausstellers angegeben ist.

Sammlung bankrechtlicher Entscheidungen

Zusammengestellt und bearbeitet
von RA. Dr. Claus Steiner

48. Jahrgang · Heft 6 · März 1995
– 326. Folge –

Scheckausstellung

Abkürzung des Ortsnamens bei Scheckausstellung

1. Abkürzungen der Ortsangabe der Scheckausstellung sind nur zulässig, soweit sie allgemein bekannt sind, nicht jedoch dann, wenn die Abkürzung allein im Bundesgebiet für zahlreiche, auch größere Städte stehen kann.

2. Die Angabe des Kfz-Kennzeichens einer kreisfreien Stadt setzt aber für eine hinreichende Ortsangabe im Sinne des Scheckgesetzes jedenfalls voraus, daß ausschließlich Großbuchstaben verwendet werden. (Leitsätze der Redaktion der NJW-RR)

OLG Hamm: Urteil v. 14.10.1994 - 7 U 104/94

Fundstelle: NJW-RR 1995 S. 112

Zum Sachverhalt:

Die Bekl. übergab den Kl. am 19.1.1994 zur Zahlung einen Scheck über 14375 DM, der über dem Vordruck Ort/Datum die Eintragung enthält: „Re. 27.1.1994". Weitere Angaben zum Ausstellungsort enthält das Scheckformular nicht. Auch bei der Unterschrift des Ausstellers befindet sich keine Ortsangabe. Dieser Scheck wurde bei Vorlage am 28.1.1994 nicht bezahlt. Erst das OLG hat die Formgültigkeit des Schecks verneint.

Aus den Gründen: . . . Der Scheck ist gem. Art. 21 ScheckG unwirksam, weil auf dem vorgelegten Scheckformular die Angabe des Ausstellungsortes (Art. 1 Nr. 5 ScheckG) fehlt und auch beim Namen des Ausstellers kein Ort angegeben ist (Art. 2 IV ScheckG). Die Abkürzung „Re." stellt nämlich keine hinreichende Ortsangabe dar. Abkürzungen für den Ort sind nur zulässig, wenn sie allgemein bekannt sind (vgl. Baumbach/Hefermehl, WG/ScheckG, 18. Aufl. [1993], Art. 1 WG Rdnr. 12). Sie müssen nach Auffassung des Senats den Austellungsort eindeutig erkennen lassen. Das ist bei der Abkürzung „Re." nicht der Fall, da es allein im Bundesgebiet außer der Stadt Recklinghausen zahlreiche, auch größere Orte gibt, die mit diesen Buchstaben beginnen (z. B. Regensburg, Remscheid). Ob die Angabe eines Kfz-Kennzeichens eine im allgemeinen Sinne übliche Abkürzung darstellt, kann dahinstehen, weil dann zumindest durch die ausschließliche Verwendung von Großbuchstaben kenntlich gemacht werden müßte, daß die Abkürzung im Sinne eines Kfz-Kennzeichens zu verstehen sein soll. Außerdem wäre für kreisangehörige Städte und Gemeinden zu bedenken, daß das Kfz-Kennzeichen in seiner ursprünglichen Funktion nicht für einen einzelnen Ort, sondern für einen gesamten Kreis steht.

Auszug aus den AGB-Banken

Grundregeln für die Beziehung zwischen Kunde und Bank

Kontoführung

9. Einzugsaufträge

(1) Erteilung von Vorbehaltsgutschriften bei der Einreichung

Schreibt die Bank den Gegenwert von Schecks und Lastschriften schon vor ihrer Einlösung gut, geschieht dies unter dem Vorbehalt ihrer Einlösung und zwar auch dann, wenn diese bei der Bank selbst zahlbar sind. Reicht der Kunde andere Papiere mit dem Auftrag ein, von einem Zahlungspflichtigen einen Forderungsbetrag zu beschaffen (zum Beispiel Zinsscheine) und erteilt die Bank über den Betrag eine Gutschrift, so steht diese unter dem Vorbehalt, dass die Bank den Betrag erhält. Der Vorbehalt gilt auch dann, wenn die Schecks, Lastschriften und anderen Papiere bei der Bank selbst zahlbar sind. Werden Schecks oder Lastschriften nicht eingelöst oder erhält die Bank den Betrag aus dem Einzugsauftrag nicht, macht die Bank die Vorbehaltsgutschrift rückgängig. Dies geschieht unabhängig davon, ob in der Zwischenzeit ein Rechnungsabschluss erteilt wurde.

(2) Einlösung [...] vom Kunden ausgestellter Schecks

[...] Barschecks sind bereits mit Zahlung an den Scheckvorleger eingelöst. Schecks sind auch schon dann eingelöst, wenn die Bank im Einzelfall eine Bezahltmeldung absendet. Schecks, die über die Abrechnungsstelle der Bundesbank vorgelegt werden, sind eingelöst, wenn sie nicht bis zu dem von der Bundesbank festgesetzten Zeitpunkt zurückgegeben werden.

6.2 Scheckbearbeitung

Der Stadtsparkasse Hannover (BLZ 250 501 80) werden am Donnerstag, 19. Oktober 20.., um 11.30 Uhr von ihrem Kunden, dem Tierarzt Dr. Eberhard Mildenberger (Konto-Nr. 563 874), die unten abgebildeten Schecks am Schalter zum Inkasso eingereicht.

Scheck 1:

Nur zur Verrechnung

DZ BANK
Frankfurt

DE

ORDERSCHECK

Zahlen Sie gegen diesen Scheck

Sechstausendneunhundertsiebenund-
Betrag in Buchstaben

neunzig ----------------------------
noch Betrag in Buchstaben

EUR | Betrag: Euro, Cent: -------6 997,00--------

an Herrn Eberhard Mildenberger, Hannover oder Order

Riesselmann & Sohn
GmbH & Co KG

49393 Lohne (Oldb), 17. Okt. 20..
Ausstellungsort, Datum

R. Riesselmann
Unterschrift des Ausstellers

Verwendungszweck Rechnung v. 5. Okt. 20..
(Mitteilung für den Zahlungsempfänger)

Der vorgedruckte Schecktext darf nicht geändert oder gestrichen werden. Die Angabe einer Zahlungsfrist auf dem Scheck gilt als nicht geschrieben.

Scheck-Nr.	X	Konto-Nr.	X	Betrag	X	Bankleitzahl	X	Text
0000001693002		0000407060				50060400		02

Bitte dieses Feld nicht beschriften und nicht bestempeln

Rückseite:

Bitte den Orderscheck bei Weitergabe durch Unterschrift indossieren.
Please endorse the order cheque with signature if negotiated.

Eberhard Mildenberger

Scheck 2:

633 Hannover

Nur zur Verrechnung

COMMERZBANK
AKTIENGESELLSCHAFT

Zahlen Sie gegen diesen Scheck

Fünfhundertzweiundsechzig
Betrag in Buchstaben

DE

----
noch Betrag in Buchstaben

EUR | Betrag: Euro, Cent: --562,25--

an

oder Überbringer

E. Mildenberger
Erfurter Weg 30
30179 Hannover

Rheda-Wiedenbrück
Ausstellungsort

18.10.20..
Datum

Grein
Unterschrift des Ausstellers

Der vorgedruckte Schecktext darf nicht geändert oder gestrichen werden. Die Angabe einer Zahlungsfrist auf dem Scheck gilt als nicht geschrieben.

Scheck-Nr.	X	Konto-Nr.	X	Betrag	X	Bankleitzahl	X	Text
6554191953		0008199986				25040066		01

Bitte dieses Feld nicht beschriften und nicht bestempeln

Scheck 3:

COMMERZBANK
Aktiengesellschaft
Dortmund

DE

Zahlen Sie gegen diesen Scheck

Eintausendfünfhundert
Betrag in Buchstaben

EUR | Betrag: Euro, Cent: - 1 500,00 -

noch Betrag in Buchstaben

Gera
Ausstellungsort

an ---
oder Überbringer

19.10.20..
Datum

Verwendungszweck
(Mitteilung für den Zahlungsempfänger)

Karl Schumacher
Unterschrift des Ausstellers

Der vorgedruckte Schecktext darf nicht geändert oder gestrichen werden. Die Angabe einer Zahlungsfrist auf dem Scheck gilt als nicht geschrieben.

Scheck-Nr.	X	Konto-Nr.	X	Betrag	X	Bankleitzahl	X	Text
0000000000996		0043199344				44040037		01

Bitte dieses Feld nicht beschriften und nicht bestempeln

Aufgaben:

1 Füllen Sie das Scheckeinreicherformular aus!

Scheck-Einlieferung

250 501 **80**

Stadtsparkasse Hannover

Datum

Ziehen Sie zu Gunsten des unten angegebenen Kontos die beigefügten Schecks ein. Die Gutschrift erfolgt Eingang vorbehalten.

	Scheck-Nummer	Konto-Nummer des Ausstellers	Bankleitzahl bezogenes Institut	Betrag: Euro, Cent
1				
2				
3				
4				
5				

Bitte alle Schecks mit dem Vermerk >Nur zur Verrechnung< versehen.

Stückzahl | EUR | Gesamtbetrag: Euro, Cent

Kontoinhaber: Name; Vorname/Firma, max. 27 Stellen

Konto-Nr. des Kontoinhabers | 96

124 800 000 So

250501800⑆ 96⑈

Bitte dieses Feld nicht beschriften und nicht bestempeln

2 Welche unterschiedlichen Scheckarten liegen vor? (Merkmale angeben!)

3 Welche Prüfungen nimmt die Stadtsparkasse Hannover nach Einreichung der Schecks vor? Beachten Sie in diesem Zusammenhang auch das Scheckabkommen (Abschnitt IV)!

4 Beschreiben Sie die Scheckbearbeitung bei der Stadtsparkasse Hannover! Die Stadtsparkasse Hannover ist umwandelndes Institut im Sinne des Scheckabkommens.

Die Stadtsparkasse Hannover bedient sich beim Einzug dieser Schecks des Gironetzes der Deutschen Bundesbank.

5 Prüfen Sie, ob alle drei Schecks zum Einzug durch die Deutsche Bundesbank zugelassen sind! Begründung? (Textstellen!)

AGB Bundesbank

VI. Scheck- und Lastschrifteinzug für Kreditinstitute (Auszug)

Allgemeines

1. Teilnehmerkreis, Einzugsaufträge

(1) Die Bank zieht für Kreditinstitute [...] mit Bankleitzahl, die bei ihr ein Girokonto [...] unterhalten, auf Euro lautende

- Zahlungsvorgänge aus dem beleglosen und dem imagegestützten Scheckeinzug auf alle Orte des Bundesgebiets sowie
- SEPA-Basislastschriften und SEPA-Firmenlastschriften auf Grundlage der Verfahrensregeln (SEPA Core Direct Debit Scheme Rulebook bzw. SEPA Business to Business Direct Debit Scheme Rulebook) des European Payments Council (EPC) auf alle Orte des SEPA-Raums

ein.

(2) Die Bank nimmt auch Rückrechnungen von Zahlungsvorgängen aus dem beleglosen und dem imagegestützten Scheckeinzug sowie von Lastschriften zum Einzug herein, soweit sie nach den Zahlungsverkehrsabkommen oder den SEPA-Verfahrensregeln des EPC vorgesehen sind. Zur Rückrechnung von Zahlungsvorgängen aus dem imagegestützten Scheckeinzug sind nur die zugehörigen Verrechnungsdatensätze, nicht aber die elektronischen Bilder der Schecks (Scheckbilder) einzuliefern.

2. Verlust [...]

3. Einreichung

(1) Die Bank nimmt Einzugsaufträge nach Nummer 1 Absatz 1 beleglos per Datenfernübertragung im Elektronischen Massenzahlungsverkehr (EMZ) zu den hierfür geltenden besonderen Bedingungen entgegen. Die beleglose Teilnahme am EMZ muss bei der Bank (kontoführende Stelle) beantragt werden. Der Kontoinhaber erhält dann die hierfür zusätzlich geltenden besonderen Bedingungen und die erforderlichen Informationen und Vordrucke. Für die Einlieferung von Scheckbildern gilt Nummer 11 Absatz 1.

(2) Die Einzugsaufträge sind bis zu den jeweils festgesetzten Annahmeschlusszeiten einzureichen.

Nach dem Annahmeschluss eingereichte Zahlungsvorgänge aus dem beleglosen Scheckeinzug und Lastschriften gelten als Einreichungen für den nächsten Geschäftstag. Verrechnungsdatensätze zu Zahlungsvorgängen aus dem imagegestützten Scheckeinzug, die nach dem Annahmeschluss eingereicht werden, werden zurückgewiesen. Der Einreicher wird hierüber informiert.

4. Gutschrift

(1) Der Gegenwert der Einzugsaufträge wird dem vorgegebenen TARGET2-Unterkonto gutgeschrieben. Der Zeitpunkt der Gutschrift ergibt sich für Zahlungsvorgänge aus dem beleglosen Scheckeinzug, Zahlungsvorgänge aus dem imagegestützten Scheckeinzug [...] aus den „Verfahrensregeln der Deutschen Bundesbank zur Abwicklung von Dateien im DTA-Format per Datenfernübertragung (DFÜ) im Elektronischen Massenzahlungsverkehr (EMZ) (Verfahrensregeln EMZ)". Die Gutschrift eingereichter SEPA-Lastschriften ist in den „Verfahrensregeln der Deutschen Bundesbank für die Abwicklung von SEPA-Lastschriften per Datenfernübertragung (DFÜ) über den SEPA-Clearer des EMZ (Verfahrensregeln SEPA-Lastschriften)" geregelt.

(2) Die Gutschriften werden „Eingang vorbehalten" erteilt, ohne dass es im Einzelfall eines Vermerks auf dem Konto oder im Kontoauszug bedarf.

(3) Die Bank ist berechtigt, Verfügungen über gutgeschriebene Beträge erst zuzulassen, nachdem bei Zahlungsvorgängen aus dem beleglosen oder dem imagegestützten Scheckeinzug sowie bei Lastschriften Rücklieferungen nicht mehr zu erwarten sind.

5. Zuleitung und Auslieferung der Zahlungsvorgänge aus dem beleglosen und dem imagegestützten Scheckeinzug, Vorlegung der Lastschriften

(1) Zahlungsvorgänge aus dem beleglosen Scheckeinzug, Verrechnungsdatensätze zu den Zahlungsvorgängen aus dem imagegestützten Scheckeinzug sowie Lastschriften werden den bezogenen Stellen der Kreditinstitute bzw. den Zahlstellen oder den Verrechnungsinstituten (aufnehmendes Kreditinstitut) zugeleitet und beleglos per Datenfernübertragung zu den hierfür geltenden besonderen Bedingungen ausgeliefert.

(2) Zahlungsvorgänge aus dem beleglosen Scheckeinzug, Verrechnungsdatensätze zu den Zahlungsvorgängen aus dem imagegestützten Scheckeinzug und Lastschriften, die dem aufnehmenden Kreditinstitut nicht beleglos ausgeliefert werden, druckt die Bank aus. Die Bank ist berechtigt, diese Ausdrucke in gewöhnlichem Brief oder in anderer ihr geeignet erscheinender Weise zu versenden.

6. Belastung des Gegenwertes

Der Gegenwert der Zahlungsvorgänge aus dem beleglosen und dem imagegestützten Scheckeinzug sowie der Lastschriften wird über das vorgegebene TARGET- 2-Unterkonto verrechnet. Das Kreditinstitut hat der Bank den entsprechenden Gegenwert zur Verfügung zu stellen.

7. Belastung von Lastschriftrückgaben

Der Gegenwert von nicht eingelösten oder wegen Widerspruchs des Zahlers zurückgegebenen Lastschriften wird dem vorgegebenen TARGET2-Unterkonto belastet.

Besondere Regelungen für die Abwicklung des beleglosen Scheckeinzugs sowie des imagegestützten Scheckeinzugs über die Abrechnungsstelle

8. Vom Einzug ausgeschlossene Zahlungsvorgänge

Vom Einzug ausgeschlossen sind Zahlungsvorgänge aus dem beleglosen oder dem imagegestützten Scheckeinzug, denen Schecks zu Grunde liegen,

- die den Vermerk „Nur zur Verrechnung" mit einem Zusatz wie „Nur zur Verrechnung mit (folgt Firma)" tragen, auch wenn der Zusatz gestrichen ist,
- deren Übertragung vom Aussteller durch die Worte „Nicht an Order" oder durch einen gleichbedeutenden Zusatz untersagt ist,
- die in der Codierzeile mit „BSE" bzw. „ISE" gekennzeichnet sind.

9. Formale Anforderungen für Scheckbilder

(1) Scheckbilder müssen den Vorgaben für das imagegestützte Scheckeinzugsverfahren gemäß Anlage 5 des Scheckabkommens entsprechen.

(2) Die Bank prüft Scheckbilder nicht auf ihre formale Ordnungsmäßigkeit. Für Schäden, die sich aus Formfehlern und aus der Nichtbeachtung von Erfordernissen für die Einreichung ergeben, tritt die Bank nicht ein.

10. Abrechnungsstelle, Teilnehmerkreis

Die Bank ist Abrechnungsstelle im Sinne des Artikels 31 Absatz 1 des Scheckgesetzes. Teilnehmer am Abrechnungsverkehr sind alle Kreditinstitute gemäß Nummer 1 Absatz 1; andere Kreditinstitute werden durch ein solches Kreditinstitut vertreten.

11. Einlieferung in die Abrechnungsstelle

(1) Die Einlieferung von Schecks, die im Rahmen des imagegestützten Scheckeinzugsverfahrens eingezogen werden sollen, erfolgt durch Übermittlung der Scheckbilder in das ExtraNet der Bank und Einreichung der zugehörigen Verrechnungsdatensätze gemäß Nummer 3 Absatz 1. Die Teilnahme am ExtraNet muss bei der Bank gesondert beantragt werden.

(2) Scheckbilder sind bis zu der für den imagegestützten Scheckeinzug im ExtraNet festgelegten Annahmeschlusszeit zu übermitteln. Einlieferungen von Scheckbildern nach dem Annahmeschluss werden ohne gesonderte Benachrichtigung des Einreichers gelöscht.

(3) Sofern der Tag der Einlieferung in die Abrechnungsstelle am Ort des bezogenen Kreditinstituts ein Feiertag ist, gilt der betreffende Scheck als am nächsten Geschäftstag eingeliefert. Fehlt zu einem Scheckbild der zugehörige Verrechnungsdatensatz, gilt der Scheck als nicht in die Abrechnungsstelle eingeliefert; das entsprechende Scheckbild wird gelöscht. Kann ein Verrechnungsdatensatz keinem Scheckbild zugeordnet werden, wird der Gegenwert an das einreichende Institut zurückgerechnet.

12. Zuleitung und Auslieferung der Scheckbilder aus dem imagegestützten Scheckeinzug

Die Bank wird die Scheckbilder dem bezogenen Kreditinstitut nach Bankleitzahlen sortiert im ExtraNet zur Verfügung stellen. Den Teilnehmern obliegt der Abruf der Scheckbilder; sie sorgen auch für den Abruf von Scheckbildern für von ihnen vertretene Institute.

13. Nichteinlösung von Schecks aus dem imagegestützten Scheckeinzugsverfahren

(1) Sofern Schecks aus dem imagegestützten Scheckeinzugsverfahren unbezahlt bleiben oder teilweise nicht eingelöst werden, sind die Scheckgegenwerte beleglos gemäß Anlage 6 des Scheckabkommens an dem auf den Tag der Einlieferung der Scheckbilder folgenden Geschäftstag (bis spätestens 20.00 Uhr) über den EMZ der Bank an die einliefernden Teilnehmer zurückzurechnen. Ist der auf die Einlieferung der Scheckbilder folgende Tag am Sitz des bezogenen Kreditinstituts ein regionaler Feiertag, so gilt eine Rückrechnung im Falle der Nichteinlösung auch noch an dem auf den Feiertag folgenden Geschäftstag als fristgerecht.

(2) Für einen unbezahlt gebliebenen oder teilweise nicht eingelösten, innerhalb der Vorlegungsfrist des Artikels 29 des Scheckgesetzes in die Abrechnungsstelle eingelieferten und fristgerecht zurückgerechneten Scheck gibt die Bank als Abrechnungsstelle auf Antrag die in Artikel 40 Nummer 3 des Scheckgesetzes vorgesehene Erklärung ab.

14. [...]

6 Vergleichen Sie das Einzugsverfahren bei Scheck 1 und Scheck 2 bzw. 3! Stellen Sie die Unterschiede heraus! Nehmen Sie zur Bearbeitung der Aufgabe das Scheckabkommen (Abschnitt II und Abschnitt III) zu Hilfe!

7 Zeigen Sie für Scheck 1 und Scheck 2 den Weg des Scheckinkassos auf!

8 Die Stadtsparkasse Hannover möchte die vom Kunden am 19.10.20.. zum Inkasso hereingenommenen Schecks noch am gleichen Tag der Deutschen Bundesbank zum Einzug im Elektronischen Massenzahlungsverkehr (EMZ) einreichen.

a) Innerhalb welcher Frist nimmt die Deutsche Bundesbank die Einzugsaufträge jeweils entgegen?

b) Mit welcher Valuta werden der Stadtsparkasse Hannover die Scheckgegenwerte durch die Deutsche Bundesbank gutgeschrieben?

Verfahrensregeln der Deutschen Bundesbank zur Abwicklung von Dateien im DTA-Format per Datenfernübertragung (DFÜ) im elektronischen Massenzahlungsverkehr (EMZ). „Verfahrensregeln EMZ"

-Auszug-

Abendliches Verarbeitungsfenster	Konto in TARGET2
Einlieferung von Prior 3-Zahlungen[1], Lastschriften und Zahlungsvorgängen aus dem beleglosen Scheckeinzug	von 9.00 Uhr bis 20.00 Uhr
Belastung und Gutschrift der Gegenwerte für Lastschriften und Zahlungsvorgängen aus dem beleglosen Scheckeinzug	ab 20.10 Uhr unter dem Datum des nächsten Geschäftstages

Morgendliches Verarbeitungsfenster	
Einlieferung von Prior 3-Zahlungen, Lastschriften und Zahlungsvorgängen aus dem beleglosen Scheckeinzug	von 20.00 Uhr bis 9.00 Uhr
Belastung der Gegenwerte für Lastschriften und Zahlungsvorgängen aus dem beleglosen Scheckeinzug	ab 9.20 Uhr
Gutschrift der Gegenwerte für Lastschriften und Zahlungsvorgängen aus dem beleglosen Scheckeinzug	ab 9.20 Uhr
Einlieferung von ISE-Verrechnungsdatensätzen	von 20.00 Uhr bis 10.00 Uhr
Gutschrift und Belastung der Gegenwerte für ISE-Verrechnungsdatensätze	ab 13.00 Uhr

Abkommen über den Einzug von Schecks (Scheckabkommen)

Abschnitt I Allgemeine Bedingungen

Nummer I.1 Anwendungsbereich

(1) Das Scheckabkommen regelt

a) den beleglosen Einzug von Scheckgegenwerten ohne Vorlage der Originalschecks (BSE-Verfahren),

b) den beleglosen Einzug von Scheckgegenwerten mit Vorlage des elektronischen Bildes des Originalschecks nach § 2 der Verordnung über Abrechnungsstellen im Scheckverkehr (ISE-Verfahren),

c) zusätzliche Bestimmungen über den Einzug von Orderschecks,

d) die Behandlung nicht eingelöster Schecks und die Rückrechnung von Scheckgegenwerten,

e) die Ausstellung, Annahme und Behandlung von Ersatzstücken für verloren gegangene Schecks im ISE-Verfahren.

(2) (3) [...]

Nummer I.2 Definitionen

(1) Als Schecks im Sinne dieses Abkommens gelten Inhaber- und Orderschecks, Zahlungsanweisungen zur Verrechnung sowie Abschnitte mit faksimilierten Ausstellerunterschriften und Abschnitte, die in anderen Punkten wegen des Fehlens gesetzlicher Bestandteile nicht den Artikeln 1 und 2 des Scheckgesetzes entsprechen.

(2) Bezogenes Kreditinstitut im Sinne dieses Abkommens ist die disponierende Stelle des im Scheck bezeichneten bezogenen Kreditinstituts, ggf. also eine Zweigstelle dieses Kreditinstituts.

(3) Erste Inkassostelle ist das erste am Einzug beteiligte Kreditinstitut, bei vom Ausland eingereichten Schecks das erste am Einzug beteiligte Kreditinstitut im Inland.

Nummer I.3 Codierung und Kennzeichnungspflichten

(1) [...]

(2) Auf allen Schecks, die nach den Bestimmungen in Abschnitt III eingezogen werden, kann die erste Inkassostelle

1 Bei Prior3-Zahlungen (Überweisungen) handelt es sich um Massenzahlungen ohne zeitliche Priorität.

ihre Firmenbezeichnung mit Ortsangabe und Bankleitzahl anbringen, um dem bezogenen Kreditinstitut ggf. die Eilnachricht nach Nummer V.2 zu ermöglichen.

(3) Die erste Inkassostelle kann auf Schecks ein Merkmal zur Identifizierung des Scheckeinreichers anbringen (z. B. Kontonummer, Stempelnummer mit Bearbeitungstag).

Abschnitt II Bestimmungen über den beleglosen Einzug von Scheckgegenwerten ohne Vorlage der Originalschecks (BSE-Verfahren)

Nummer II. 1 BSE-Pflicht

(1) Auf Euro lautende Schecks mit Textschlüssel 01, 02, 11 und 12, die auf Kreditinstitute im Inland gezogen und auf Beträge bis unter 6000,00 Euro ausgestellt sind, sind im BSE-Verfahren einzuziehen. Die Erstellung des hierfür erforderlichen BSE-Clearingdatensatzes erfolgt durch die erste Inkassostelle beziehungsweise durch ein von ihr beauftragtes Kreditinstitut (im Folgenden jeweils umwandelndes Kreditinstitut) gemäß Anlagen 2 und 3 der „Vereinbarung über den beleglosen Datenaustausch in der zwischenbetrieblichen Abwicklung des Inlandszahlungsverkehrs" (Clearingabkommen). Das umwandelnde Kreditinstitut ist berechtigt, die Erfassung anhand der codierten Daten in der Codierzeile der Schecks und der Summenbelege vorzunehmen. Es ist sowohl für die vollständige und unveränderte Erfassung der Scheckdaten (einschl. der Bereinigung etwaiger Lesefehler) als auch für die Lagerung der Schecks als Schecklagerstelle verantwortlich.

(2) Das umwandelnde Kreditinstitut ist ermächtigt, den Scheckgegenwert von dem bezogenen Kreditinstitut im BSE-Verfahren einzuziehen.

Nummer II. 2 Formelle Ordnungsmäßigkeit

(1) Die erste Inkassostelle prüft die in das BSE-Verfahren einbeziehbaren Papiere auf ihre formelle Ordnungsmäßigkeit im Sinne von Artikel 1 und 2 des Scheckgesetzes. Als formell ordnungsgemäß gelten auch Abschnitte mit faksimilierten Ausstellerunterschriften.

(2) Die erste Inkassostelle hat formell nicht ordnungsgemäße Schecks nach den Bestimmungen von Abschnitt III einzuziehen.

Nummer II.3 Bearbeitung und zwischenbetriebliche Weiterleitung

(1) Für die Bearbeitung und zwischenbetriebliche Weiterleitung der Zahlungsvorgänge aus dem BSE-Verfahren gilt für die beteiligten Kreditinstitute das Clearingabkommen, soweit im Folgenden nichts Abweichendes bestimmt ist. Die Zahlungsvorgänge aus dem BSE-Verfahren können mit Lastschriften in einer logischen Datei zusammengefasst werden.

(2) Sofern ein Prüfzifferberechnungsverfahren des bezogenen Kreditinstituts für die Kontonummer des Scheckausstellers bekannt gegeben worden ist, hat das umwandelnde Kreditinstitut die richtige Erfassung der Kontonummer anhand dieser Prüfzifferberechnung zu prüfen. Ist das Prüfzifferergebnis trotz richtiger Erfassung negativ, ist der Scheck nicht BSE-fähig und nach den Bestimmungen von Abschnitt III einzuziehen.

(3) Das umwandelnde Kreditinstitut verwahrt die Originalschecks oder davon erstellte Kopien der Vorderseite und der Rückseite, die eine bildliche Wiedergabe ermöglichen, entsprechend den handels- und steuerrechtlichen Vorschriften. Die Originalschecks sind auch dann für einen Zeitraum von zwei Monaten aufzubewahren, wenn Kopien erstellt wurden.

Nummer II.4 Anforderung und Versand von Scheckkopien oder Originalschecks

(1) Jedes am BSE-Verfahren beteiligte Kreditinstitut kann von der ersten Inkassostelle den Versand einer Scheckkopie verlangen, wenn dies für die Klärung von Problemen im Zusammenhang mit der Einziehung des Scheckgegenwertes notwendig ist.

Originalschecks kann nur das bezogene Kreditinstitut innerhalb der Mindestfrist für die Aufbewahrung nach Nummer II. 3 Absatz (3) anfordern.

(2) Für die Anforderung einer Scheckkopie beziehungsweise des Originalschecks ist der Vordruck gemäß Anlage 2 zu verwenden. Die erste Inkassostelle hat sicherzustellen, dass die Scheckkopie beziehungsweise der Originalscheck spätestens an dem zweiten auf den Eingang der Anforderung folgenden Bankarbeitstag abgesandt wird. Der Originalscheck ist vor Versand zur Vermeidung einer versehentlichen erneuten Einreichung in der rechten Ecke der Codierzeile mit dem Stempelabdruck „BSE" zu kennzeichnen. Derartig gekennzeichnete Schecks dürfen nicht erneut zum Einzug gegeben werden. Die erste Inkassostelle hat sicherzustellen, dass bei Versand eines Originalschecks eine Scheckkopie aufbewahrt wird.

(3) Die erste Inkassostelle kann für den Versand der Scheckkopie beziehungsweise des Originalschecks ein Entgelt bis zu dem in Anlage 3 genannten Höchstsatz verlangen, das gemäß Anlage 4 einzuziehen ist.

Abschnitt III Bestimmungen über den imagegestützten Scheckeinzug (ISE-Verfahren)

Nummer III.1 Verfahrenstechnik

Auf Euro lautende

a) Schecks mit Textschlüssel 01, 02, 11 und 12, die auf Kreditinstitute im Inland gezogen sind und auf Beträge ab 6 000,00 EUR ausgestellt sind,
b) Schecks mit Textschlüssel 01, 02, 11 und 12 unter 6 000,00 EUR, die nicht nach Maßgabe von Abschnitt II (BSE-Verfahren) eingezogen werden können,
c) Schecks, die nicht den „Richtlinien für einheitliche Zahlungsverkehrsvordrucke" entsprechen und ein kleineres Format als DIN A4 ausweisen,

(im Folgenden Einzugspapiere) sind im ISE-Verfahren durch Vorlage des elektronischen Bildes des Schecks, das die Urkunde vollständig abbildet (Scheckbild), und des ISE-Clearingdatensatzes über die Deutsche Bundesbank als Abrechnungsstelle gemäß § 2 der Verordnung über Abrechnungsstellen im Scheckverkehr einzuziehen.

Nummer III.2 Formelle Ordnungsmäßigkeit

(1) Die erste Inkassostelle prüft die in das ISE-Verfahren einbeziehbaren Papiere auf ihre formelle Ordnungsmäßigkeit im Sinne von Artikel 1 und 2 Scheckgesetz. Als formell ordnungsgemäß gelten auch Abschnitte mit faksimilierten Ausstellerunterschriften.

(2) Die erste Inkassostelle hat formell nicht ordnungsgemäße Schecks gemäß den Anlagen 2 und 3 des Clearingabkommens zu kennzeichnen.

Nummer III.3 Bearbeitung und zwischenbetriebliche Weiterleitung

(1) Die Erstellung des Scheckbildes und des ISE-Clearingdatensatzes erfolgt durch die erste Inkassostelle beziehungsweise durch ein von ihr beauftragtes Kreditinstitut (im Folgenden jeweils umwandelndes Kreditinstitut) gemäß Anlage 5 sowie den Anlagen 2 und 3 des Clearingabkommens. Das umwandelnde Kreditinstitut ist berechtigt, die Erfassung anhand der codierten Daten in der Codierzeile der Schecks und der Summenbelege vorzunehmen. Es ist sowohl für die vollständige und unveränderte Erfassung der Scheckdaten (einschließlich der Bereinigung etwaiger Lesefehler) als auch für die Lagerung der Schecks als Schecklagerstelle verantwortlich.

(2) Die zwischenbetriebliche Weiterleitung des Scheckbildes erfolgt über die Deutsche Bundesbank als Abrechnungsstelle gemäß § 2 der Verordnung über Abrechnungsstellen im Scheckverkehr.

(3) Für die Bearbeitung und zwischenbetriebliche Weiterleitung der Clearingdatensätze aus dem ISE-Verfahren gilt für die beteiligten Kreditinstitute das Clearingabkommen, soweit im Folgenden nichts Abweichendes bestimmt ist. Sofern ein Prüfzifferberechnungsverfahren des bezogenen Kreditinstituts für die Kontonummer des Scheckausstellers bekannt gegeben worden ist, hat das umwandelnde Kreditinstitut die richtige Erfassung der Kontonummer im Clearingdatensatz anhand dieser Prüfzifferberechnung zu prüfen. Ist das Prüfzifferergebnis trotz richtiger Erfassung negativ, ist der Clearingdatensatz gemäß den Anlagen 2 und 3 des Clearingabkommens zu kennzeichnen.

(4) Das umwandelnde Kreditinstitut verwahrt die Originalschecks drei Kalenderjahre. Die Frist beginnt mit dem Ende des Kalenderjahres, in dem die Rückgabefrist für den eingereichten Scheck nach Nummer V.1 Absatz b) ausgelaufen ist.[1] Das Scheckbild ist entsprechend den handels- und steuerrechtlichen Vorschriften aufzubewahren.

Nummer III.4 Anforderung und Versand des Originalschecks

(1) Originalschecks kann nur das bezogene Kreditinstitut innerhalb der Frist für die Aufbewahrung nach Nummer III.3 Absatz (4) anfordern.

(2) Für die Anforderung des Originalschecks ist der Vordruck gemäß Anlage 2 zu verwenden. Erfolgt die Anforderung bis 14 Uhr eines Bankgeschäftstages, ist der Originalscheck am gleichen Tag zu versenden. Der Originalscheck ist vor Versand zur Vermeidung einer versehentlichen erneuten Einreichung in der rechten Ecke der Codierzeile mit dem Stempelaufdruck „ISE" zu kennzeichnen. Derartig gekennzeichnete Schecks dürfen nicht erneut zum Einzug gegeben werden.

(3) Die erste Inkassostelle kann für den Versand des Originalschecks ein Entgelt bis zu dem in Anlage 3 genannten Höchstsatz verlangen, das gemäß Anlage 4 eingezogen wird. Der Ersatz weiterer Auslagen bleibt hiervon unberührt.

(4) Hat das bezogene Institut den Originalscheck angefordert und wird der Scheck nach Nummer V.1 nicht eingelöst, ist der angeforderte Originalscheck unverzüglich an die erste Inkassostelle zurückzusenden, soweit nicht behördliche Ermittlungen dem entgegenstehen.

Verordnung über Abrechnungsstellen im Scheckverkehr

Abrechnungsstellenverordnung (AbrStV) vom 05. 10. 05

Aufgrund des Artikels 31 Abs. 2 des Scheckgesetzes in der im Bundesgesetzblatt Teil III, Gliederungsnummer 4132-I, veröffentlichten bereinigten Fassung in Verbindung mit Artikel 129 Abs. 1 des Grundgesetzes für die Bundesrepublik Deutschland verordnet das Bundesministerium der Justiz:

§ 1 AbrStV

Die Deutsche Bundesbank ist Abrechnungsstelle im Sinne des Artikels 31 Abs. 1 des Scheckgesetzes.

§ 2 AbrStV

(1) Schecks können in die Abrechnungsstelle eingeliefert werden, wenn der Einlieferer sowie der Bezogene oder der Dritte, bei dem der Scheck zahlbar gestellt worden ist, am Abrechnungsverkehr der Abrechnungsstelle teilnehmen oder durch einen Teilnehmer vertreten werden.

(2) Die Einlieferung von Schecks im Wege der elektronichen Datenfernübertragung setzt voraus, dass der Abrechnungsstelle nach ihren Vorgaben ein elektronisches Bild des Schecks, das die Urkunde vollständig abbildet, übermittelt wird.

§ 3 AbrStV

Diese Verordnung tritt am Tage nach der Verkündung in Kraft. Gleichzeitig tritt die Verordnung über Abrechnungsstellen im Wechsel- und Scheckverkehr in der im Bundesgesetzblatt Teil III, Gliederungsnummer 4132-4, veröffentlichten bereinigten Fassung außer Kraft.

Am Freitag, dem 20. 10. 20.., wird der Datensatz des Schecks Nr. 3 der Commerzbank Dortmund zur Einlösung vorgelegt und dem Konto des Herrn Schumacher belastet.

9 Beschreiben Sie die Arbeitsvorgänge im Zusammenhang mit der Einlösung des Schecks!

Am Freitag, dem 20. 10. 20.., verrechnet das Rechenzentrum der Bundesbank Frankfurt den Datensatz aus Scheck 1 mit der DZ Bank in Frankfurt unter gleichzeitiger Bereitstellung des Scheck-Images im ExtraNet. Das Kundenkonto des Ausstellers, der Riesselmann & Sohn GmbH & Co. KG, wird belastet. Bei der Nachdisposition stellt der Sachbearbeiter fest, dass der Scheck nicht eingelöst werden kann, da das Konto des Ausstellers nicht die erforderliche Deckung/ kein Kreditlimit aufweist.

10 Bis zu welchem Termin muss die DZ Bank das Konto der Riesselmann & Sohn GmbH & Co. KG spätestens wieder erkennen?

1 Wird der Scheck am letzten Bankarbeitstag eines Jahres bei der Abrechungsstelle eingereicht, endet die Rückrechnungsfrist nach Nummer V.1 Absatz b) am ersten Bankarbeitstag im neuen Jahr. Somit beginnt der Lauf der Frist für die Aufbewahrungspflicht erst mit dem Ende des neuen Jahres.

10 Richard, Mühlmeyer - ISBN 978-3-8120-1232-4

Auszug aus den AGB – Banken

9. Einzugsaufträge

(1) [...]

(2) Einlösung von [...] vom Kunden ausgestellter Schecks

[...] Schecks sind eingelöst, wenn die Belastungsbuchung nicht spätestens am zweiten Bankarbeitstag[1] nach ihrer Vornahme rückgängig gemacht wird. [...] Barschecks sind bereits mit Zahlung an den Scheckvorleger eingelöst. Schecks sind auch schon dann eingelöst, wenn die Bank im Einzelfall eine Bezahltmeldung absendet. Schecks, die über die Abrechnungsstelle der Bundesbank vorgelegt werden, sind eingelöst, wenn sie nicht bis zu dem von der Bundesbank festgesetzten Zeitpunkt zurückgegeben werden.

11 Beschreiben Sie die Arbeitsvorgänge im Zusammenhang mit der Nichteinlösung des Schecks und nennen Sie in diesem Zusammenhang die Pflichten der DZ Bank unter Angabe der entsprechenden Termine! (Nehmen Sie das abgedruckte Scheckabkommen zu Hilfe!)

Der Scheckeinreicher erhält von der Sparkasse Hannover den vorausgefüllten Vordruck:

Hannover, 23.10.20..

Dr. Eberhard Mildenberger
Erfurter Weg 30
30179 Hannover

Deutsche Bundesbank
Hauptverwaltung Düsseldorf
Servicezentrum ZVP/EMZ-Betrieb
Postfach 10 11 48
40002 Düsseldorf

Anforderung einer Nichteinlösungserklärung

Bitte senden Sie die Nichteinlösungserklärung gemäß Artikel 40 Nummer 3 Scheckgesetz zu nachfolgendem Scheck an die o. a. Adresse.

Name des Images	560833700042500300 001194000012040000 (36 Stellen)
Schecknummer	0000001693002 (bis 13 Stellen)
Betrag	6997,00
Bezogenes Kreditinstitut	DZ Bank Frankfurt
BLZ des bezogenen Kreditinstitut	50060400 (8 Stellen)
Kontonummer des Aussteller	0000407060 (bis 10 Stellen)
Datum der Rückrechnung	20.10.20.. (8 Stellen) TTMMJJJJ

....
Unterschrift(en) des Anfordernden

Er versendet ihn nach Unterzeichnung an die Deutsche Bundesbank.

1 Bankarbeitstage sind alle Werktage, außer Sonnabende und 24. und 31. Dezember.

Am Montag, dem 23. 10. 20 . ., wird der Scheck Nr. 2 als Datensatz dem bezogenen Kreditinstitut zur Einlösung vorgelegt. Der Aussteller hat den Scheck bereits am 19. 10. 20 . . widerrufen, sodass er ebenfalls nicht eingelöst wird.

12 Welche Gründe könnten den Aussteller veranlasst haben, den Scheck zu widerrufen?

13 Muss die Commerzbank Hannover den Scheckwiderruf beachten (Bedingungen für den Scheckverkehr)?

14 Beschreiben Sie im Zusammenhang mit dieser Nichteinlösung die Arbeiten der Commerzbank Hannover und der Stadtsparkasse Hannover!

Am 27. 10. 20 . . bekommt Dr. Eberhard Mildenberger die beiden nicht bezahlten Schecks (Scheck 1 und Scheck 2) unter Belastung der entsprechenden Rückgabegebühr von der Stadtsparkasse Hannover zurück. Später übermittelt ihm die Bundesbank die angeforderte Nichteinlösungserklärung.

15 Wie kann Dr. Mildenberger seine Ansprüche den Scheckausstellern gegenüber geltend machen?

DEUTSCHE BUNDESBANK
Abrechnungsstelle gemäß Artikel 31 Scheckgesetz

Erklärung gemäß Artikel 40 Nummer 3 Scheckgesetz

Der Scheck mit

Name des Images	5/6083/3700042/50030000/11940000/12040000
Schecknummer	0000001693002
Betrag	6997,00 Euro
Bezogenes Kreditinstitut	DZ Bank Frankfurt (Bankleitzahl 500 604 00)
Kontonummer des Ausstellers	0000407060

wurde innerhalb der Vorlegungsfrist eingeliefert und nicht bezahlt.

Abbildungen der Scheckvorder- und Scheckrückseite

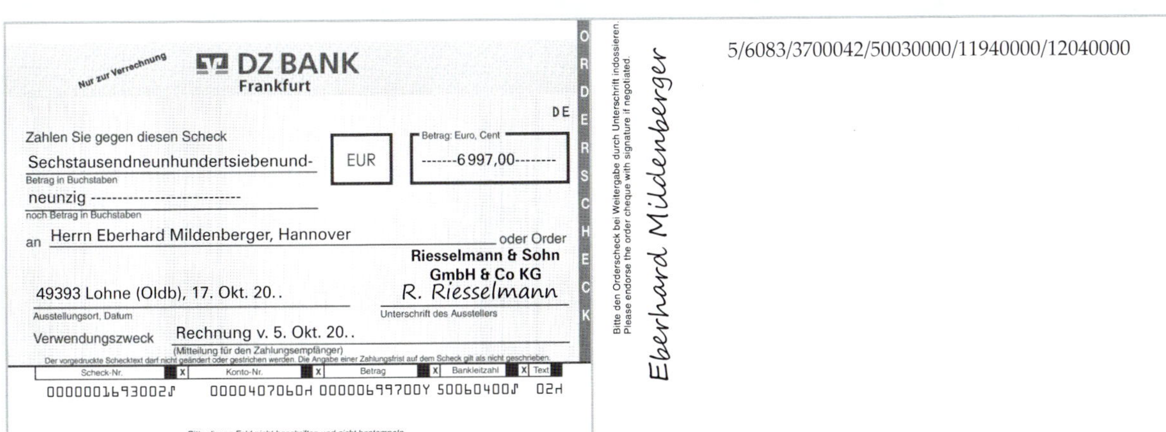
Nur zur Verrechnung
DZ BANK
Frankfurt
DE
Zahlen Sie gegen diesen Scheck
Sechstausendneunhundertsiebenund-
Betrag in Buchstaben
neunzig ---------------------------
noch Betrag in Buchstaben
EUR
Betrag: Euro, Cent
-------6 997,00--------
an Herrn Eberhard Mildenberger, Hannover oder Order
Riesselmann & Sohn GmbH & Co KG
R. Riesselmann
Unterschrift des Ausstellers
49393 Lohne (Oldb), 17. Okt. 20. .
Ausstellungsort, Datum
Verwendungszweck Rechnung v. 5. Okt. 20. .
(Mitteilung für den Zahlungsempfänger)
Der vorgedruckte Schecktext darf nicht geändert oder gestrichen werden. Die Angabe einer Zahlungsfrist auf dem Scheck gilt als nicht geschrieben.
ORDERSCHECK
Scheck-Nr. | Konto-Nr. | Betrag | Bankleitzahl | Text
0000001693002⑈ 0000407060⑆ 0000699700⑇ 50060400⑈ 02⑆
Bitte dieses Feld nicht beschriften und nicht bestempeln
Bitte den Orderscheck bei Weitergabe durch Unterschrift indossieren.
Please endorse the order cheque with signature if negotiated.
Eberhard Mildenberger
5/6083/3700042/50030000/11940000/12040000

Düsseldorf, 27. Oktober 20. .

Deutsche Bundesbank
Abrechnungsstelle gemäß Artikel 31 Scheckgesetz
Unterschriften (in Faksimile)

Meier Müller

Abkommen über den Einzug von Schecks (Scheckabkommen)
(Auszug)

Nummer III.5 Belegloser Einzug und Zurverfügungstellung der Daten

(1) Die Deutsche Bundesbank ist ermächtigt, die Scheckgegenwerte von dem bezogenen Kreditinstitut oder dessen Verrechnungsinstitut beleglos anhand der Clearingdatensätze einzuziehen. Sie wird die Scheckbilder dem bezogenen Kreditinstitut zur Verfügung stellen.

(2) Das bezogene Kreditinstitut ist verpflichtet, die Clearingdatensätze und Scheckbilder abzugleichen. Das Fehlen von Clearingdatensätzen oder Scheckbildern sowie etwaige Irrläufer sind der ausliefernden Stelle der Deutschen Bundesbank unverzüglich telefonisch oder auf telekommunikativem Wege anzuzeigen.

Abschnitt IV Zusätzliche Bestimmungen über den Einzug von Orderschecks

Nummer IV.1 Stempelabdruck

(1) Die erste Inkassostelle ist verpflichtet, die ihr von Kunden zum Einzug übergebenen Orderschecks auf der Rückseite mit einem Stempelabdruck zu versehen. Der Stempelabdruck hat den Ort, den Namen und die Bankleitzahl der ersten Inkassostelle zu enthalten; weitere Zusätze gelten als nicht geschrieben. Der Stempelabdruck bedarf keiner Unterzeichnung.

(2) [...]

Nummer IV.2 Treuhandindossament und Prüfungspflicht

(1) Die Kreditinstitute sind sich darüber einig, dass der Stempelabdruck zwischen ihnen dasselbe Rechtsverhältnis begründen soll wie ein Treuhandindossament. Sie verzichten untereinander auf die Einwendung, der Stempelabdruck sei von einer nicht vertretungsberechtigten Person angebracht worden oder diese habe dabei einen Übertragungswillen nicht gehabt.

(2) Die erste Inkassostelle ist verpflichtet zu prüfen, dass der Einreicher durch eine ordnungsgemäße Indossamentenkette im Sinne von Artikel 35 Scheckgesetz legitimiert ist und dass der Einreicher ihr den Orderscheck durch Indossament ohne einschränkenden Zusatz übertragen hat.

Nummer IV.3 Scheckbedingungen

Die Kreditinstitute dürfen Vordrucke für Orderschecks ihren Kunden nur zur Verfügung stellen, wenn sie diesen gegenüber ihre üblichen Bedingungen für den Scheckverkehr folgendermaßen ergänzt haben:

„Der Aussteller von Orderschecks steht allen Kreditinstituten, die am Einzug der von ihm begebenen Orderschecks beteiligt sind, für deren Bezahlung ein. Jedes dieser Kreditinstitute kann gegen Vorlage der innerhalb der Vorlegungsfrist vorgelegten und nicht bezahlten Schecks Zahlung vom Aussteller verlangen. Die vorstehenden Bestimmungen gelten auch für nach Beendigung des Scheckvertrages ausgestellte Orderschecks."

Nummer IV.4 Auslandsschecks

(1) (2) [...]

Abschnitt V Bestimmungen im Falle der Nichteinlösung von Schecks

Nummer V.1 Rückrechnungs- und Rückgabepflichten des bezogenen Kreditinstituts

(1) Vom bezogenen Kreditinstitut sind

a) Scheckgegenwerte von Schecks, die nach den Bestimmungen von Abschnitt II (BSE-Verfahren) eingezogen und nicht eingelöst werden, spätestens an dem auf dem Eingangstag[1] der Scheckdaten folgenden Bankarbeitstag an die erste Inkassostelle zurückzurechnen.

b) Scheckgegenwerte von Schecks, die nach den Bestimmungen von Abschnitt III (ISE-Verfahren) eingezogen und von dem bezogenen Kreditinstitut nicht eingelöst werden, spätestens an dem auf den Tag der Vorlage[2] des Scheckbildes bei der Deutschen Bundesbank folgenden Bankarbeitstag über die Deutsche Bundesbank an die erste Inkassostelle zurückzurechnen. Gleiches gilt für die Vorlage eines Bildes, das den Originalscheck nicht vollständig abbildet.

c) [...]

(2) Bei Scheckdaten aus dem BSE-Verfahren und Valutaschecks, die dem Kreditinstitut an einem Sonnabend zugehen, gilt der nächste Bankarbeitstag als Eingangstag.

Nummer V.2 Benachrichtigungspflichten bei Nichteinlösung

(1) Das bezogene Kreditinstitut hat die im Interbankenband angegebene zuständige Stelle der ersten Inkassostelle von der Nichteinlösung eines Schecks im Betrage von 6000 Euro und darüber unmittelbar, spätestens an dem auf den Tag der Vorlage[3] folgenden Bankarbeitstag bis spätestens 14.30 Uhr auf telekommunikativem Wege zu benachrichtigen (Eilnachricht).

(2) Die Eilnachricht hat den Scheckbetrag sowie die Schecknummer, die Kontonummer des Scheckausstellers und die Bankleitzahl des bezogenen Kreditinstituts zu enthalten. Ferner soll – soweit erkennbar – ein eventuell vorhandenes Merkmal zur Identifizierung des Scheckeinreichers (siehe Nummer I.3 Absatz (3)) angegeben werden. Die erste Inkassostelle hat bei der Feststellung des Scheckeinreichers alle in der Eilnachricht angegebenen Daten zu überprüfen.

(3) Wird ein von einem Kreditinstitut im Ausland auf ein Kreditinstitut im Inland gezogener Scheck im Betrage von 6000 Euro und darüber nicht eingelöst, hat das bezogene Kreditinstitut die erste im Inland gelegene Inkassostelle unverzüglich gemäß den Absätzen (1) und (2) zu benachrichtigen.

Nummer V.3 Beleglose Rückrechnung von Zahlungsvorgängen aus dem BSE-Verfahren

(1) Rückrechnungen der Zahlungsvorgänge aus dem BSE-Verfahren sind von dem bezogenen Kreditinstitut beleglos vorzunehmen und an das im BSE-Clearingdatensatz genannte Kreditinstitut (die erste Inkassostelle oder das bei der Deutschen Bundesbank einreichende Kreditinstitut) zu leiten. Der

1 Der Eingangstag ist derjenige Bankarbeitstag, der auf den Tag der Übergabe der Scheckdaten an das die Scheckdaten im zwischenbetrieblichen Clearing aufnehmende bezogene Kreditinstitut (gegebenenfalls aufnehmendes Zentralinstitut) folgt. (Beispiel: Übergabe der Scheckdaten durch die Deutsche Bundesbank an ein Kreditinstitut am Montag – Disposition durch die disponierende Stelle des im Scheck bezeichneten bezogenen Kreditinstituts (Abschnitt I Nummer 2 Absatz 2) am Dienstag [Eingangstag] – Rückrechnung spätestens am Mittwoch.)

2 Der Tag der Vorlage ist der Tag der Einlieferung in die Abrechnungsstelle.

3 Der Tag der Vorlage ist derjenige Bankarbeitstag, an dem der Scheck dem bezogenen Kreditinstitut (siehe Abschnitt I Nr. 2 Absatz 2) zugeht.

Datensatz für die beleglose Rückrechnung nicht eingelöster BSE-Schecks ist nach der Beschreibung in Anlage 6 zu belegen.

(2) Die erste Inkassostelle bestätigt bei Rückrechnungen aus dem BSE-Verfahren im Auftrage des bezogenen Kreditinstituts die Nichteinlösung durch folgenden Vermerk:

„Vom bezogenen Kreditinstitut am . . . nicht bezahlt".

Der Vermerk ist auf dem Originalscheck beziehungsweise auf der Scheckkopie aufzubringen und mit dem Namen der ersten Inkassostelle zu versehen. Das Datum der Nichtbezahlung ist aus der beleglosen Rückrechnung zu entnehmen. Im Zusammenhang mit der Rückrechnung von Zahlungsvorgängen aus dem BSE-Verfahren ist der Scheckeinreicher mit dem Hinweis gemäß Anlage 7 zu informieren.

Nummer V.4 Beleglose Rückrechnung von Zahlungsvorgängen aus dem ISE-Verfahren

(1) Rückrechnungen der Zahlungsvorgänge aus dem ISE-Verfahren sind von dem bezogenen Kreditinstitut beleglos vorzunehmen und an das im ISE-Clearingdatensatz genannte Kreditinstitut (die erste Inkassostelle oder das bei der Deutschen Bundesbank einreichende Kreditinstitut) über die Deutsche Bundesbank zu leiten. Der Datensatz für die beleglose Rückrechnung nicht eingelöster ISE-Schecks ist nach der Beschreibung in Anlage 6 zu belegen.

(2) Die Deutsche Bundesbank als Abrechnungsstelle erstellt bei Rückrechnungen aus dem ISE-Verfahren eine Erklärung über die Nichteinlösung gemäß Anlage 8 a beziehungsweise die Teileinlösung gemäß Anlage 8 b, sofern folgende Voraussetzungen gegeben sind:

a) Rechtzeitige Vorlage des Scheckbildes nach den Vorgaben der Deutschen Bundesbank innerhalb der gesetzlichen Vorlegungsfristen (Artikel 29, Artikel 40 Nummer 3 Scheckgesetz),
b) Nichteinlösung des Schecks (Artikel 40 Nummer 3 Scheckgesetz),
c) Erklärungsfrist ist noch nicht abgelaufen (Artikel 41 Scheckgesetz).

Die erste Inkassostelle informiert den Scheckeinreicher über die Rückrechnung mit dem Hinweis gemäß Anlage 9.

Ein Formular für die Anforderung einer Nichteinlösungserklärung bei der Deutschen Bundesbank ist in Anlage 10 abgebildet.

(3) Kann die Deutsche Bundesbank mangels Vorliegen der Voraussetzungen gemäß Nummer V.4 Absatz (2) keine Erklärung gemäß Anlagen 8 a oder 8 b abgeben, teilt sie dies der ersten Inkassostelle mit. In diesem Fall ist der Scheckeinreicher mit dem Hinweis gemäß Anlage 11 zu informieren.

(4) Die erste Inkassostelle bestätigt im Auftrag des bezogenen Kreditinstitutes die Nichteinlösung mit folgendem Vermerk:

„Vom bezogenen Kreditinstitut am . . . nicht bezahlt".

Der Vermerk ist auf dem Originalscheck aufzubringen und mit dem Namen der ersten Inkassostelle sowie dem Stempelaufdruck „ISE" zu versehen. Liegt der ersten Inkassostelle der Originalscheck nicht mehr vor, händigt sie dem Scheckeinreicher eine Scheckkopie, versehen mit dem Stempelaufdruck „ISE" aus. Das Datum der Nichtbezahlung ist aus der beleglosen Rückrechnung zu entnehmen.

Nummer V.5 Rückrechnungen und Rückschecks

(1) Die erste Inkassostelle ist – auch bei Verletzung dieses Abkommens und unbeschadet etwaiger Schadensersatzansprüche – verpflichtet, Rückrechnungen der Zahlungsvorgänge aus den Verfahren gemäß Abschnitt II und Abschnitt III aufzunehmen. Dabei ist gleichgültig, auf welchem Wege die Rückrechnungen vorgenommen wurden. Schecks, deren Gegenwerte zurückgerechnet wurden, dürfen nicht erneut zum Einzug gebracht werden. Das bezogene Kreditinstitut darf einen von ihm zurückgerechneten Zahlungsvorgang von der ersten Inkassostelle nur dann zurückrufen, wenn der Zahlungsvorgang nur versehentlich zurückgerechnet worden ist und die Einlösung nunmehr erfolgen wird.

(2) Das bezogene Kreditinstitut kann für Rückrechnungen als Auslagenersatz und Bearbeitungsprovision ein Entgelt entsprechend dem in der Anlage 12 genannten Höchstsatz verlangen.

Vereinbarungen der Kreditinstitute mit dem Scheckeinreicher beziehungsweise Scheckaussteller über die Erhebung von Entgelten werden durch dieses Abkommen nicht berührt.

(3) Bei Rückrechnungen wird jede Stelle, über die die Rechnung läuft, mit der Tageswertstellung für Einzugsschecks belastet. Im Übrigen gelten die Bestimmungen der Anlage 12.

(4) [. . .]

Abschnitt VI Bestimmungen über Ersatzstücke für verloren gegangene Schecks im BSE- und ISE-Verfahren [. . .]

Anlage 7 des Abkommens über den Einzug von Schecks

Information für den Scheckeinreicher in Verbindung mit nicht eingelöstem BSE-Scheck (zum Beispiel auf der Rückrechnung)

(Nummer V.3 Absatz 2)

„Der von Ihnen eingereichte Scheck wurde dem Kreditinstitut des Scheckausstellers auf elektronischem Wege übermittelt. Dieses Kreditinstitut hat die Zahlung des Scheckgegenwertes abgelehnt. Wir haben die Nichtbezahlung auf der beigefügten Scheckkopie/auf dem beigelegten Scheck vermerkt. Sie können die Rechte aus dem mit dem Scheckaussteller geschlossenen Vertrag geltend machen. Dabei können Sie diese Scheckkopie/diesen Scheck zum Nachweis der Nichtbezahlung verwenden. Die Führung eines Urkundenprozesses ist jedoch als Folge des elektronischen Einzugsverfahrens nicht möglich. Sollte sich herausstellen, dass Ihnen hierdurch ein Schaden entsteht, so werden wir diesen ersetzen und schlagen vor, dass Sie sich möglichst bald zur Regulierung Ihres Schadens mit uns in Verbindung setzen."

Anlage 9 des Abkommens über den Einzug von Schecks

Information für den Scheckeinreicher in Verbindung mit nicht eingelöstem ISE-Scheck mit Nichteinlösungs-Erklärung

(Nummer V.4 Absatz 2)

„Der von Ihnen eingereichte Scheck wurde über die Deutsche Bundesbank als Abrechnungsstelle gemäß Paragraph 1 der Abrechnungsstellenverordnung dem Kreditinstitut des Scheckausstellers vorgelegt. Dies wurde kenntlich gemacht durch den Stempelaufdruck „ISE".

Das bezogene Kreditinstitut hat die Zahlung des Scheckgegenwertes abgelehnt. Wir haben die Nichtbezahlung auf dem beiliegenden Scheck/der beigelegten Scheckkopie vermerkt. Sie können die Rechte aus dem mit dem Scheckaussteller geschlossenen Vertrag gegen diesen geltend machen. Die für die Führung eines Scheckprozesses erforderliche Nichteinlösungserklärung der Abrechnungsstelle nach Artikel 40 Scheckgesetz können Sie durch Einsendung des als Anlage beigefügten Anforderungsbogens bei der Deutschen Bundesbank abrufen."

Anlage 12 des Abkommens über den Einzug von Schecks

Entgeltregelung für Rückschecks beziehungsweise Rückrechnungen sowie Zinsausgleich

(Nummer V.5 Absatz 2 und Absatz 3)

1 Entgelt

Das bezogene Kreditinstitut kann für Rückschecks beziehungsweise Rückrechnungen ein Entgelt von höchstens 5 Euro berechnen.

2 Zinsausgleich

Das bezogene Kreditinstitut ist berechtigt, bei Rückschecks im Betrag von 10 000 Euro und darüber gegenüber der ersten Inkassostelle einen Anspruch auf Zinsausgleich geltend zu machen, wenn der Wertstellungsverlust 30 Euro oder mehr beträgt. Als Zinssatz gilt der von der EZB bekannt gegebene Tagesgeldzinssatz für den Euro (EONIA)[1] am Tage der Vorlage des Schecks.

Bedingungen für den Scheckverkehr
(Privates Bankgewerbe)

1. Scheckvordrucke

Die Bank gibt an den Kunden Scheckvordrucke zur Teilnahme am Scheckverkehr aus. Für den Scheckverkehr dürfen nur die vom bezogenen Institut zugelassenen Scheckvordrucke verwendet werden.

2. Sorgfaltspflichten

Scheckvordrucke und Schecks sind mit besonderer Sorgfalt aufzubewahren. Das Abhandenkommen von Scheckvordrucken und Schecks ist der Bank, möglichst der kontoführenden Stelle, unverzüglich mitzuteilen. [. . .]

3. Haftung von Kunde und Bank

[. . .]

4. Verhalten der Bank bei mangelnder Kontodeckung

Die Bank ist berechtigt, Schecks auch bei mangelndem Guthaben oder über einen zuvor für das Konto eingeräumten Kredit hinaus einzulösen. Die Buchung solcher Verfügungen auf dem Konto führt zu einer geduldeten Kontoüberziehung.

5. Scheckwiderruf

Der Scheck kann widerrufen werden, solange er von der Bank nicht eingelöst ist. Der Widerruf kann nur beachtet werden, wenn er der Bank so rechtzeitig zugeht, dass seine Berücksichtigung im Rahmen des ordnungsgemäßen Arbeitsablaufes möglich ist.

6. Zusätzliche Regelungen für Orderschecks

Der Aussteller von Orderschecks steht allen Kreditinstituten, die am Einzug der von ihm begebenen Orderschecks beteiligt sind, für deren Bezahlung ein. Jedes dieser Kreditinstitute kann gegen Vorlage der innerhalb der Vorlegungsfrist vorgelegten und nicht bezahlten Schecks Zahlung vom Aussteller verlangen. Die vorstehenden Bestimmungen gelten auch für nach Beendigung des Scheckvertrages ausgestellte Orderschecks.

6.3 Scheckeinlösung

6.3.1

Entscheiden Sie, ob das bezogene Kreditinstitut in den folgenden Fällen die Einlösung des Schecks

(1) verweigern kann, (2) nicht verweigern kann, (3) verweigern muss!

a) Ein Scheck, ausgestellt am 03.05.20.. in Leipzig über 500,00 EUR, wird als Datensatz der bezogenen Bank, der Commerzbank Gera, am 06.05.20.. zur Einlösung vorgelegt. Das Konto weist keine Deckung auf. Eine Kreditgewährung entfällt aus Bonitätsgründen.

b) Ein in Berlin ausgestellter Scheck, der einen Tag nach Ausstellung vom Aussteller widerrufen wurde, wird dem bezogenen Kreditinstitut, der Stadtsparkasse Düsseldorf, als Datensatz 14 Tage nach Ablauf der Vorlegungsfrist zur Einlösung vorgelegt.

c) Ein in Duisburg am 20.06.20.. (Donnerstag) ausgestellter Scheck über 800,00 EUR wird am 28.06.20.. (Freitag) der Commerzbank Duisburg zum Einzug eingereicht. Der bezogenen Bank, der Volksbank Saarbrücken, wird er am 02.07.20.. (Dienstag) als Datensatz zur Einlösung vorgelegt. Der Scheck ist formell in Ordnung. Das Konto weist die entsprechende Deckung auf.

d) Ein in Leipzig am 15.12.20.. ausgestellter Verrechnungsscheck über 6800,00 EUR wird am 18.12.20.. der Sparkasse Leipzig zum Einzug eingereicht. Der bezogenen Bank, der Deutschen Bank AG Gera, werden der Verrechnungsdatensatz und das Scheckimage am 19.12.20.. zur Einlösung vorgelegt. Der Scheck ist formell in Ordnung. Das Konto weist die entsprechende Deckung auf.

1 European Overnight Index Average

6.3.2

Herr Baldes, Geschäftsführer der Hewea Druck GmbH, legt am 6. Januar 20.. bei der Hausbank der GmbH, der Deutschen Bank AG Düsseldorf, den folgenden Scheck vor. Das Geschäftsgirokonto der Hewea Druck GmbH weist zu diesem Zeitpunkt ein Guthaben von 1860,00 EUR auf, die eingeräumte Kontokorrentkreditlinie beträgt 10000,00 EUR.

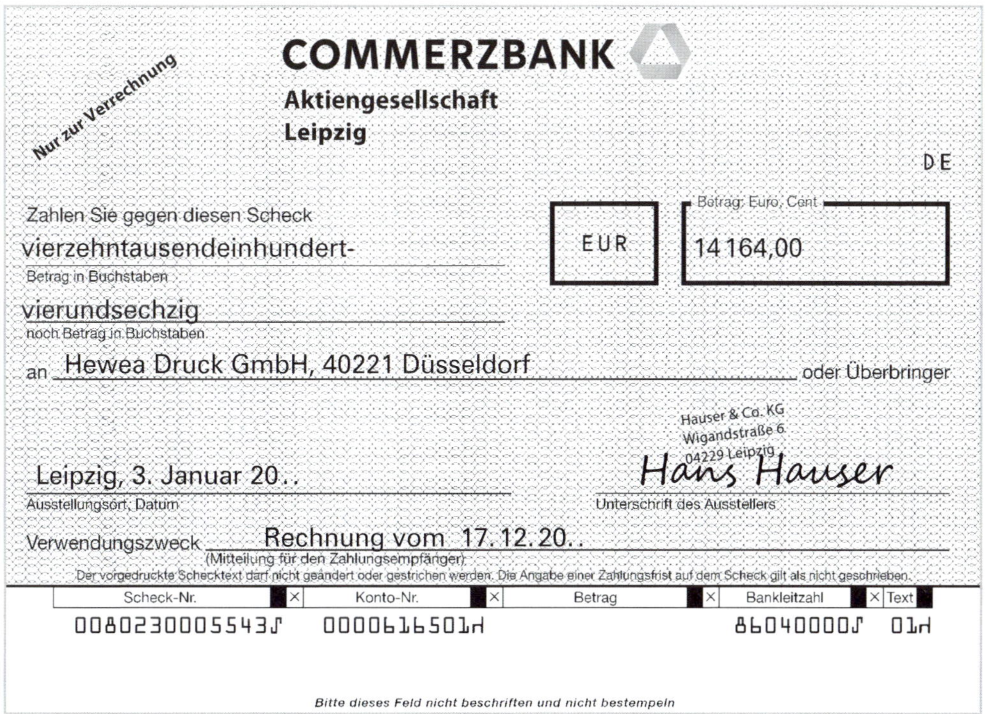

Nur zur Verrechnung

COMMERZBANK
Aktiengesellschaft
Leipzig

DE

Zahlen Sie gegen diesen Scheck
vierzehntausendeinhundert-
Betrag in Buchstaben
vierundsechzig
noch Betrag in Buchstaben

EUR | Betrag: Euro, Cent 14164,00

an Hewea Druck GmbH, 40221 Düsseldorf oder Überbringer

Hauser & Co. KG
Wigandstraße 6
04229 Leipzig

Leipzig, 3. Januar 20..
Ausstellungsort, Datum

Hans Hauser
Unterschrift des Ausstellers

Verwendungszweck Rechnung vom 17.12.20..
(Mitteilung für den Zahlungsempfänger)

Der vorgedruckte Schecktext darf nicht geändert oder gestrichen werden. Die Angabe einer Zahlungsfrist auf dem Scheck gilt als nicht geschrieben.

Scheck-Nr.	Konto-Nr.	Betrag	Bankleitzahl	Text
00802300055543	0000616501		86040000	01

Bitte dieses Feld nicht beschriften und nicht bestempeln

Herr Baldes möchte den Scheck bar ausgezahlt bekommen.

Aufgabe:

Entscheiden Sie, ob die Deutsche Bank AG Düsseldorf aufgrund scheckrechtlicher Bestimmungen zur Barauszahlung dieses Schecks berechtigt ist. Begründen Sie Ihre Entscheidung.

Scheckgesetz (Auszug)

Art. 39

(1) Der Aussteller sowie jeder Inhaber eines Schecks kann durch den quer über die Vorderseite gesetzten Vermerk „nur zur Verrechnung“ oder durch einen gleichbedeutenden Vermerk untersagen, dass der Scheck bar bezahlt wird.

(2) Der Bezogene darf in diesem Falle den Scheck nur im Wege der Gutschrift einlösen (Verrechnung, Überweisung, Ausgleichung). Die Gutschrift gilt als Zahlung.

(3) Die Streichung des Vermerks „nur zur Verrechnung“ gilt als nicht erfolgt.

(4) Der Bezogene, der den vorstehenden Vorschriften zuwiderhandelt, haftet für den entstandenen Schaden, jedoch nur bis zur Höhe der Schecksumme.

6.4 Nichteinlösung eines Schecks

Der folgende Scheck wurde am Schalter der Deutsche Bank AG Neubrandenburg zur Bareinlösung vorgelegt. Das bezogene Kreditinstitut verweigerte die Einlösung des Schecks.

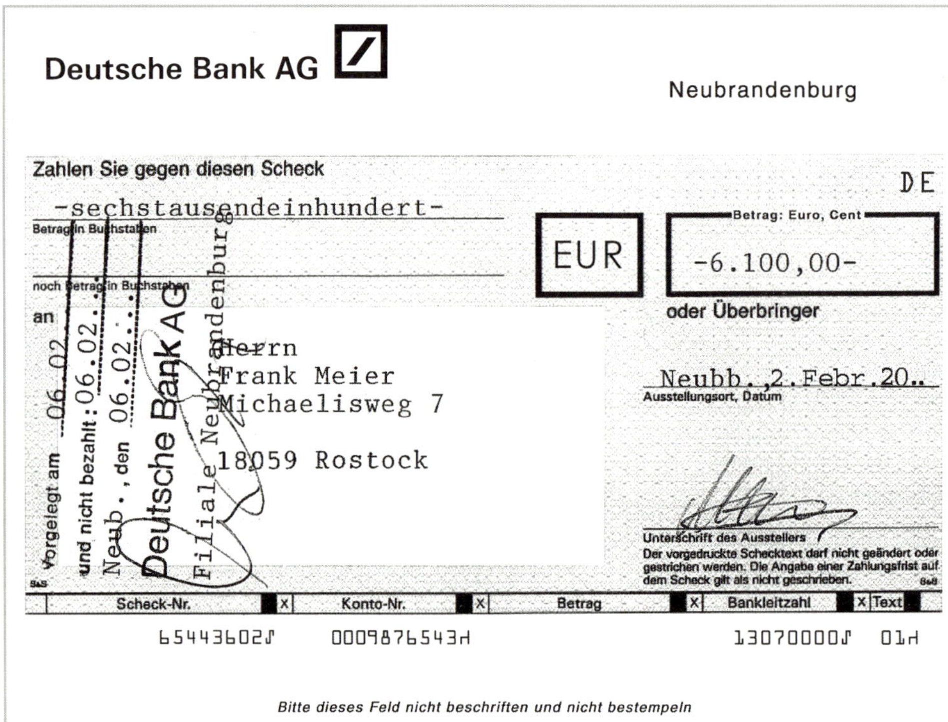

Deutsche Bank AG

Neubrandenburg

Zahlen Sie gegen diesen Scheck DE

-sechstausendeinhundert-

Betrag in Buchstaben

noch Betrag in Buchstaben

EUR

Betrag: Euro, Cent -6.100,00-

oder Überbringer

an

Herrn
Frank Meier
Michaelisweg 7

18059 Rostock

Neubb., 2. Febr. 20..

Ausstellungsort, Datum

Unterschrift des Ausstellers

Der vorgedruckte Schecktext darf nicht geändert oder gestrichen werden. Die Angabe einer Zahlungsfrist auf dem Scheck gilt als nicht geschrieben.

Vorgelegt am 06.02.. und nicht bezahlt: 06.02.. Neub., den 06.02.. Deutsche Bank AG Filiale Neubrandenburg

Scheck-Nr.	Konto-Nr.	Betrag	Bankleitzahl	Text
65443602	0009876543		13070000	01

Bitte dieses Feld nicht beschriften und nicht bestempeln

AUFGABEN:

1. Aus welchen Gründen könnte die Scheckeinlösung verweigert worden sein?
2. Welche Wirkung hat der angebrachte Vorlegungsvermerk (Nicht-Bezahlt-Vermerk) für den Scheckvorleger?
3. Beschreiben Sie die sich ergebenden Arbeiten für die Bank!

7 Kartengestützter Zahlungsverkehr

7.1 girocard/MaestroCard

Carola Fenster ist seit vielen Jahren Kundin der Deutschen Bank AG Stuttgart, bei der sie ein „Junges Konto" unterhält. Mit Beginn einer Anstellung als Hotelfachfrau hat sie bei ihrer Bank eine girocard/MaestroCard beantragt, da sie nun auch öfter im In- und Ausland unterwegs sein wird. Frau Fenster erhält nun die bestellte Karte mit den nachstehend abgedruckten „Bedingungen für die girocard" ausgehändigt.

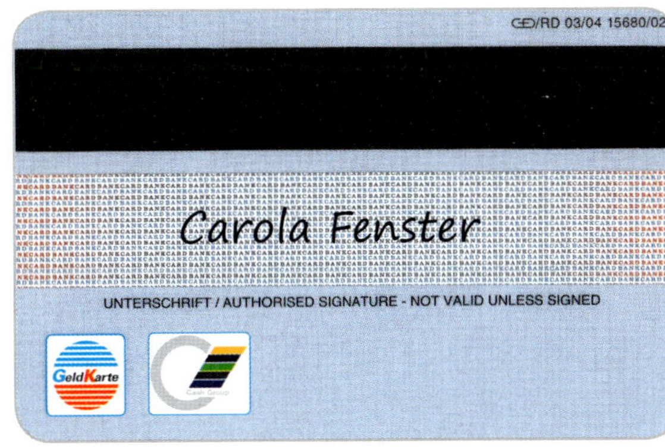

AUFGABEN:

1 Informieren Sie die Kundin über die Einsatzmöglichkeiten (Verwendungsmöglichkeiten) der girocard/MaestroCard. Erläutern Sie in diesem Zusammenhang auch die auf der Karte aufgeführten Zeichen!

2 Weisen Sie die Kundin auf die mit der girocard/MaestroCard verbundenen Pflichten hin.

3 Welche Vorteile bietet die girocard/MaestroCard
- Frau Fenster,
- Handels- und Dienstleistungsunternehmen und
- der Bank?

Frau Fenster hat bei Karstadt in Düsseldorf Bettwäsche gekauft. Bei der Zahlung unter Vorlage der girocard/MaestroCard wurde der nachstehende Zahlungsbeleg erstellt.

4 Erläutern Sie das Zahlungsverfahren, das bei diesem Kauf angewandt wurde!

5 Welche Bedeutung hat die von der Kundin zu unterschreibende Rückseite des Zahlungsbeleges?

KARSTADT

KARSTADT Warenhaus AG
DÜSSELDORF 0211/3686-401
Living Bad + Wellness

201 9312853 (1)
2295
Bettwäsche 24,00
Summe EUR 24,00 *
*** Vorgangsnummer: 242622
************** girocard **************
ELV-Kartenzahlung

Kontonummer : 2612430865
Bankleitzahl : 60070070
gültig bis : 12/15
Lfd. Nummer : 204264
Der Betrag EUR : 24,00
wird von Ihrem Konto abgebucht

– Mehrwertsteuerausweis –

MWKZ	MWST	ST.-Betrag	NETTOBETRAG
(1)	19,00 %	3,82	20,18

KEIN UMTAUSCH VON BETTWAREN
00085 121 213 1 ONLINE 12. 06. 20 . . 14:24

(Vorderseite)

1. Ermächtigung zum Lastschrifteinzug
Hiermit ermächtige ich das umseitig ausgewiesene Unternehmen den umseitig ausgewiesenen Rechnungsbetrag von meinem umseitig durch Konto-Nummer und Bankleitzahl bezeichneten Konto durch Lastschrift einzuziehen.

2. Ermächtigung zur Adressweitergabe
Ich weise mein Kreditinstitut, das durch die umseitig angegebene Bankleitzahl bezeichnet ist, unwiderruflich an, bei Nichteinlösung der Lastschrift oder bei Widerspruch gegen die Lastschrift des umseitig ausgewiesenen Unternehmens oder einem von ihm beauftragten Dritten auf dessen Anforderung hin meinen Namen und meine Anschrift vollständig mitzuteilen, damit das umseitig ausgewiesene Unternehmen seinen Anspruch gegen mich geltend machen kann.

3. Ermächtigung zur Speicherung und Weitergabe der Sperrdatei
Ich bin damit einverstanden, dass meine Daten für den Zweck der Zahlungsabwicklung elektronisch gespeichert und verarbeitet werden. Ich bin damit einverstanden, dass nur im Falle der Nichteinlösung diese Tatsache in eine Sperrdatei aufgenommen und an andere Unternehmen zur Nutzung übermittelt wird, die ebenfalls ein solches Lastschriftverfahren anwenden. Die Sperrung wird nach Begleichung des Rechnungsbetrages wieder aufgehoben.

Unterschrift (Betrag siehe Vorseite)

(Rückseite)

11 Richard, Mühlmeyer - ISBN 978-3-8120-1232-4

Frau Fenster hat folgenden Kontoauszug ausdrucken lassen. Dabei fallen ihr zwei Belastungen auf, von denen sie der Meinung ist, diese nicht getätigt zu haben. Sie möchte beide Belastungen rückgängig machen lassen.

Deutsche Bank AG

Kontoauszug

Stuttgart — Nr. 28 — vom 29.08. 20.. — Blatt 2

Buchungstag/Wert/Vorgang			Soll	Haben
21.08	21.08	011212078025710021207003430 POS MIT UNTERSCHRIFT ELV 65132436 19.08. 12.07 ME8DM DROGERIEMARKT SAGT DANKE EURO	41,70	
21.08	21.08	POS MIT PIN 79021253 18.08. 19.18 ME8A1 0000 A2 0000 ID021253 ON 1094761 DE24C32A 7100510150DEA TANKSTELLE ESSEN-RU-3442 EURO	43,12	

6 Beurteilen Sie den Wunsch der Kundin!

Frau Fenster meldet am späten Vormittag bei ihrer Bank den Verlust ihrer girocard/MaestroCard. Am Morgen habe sie noch mit ihrer Karte im Supermarkt bezahlt, und als sie sich gerade in der Bank die aktuellen Kontoauszüge ziehen wollte, bemerkte sie den Verlust ihrer Geldbörse mit der darin enthaltenen girocard/MaestroCard. Frau Fenster ist in großer Sorge, dass ein Unberechtigter mit ihrer Karte Geld bar abheben und Einkäufe tätigen kann und sie dafür aufkommen muss.

7 Erläutern Sie der Kundin die Rechtslage! Nutzen Sie für die Beantwortung der Aufgabe auch den nachstehenden Artikel aus dem Handelsblatt.

BHG stärkt Position von Bankkunden

FRANKFURT. Banken haben es nach einem Urteil des Bundesgerichtshofs künftig schwerer, ihre Kunden für den Missbrauch gestohlener Geld- oder Kreditkarten haftbar zu machen. Der Bankensenat des BGH erlegt den Geldinstituten strengere Fürsorgepflichten auf als bisher, wenn mit den Karten am Automaten illegal Bargeld abgehoben wird, wie aus dem am Dienstag ergangenen Urteil hervorgeht.

Künftig muss die Bank und nicht ihr Kunde nachweisen, dass das Geld mit der echten Karte und nicht mit einer von Dieben angefertigten Kopie und der entwendeten Geheimzahl gezogen wurde.

Das Gericht reagiert damit offenbar auf die gehäuft auftretenden Fälle von „Skimming", bei dem Betrüger die Geheimzahl illegal abgreifen und eine Kartenkopie herstellen. (Az.: XI ZR 370/10).

Bisher hatte der BGH in der Regel den Bankkunden die Schuld an illegalen Abhebungen zugewiesen, weil er davon ausging, dass der Kunde Karte und Geheimzahl unvorsichtigerweise gemeinsam aufbewahrt haben müsse. Damit mussten die Kunden für den Schaden aufkommen.

29. 11.2011 Handelsblatt

Die girocard/MaestroCard von Frau Fenster war mit der GeldKarte-Funktion ausgestattet. Im GeldKarten-Chip müssten nach Aussage von Frau Fenster noch 128,00 Euro gespeichert gewesen sein. Frau Fenster möchte den Betrag wieder auf ihrem Konto gutgeschrieben haben.

8 Erläutern Sie der Kundin den Sachverhalt!

Frau Fenster erhält nach kurzer Zeit eine neue girocard/MaestroCard mit GeldKarten-Funktion ausgehändigt.

9 Beschreiben Sie den Vorgang des Aufladens des GeldKarten-Chips!

10 Beschreiben Sie den Zahlungsvorgang mittels einer GeldKarte!

11 Führen Sie je drei Vorteile der GeldKarte für den Karteninhaber, für die Händler und Dienstleistungsunternehmen an!

Bedingungen für die girocard
(Auszug)

A. Garantierte Zahlungsformen

I. Geltungsbereich

Der Karteninhaber kann die girocard (nachfolgend Karte), soweit diese entsprechend ausgestattet ist, für folgende Zahlungsdienste nutzen:

1 In Verbindung mit der persönlichen Geheimzahl (PIN) in deutschen Debitkartensystemen:

a) Zum Abheben von Bargeld an Geldautomaten im Rahmen des deutschen Geldautomatensystems, die mit dem girocard-Logo gekennzeichnet sind.

b) Zum Einsatz bei Handels- und Dienstleistungsunternehmen, an automatisierten Kassen im Rahmen des deutschen electronic cash-Systems, die mit dem girocard-Logo gekennzeichnet sind.

c) Zum Aufladen der GeldKarte an Ladeterminals, die mit dem GeldKarte-Logo gekennzeichnet sind.

d) Zum Aufladen eines Prepaid-Mobilfunk-Kontos, das ein Mobilfunknutzer bei einem Mobilfunkanbieter unterhält, an einem Geldautomaten, sofern der Geldautomatenbetreiber diese Funktion anbietet und der Mobilfunkanbieter an dem System teilnimmt.

2 In Verbindung mit der persönlichen Geheimzahl (PIN) in fremden Debitkartensystemen:

a) Zum Abheben von Bargeld an Geldautomaten im Rahmen eines fremden Geldautomaten-Systems, soweit die Karte entsprechend ausgestattet ist.

b) Zum Einsatz bei Handels- und Dienstleistungsunternehmen an automatisierten Kassen im Rahmen eines fremden Systems, soweit die Karte entsprechend ausgestattet ist. In einigen Ländern kann je nach System anstelle der PIN die Unterschrift gefordert werden.

c) Zum Aufladen eines Prepaid-Mobilfunk-Kontos, das ein Mobilfunknutzer bei einem Mobilfunkanbieter unterhält, an dem Geldautomaten eines fremden Systems, sofern der Geldautomatenbetreiber diese Funktion anbietet und der Mobilfunkanbieter an dem System teilnimmt.

Die Akzeptanz der Karte im Rahmen eines fremden Systems erfolgt unter dem für das fremde System geltenden Akzeptanzlogo.

3 Ohne Einsatz der persönlichen Geheimzahl (PIN):

a) Als GeldKarte zum bargeldlosen Bezahlen an automatisierten Kassen des Handels- und Dienstleistungsbereiches im Inland, die mit dem GeldKarte-Logo gekennzeichnet sind (GeldKarte-Terminals).

b) Außerhalb der Erbringung von Zahlungsdiensten und ohne dass mit der Funktion eine Garantie der Bank verbunden ist, als Speichermedium für Zusatzanwendungen
   - der Bank nach Maßgabe des mit der Bank abgeschlossenen Vertrages (bankgenerierte Zusatzanwendung) oder
   - eines Handels- und Dienstleistungsunternehmens nach Maßgabe des vom Karteninhaber mit diesem abgeschlossenen Vertrages (unternehmensgenerierte Zusatzanwendung).

II. Allgemeine Regeln

1 Karteninhaber und Vollmacht

Die Karte gilt für das auf ihr angegebene Konto. [...] Sie kann nur auf den Namen des Kontoinhabers oder einer Person ausgestellt werden, der der Kontoinhaber Kontovollmacht erteilt hat. Wenn der Kontoinhaber die Kontovollmacht widerruft, ist er dafür verantwortlich, dass die an den Bevollmächtigten ausgegebene Karte an die Bank zurückgegeben wird. Die Bank wird die Karte nach Widerruf der Vollmacht für die Nutzung an Geldautomaten und automatisierten Kassen sowie für die Aufladung der GeldKarte elektronisch sperren. Eine Sperrung einer unternehmensgenerierten Zusatzanwendung kommt nur gegenüber dem Unternehmen in Betracht, das die Zusatzanwendung in den Chip der Karte eingespeichert hat, und ist nur dann möglich, wenn das Unternehmen die Möglichkeit zur Sperrung seiner Zusatzanwendung vorsieht. Die Sperrung einer bankgenerierten Zusatzanwendung der Bank kommt nur gegenüber der Bank in Betracht und richtet sich nach dem mit der Bank abgeschlossenen Vertrag. Solange die Rückgabe der Karte nicht erfolgt ist, besteht die Möglichkeit, dass sie weiterhin zum Verbrauch der noch in der GeldKarte gespeicherten Beträge verwendet wird. Auch eine Nutzung der auf der Karte gespeicherten Zusatzanwendungen ist weiterhin möglich.

2 Finanzielle Nutzungsgrenze

Der Karteninhaber darf Verfügungen mit seiner Karte nur im Rahmen des jeweiligen Kontoguthabens oder eines vorher für das jeweilige Konto eingeräumten Kredits vornehmen. Auch wenn der Karteninhaber diese Nutzungsgrenze bei seinen Verfügungen nicht einhält, ist die Bank berechtigt, den Ersatz der Aufwendungen zu verlangen, die aus der Nutzung der Karte entstehen. Die Buchung solcher Verfügungen auf dem Konto führt zu einer geduldeten Kontoüberziehung.

3 Umrechnung von Fremdwährungsbeträgen

Nutzt der Karteninhaber die Karte für Verfügungen, die nicht auf Euro lauten, wird das Konto gleichwohl in Euro belastet. Die Bestimmung des Kurses bei Fremdwährungsgeschäften ergibt sich aus dem Preis- und Leistungsverzeichnis. Eine Änderung des in der Umrechnungsregelung genannten Referenzwechselkurses wird unmittelbar und ohne vorherige Benachrichtigung des Kunden wirksam.

4 Rückgabe der Karte

Die Karte bleibt im Eigentum der Bank. Sie ist nicht übertragbar. Die Karte ist nur für den auf der Karte angegebenen Zeitraum gültig.

Mit Aushändigung der neuen, spätestens aber nach Ablauf der Gültigkeit der Karte ist die Bank berechtigt, die alte Karte zurückzuverlangen. Endet die Berechtigung, die Karte zu nutzen, vorher (z. B. durch Kündigung der Kontoverbindung oder des Kartenvertrages), so hat der Karteninhaber die Karte unverzüglich an die Bank zurückzugeben. Ein zum Zeitpunkt der Rückgabe noch in der GeldKarte gespeicherter Betrag wird dem Karteninhaber erstattet. Auf der Karte befindliche unternehmensgenerierte Zusatzanwendungen hat der Karteninhaber bei dem Unternehmen, das die Zusatzanwendung auf die Karte aufgebracht hat, unverzüglich entfernen zu lassen. Die Möglichkeit zur weiteren Nutzung einer bankgenerierten Zusatzanwendung richtet sich nach dem Vertragsverhältnis zwischen dem Karteninhaber und der Bank.

5 Sperre und Einziehung Karte

(1) Die Bank darf die Karte sperren und den Einzug der Karte (z. B. an Geldautomaten) veranlassen,
   - wenn sie berechtigt ist, den Kartenvertrag aus wichtigem Grund zu kündigen,
   - wenn sachliche Gründe im Zusammenhang mit der Sicherheit der Karte dies rechtfertigen oder
   - wenn der Verdacht einer nicht autorisierten oder betrügerischen Verwendung der Karte besteht.

[...]

Die Bank wird den Kontoinhaber unter Angabe der hierfür maßgeblichen Gründe möglichst vor, spätestens jedoch unverzüglich nach der Sperre über die Sperre unterrichten. Die Bank wird die Karte entsperren oder diese durch eine neue

Karte ersetzen, wenn die Gründe für die Sperre nicht mehr gegeben sind. Auch hierüber unterrichtet sie den Karteninhaber unverzüglich.

(2) Zum Zeitpunkt der Einziehung noch in der GeldKarte gespeicherte Beträge werden dem Karteninhaber erstattet.

(3) Befindet sich auf der Karte für das Online-Banking ein TAN-Generator oder eine Signaturfunktion, so hat die Sperre der Karte auch eine Sperrung des Online-Banking-Zugangs zur Folge.

(4) [...]

6 Sorgfalts- und Mitwirkungspflichten des Karteninhabers

6.1 Unterschrift

Sofern die Karte ein Unterschriftsfeld vorsieht, hat der Karteninhaber die Karte nach Erhalt unverzüglich auf dem Unterschriftsfeld zu unterschreiben.

6.2 Sorgfältige Aufbewahrung der Karte

Die Karte ist mit besonderer Sorgfalt aufzubewahren, um zu verhindern, dass sie abhanden kommt oder missbräuchlich verwendet wird. Sie darf insbesondere nicht unbeaufsichtigt im Kraftfahrzeug aufbewahrt werden, da sie (z. B. im Rahmen des girocard-Systems) missbräuchlich eingesetzt werden kann. Darüber hinaus kann jeder, der im Besitz der Karte ist, den in der GeldKarte gespeicherten Betrag verbrauchen.

6.3 Geheimhaltung der persönlichen Geheimzahl (PIN)

Der Karteninhaber hat dafür Sorge zu tragen, dass keine andere Person Kenntnis von der persönlichen Geheimzahl (PIN) erlangt. Die PIN darf insbesondere nicht auf der Karte vermerkt oder in anderer Weise zusammen mit dieser aufbewahrt werden. Denn jede Person, die die PIN kennt und in den Besitz der Karte kommt, hat die Möglichkeit, zu Lasten des auf der Karte angegebenen Kontos Verfügungen zu tätigen (z. B. Geld an Geldautomaten abzuheben).

6.4 Unterrichtungs- und Anzeigepflichten

(1) Stellt der Karteninhaber den Verlust oder Diebstahl seiner Karte, die missbräuchliche Verwendung oder eine sonstige nicht autorisierte Nutzung von Karte oder PIN fest, so ist die Bank, und zwar möglichst die kontoführende Stelle, unverzüglich zu benachrichtigen (Sperranzeige). Die Sperranzeige kann der Karteninhaber auch jederzeit gegenüber dem Zentralen Sperrannahmedienst abgeben. In diesem Fall ist eine Kartensperre nur möglich, wenn der Name der Bank – möglichst mit Bankleitzahl – und die Kontonummer angegeben werden. Der Zentrale Sperrannahmedienst sperrt alle für das betreffende Konto ausgegebenen Karten für die weitere Nutzung an Geldautomaten und automatisierten Kassen. Zur Beschränkung der Sperre auf die abhandengekommene Karte muss sich der Karteninhaber mit seiner Bank, möglichst mit der kontoführenden Stelle, in Verbindung setzen. [...] Der Karteninhaber hat jeden Diebstahl oder Missbrauch unverzüglich bei der Polizei anzuzeigen.

(2) Hat der Karteninhaber den Verdacht, dass eine andere Person unberechtigt in den Besitz seiner Karte gelangt ist, eine missbräuchliche Verwendung oder eine sonstige nicht autorisierte Nutzung von Karte oder PIN vorliegt, muss er ebenfalls unverzüglich eine Sperranzeige abgeben.

(3) Befindet sich auf der Karte für das Online-Banking ein TAN-Generator oder eine Signaturfunktion, so hat die Sperre der Karte auch eine Sperrung des Online-Banking-Zugangs zur Folge.

(4) [...]

(5) Der Kontoinhaber hat die Bank unverzüglich nach Feststellung einer nicht autorisierten oder fehlerhaft ausgeführten Kartenverfügung zu unterrichten.

7 Autorisierung von Kartenzahlungen durch den Karteninhaber

Mit dem Einsatz der Karte erteilt der Karteninhaber die Zustimmung (Autorisierung) zur Ausführung der Kartenzahlung. Soweit dafür zusätzlich eine PIN oder die Unterschrift erforderlich ist, wird die Zustimmung erst mit deren Einsatz erteilt. Nach Erteilung der Zustimmung kann der Karteninhaber die Kartenzahlung nicht mehr widerrufen.

8 Ablehnung von Kartenzahlungen durch die Bank

Die Bank ist berechtigt, die Kartenzahlung abzulehnen, wenn

- sich der Karteninhaber nicht mit seiner PIN legitimiert hat,
- der für die Kartenzahlung geltende Verfügungsrahmen oder die finanzielle Nutzungsgrenze nicht eingehalten ist

oder

- die Karte gesperrt ist.

Hierüber wird der Karteninhaber über das Terminal, an dem die Karte eingesetzt wird, unterrichtet.

9 Ausführungsfrist

Der Zahlungsvorgang wird vom Zahlungsempfänger ausgelöst. Nach Zugang des Zahlungsauftrages bei der Bank ist diese verpflichtet sicherzustellen, dass der Kartenzahlungsbetrag spätestens an dem im „Preis- und Leistungsverzeichnis" angegebenen Zeitpunkt beim Zahlungsdienstleister des Zahlungsempfängers eingeht.

10 Entgelte

(1) Die vom Kontoinhaber gegenüber der Bank geschuldeten Entgelte ergeben sich aus dem „Preis- und Leistungsverzeichnis" der Bank.

(2), (3), (4) [...]

11 Information des Kontoinhabers über den Kartenzahlungsvorgang

Die Bank unterrichtet den Kontoinhaber mindestens einmal monatlich über die mit der Karte getätigten Zahlungsvorgänge auf dem für Kontoinformationen vereinbarten Weg. Mit Kontoinhabern, die nicht Verbraucher sind, wird die Art und Weise sowie die zeitliche Folge der Unterrichtung gesondert vereinbart. Über die mit der GeldKarte getätigten einzelnen Bezahlvorgänge und den Zahlungsempfänger unterrichtet die Bank den Kontoinhaber nicht. Die mit der GeldKarte getätigten Bezahlvorgänge kann der Karteninhaber mit Hilfe eines Chipkartenlesers nachvollziehen.

12 Erstattungs- und Schadensersatzansprüche des Kontoinhabers

12.1 Erstattung bei nicht autorisierter Kartenverfügung

Im Falle einer nicht autorisierten Kartenverfügung z. B. in Form der

- Abhebung von Bargeld an einem Geldautomaten
- Verwendung der Karte an automatisierten Kassen von Handels- und Dienstleistungsunternehmen
- Aufladung der GeldKarte
- Verwendung der Karte zum Aufladen eines Prepaid-Mobilfunk-Kontos

hat die Bank gegen den Kontoinhaber keinen Anspruch auf Erstattung ihrer Aufwendungen. Die Bank ist verpflichtet, dem Kontoinhaber den Betrag unverzüglich und ungekürzt zu erstatten. Wurde der Betrag seinem Konto belastet, bringt die Bank dieses wieder auf den Stand, auf dem es sich ohne die nicht autorisierte Kartenverfügung befunden hätte.

12.2 Erstattung bei nicht erfolgter oder fehlerhafter Ausführung einer autorisierten Kartenverfügung

(1) Im Falle einer nicht erfolgten oder fehlerhaften Ausführung einer autorisierten Kartenverfügung in Form der

- Abhebung von Bargeld an einem Geldautomaten

- Verwendung der Karte an automatisierten Kassen von Handels- und Dienstleistungsunternehmen
- Aufladung der GeldKarte
- Verwendung der Karte zum Aufladen eines Prepaid-Mobilfunk-Kontos

kann der Kontoinhaber von der Bank die unverzügliche und ungekürzte Erstattung des Verfügungsbetrages insoweit verlangen, als die Kartenverfügung nicht erfolgte oder fehlerhaft war. Wurde der Betrag seinem Konto belastet, bringt die Bank dieses wieder auf den Stand, auf dem es sich ohne die nicht erfolgte oder fehlerhafte Kartenverfügung befunden hätte.

(2) Der Kunde kann über den Absatz 1 hinaus von der Bank die Erstattung der Entgelte und Zinsen insoweit verlangen, als ihm diese im Zusammenhang mit der nicht erfolgten oder fehlerhaften Ausführung der autorisierten Kartenverfügung in Rechnung gestellt oder seinem Konto belastet wurden.

(3) Besteht die fehlerhafte Ausführung darin, dass die Kartenverfügung beim Zahlungsdienstleister des Zahlungsempfängers erst nach Ablauf der Ausführungsfrist in Nummer A.II.9. eingeht (Verspätung), sind die Ansprüche des Kontoinhabers nach den Absätzen 1 und 2 ausgeschlossen. Ist dem Kunden durch die Verspätung ein Schaden entstanden, haftet die Bank nach Nummer A.II.12.3.

(4) Wurde eine autorisierte Kartenverfügung nicht oder fehlerhaft ausgeführt, wird die Bank die Kartenverfügung auf Verlangen des Karteninhabers nachvollziehen und ihn über das Ergebnis unterrichten.

12.3 Schadensersatzansprüche des Kontoinhabers

Im Falle einer nicht autorisierten Kartenverfügung oder im Falle einer nicht erfolgten oder fehlerhaften Ausführung einer autorisierten Kartenverfügung kann der Kontoinhaber von der Bank einen Schaden, der nicht bereits von Nummer A.II.12.1 oder 12.2 erfasst ist, ersetzt verlangen. Dies gilt nicht, wenn die Bank die Pflichtverletzung nicht zu vertreten hat. Die Bank hat hierbei ein Verschulden, das einer zwischengeschalteten Stelle zur Last fällt, wie eigenes Verschulden zu vertreten, es sei denn, dass die wesentliche Ursache bei einer zwischengeschalteten Stelle liegt, die der Karteninhaber vorgegeben hat. Handelt es sich bei dem Kontoinhaber nicht um einen Verbraucher oder erfolgt der Einsatz der Karte in einem Land außerhalb Deutschlands und des Europäischen Wirtschaftsraumes (EWR) (Drittstaat) oder in der Währung eines Staates außerhalb des EWR (Drittstaatenwährungszahlung), beschränkt sich die Haftung der Bank für das Verschulden einer an der Abwicklung des Zahlungsvorgangs beteiligten Stelle auf die sorgfältige Auswahl und Unterweisung einer solchen Stelle. Hat der Karteninhaber durch ein schuldhaftes Verhalten zur Entstehung des Schadens beigetragen, bestimmt sich nach den Grundsätzen des Mitverschuldens, in welchem Umfang Bank und Karteninhaber den Schaden zu tragen haben. Die Haftung nach diesem Absatz ist auf 12.500 Euro je Kartenverfügung begrenzt. Diese betragsmäßige Haftungsbeschränkung gilt nicht

- für nicht autorisierte Kartenverfügungen,
- bei Vorsatz oder grober Fahrlässigkeit der Bank,
- für Gefahren, die die Bank besonders übernommen hat und
- für den dem Kontoinhaber entstandenen Zinsschaden, soweit der Karteninhaber Verbraucher ist.

12.4 Haftungs- und Einwendungsausschluss

(1) Ansprüche gegen die Bank nach Nummern A.II.12.1 bis 12.3 sind ausgeschlossen, wenn der Kontoinhaber die Bank nicht spätestens 13 Monate nach dem Tag der Belastung mit der Kartenverfügung darüber unterrichtet hat, dass es sich um eine nicht autorisierte, nicht erfolgte oder fehlerhafte Kartenverfügung handelt. Der Lauf der 13-monatigen Frist beginnt nur, wenn die Bank den Kontoinhaber über die aus der Kartenverfügung resultierende Belastungsbuchung entsprechend dem für Kontoinformationen vereinbarten Weg spätestens innerhalb eines Monats nach der Belastungsbuchung unterrichtet hat; anderenfalls ist für den Fristbeginn der Tag der Unterrichtung maßgeblich. Haftungsansprüche nach Nummer A.II.12.3 kann der Kontoinhaber auch nach Ablauf der Frist in Satz 1 geltend machen, wenn er ohne Verschulden an der Einhaltung dieser Frist verhindert war.

(2) Ansprüche des Kontoinhabers gegen die Bank sind ausgeschlossen, wenn die einen Anspruch begründenden Umstände

- auf einem ungewöhnlichen und unvorhersehbaren Ereignis beruhen, auf das die Bank keinen Einfluss hat, und dessen Folgen trotz Anwendung der gebotenen Sorgfalt von ihr nicht hätten vermieden werden können

  oder
- von der Bank aufgrund einer gesetzlichen Verpflichtung herbeigeführt wurden.

13 Haftung des Kontoinhabers für nicht autorisierte Kartenverfügungen

13.1 Haftung des Kontoinhabers bis zur Sperranzeige

(1) Verliert der Karteninhaber seine Karte oder PIN oder werden sie ihm gestohlen oder kommen sie sonst abhanden und kommt es dadurch zu einer nicht autorisierten Kartenverfügung in Form der

- Abhebung von Bargeld an einem Geldautomaten
- Verwendung der Karte an automatisierten Kassen von Handels- und Dienstleistungsunternehmen
- Aufladung der GeldKarte
- Verwendung der Karte zum Aufladen eines Prepaid-Mobilfunk-Kontos

haftet der Kontoinhaber für Schäden, die bis zum Zeitpunkt der Sperranzeige verursacht werden, in Höhe von maximal 150 Euro, ohne dass es darauf ankommt, ob den Karteninhaber an dem Verlust, Diebstahl oder sonstigen Abhandenkommen ein Verschulden trifft.

(2) Kommt es vor der Sperranzeige zu einer nicht autorisierten Kartenverfügung, ohne dass ein Verlust oder Diebstahl oder ein sonstiges Abhandenkommen der Karte oder PIN vorliegt, haftet der Kontoinhaber für die hierdurch entstandenen Schäden bis zu einem Betrag von maximal 150 Euro, wenn der Karteninhaber seine Pflicht zur sicheren Aufbewahrung von Karte oder PIN fahrlässig verletzt hat.

(3) Handelt es sich bei dem Kontoinhaber nicht um einen Verbraucher oder erfolgt der Einsatz der Karte in einem Land außerhalb Deutschlands und des Europäischen Wirtschaftsraums (EWR) (Drittstaat) oder in der Währung eines Staates außerhalb des EWR (Drittstaatenwährungszahlung), trägt der Kontoinhaber den aufgrund einer nicht autorisierten Kartenverfügung entstehenden Schaden nach Abs. 1 und 2 auch über einen Betrag von maximal 150 Euro hinaus, wenn der Karteninhaber die ihm nach diesen Bedingungen obliegenden Pflichten fahrlässig verletzt hat. Hat die Bank durch eine Verletzung ihrer Pflichten zur Entstehung des Schadens beigetragen, haftet die Bank für den entstandenen Schaden im Umfang des von ihr zu vertretenen Mitverschuldens.

(4) Der Kontoinhaber ist nicht zum Ersatz des Schadens nach Absätzen 1 bis 3 verpflichtet, wenn der Karteninhaber die Sperranzeige nicht abgeben konnte, weil die Bank nicht die Möglichkeit zur Entgegennahme der Sperranzeige sichergestellt hatte und der Schaden dadurch eingetreten ist.

(5) Kommt es vor der Sperranzeige zu einer nicht autorisierten Verfügung und hat der Karteninhaber seine Sorgfaltspflichten nach diesen Bedingungen vorsätzlich oder grob fahrlässig verletzt oder in betrügerischer Absicht gehandelt, trägt der Kontoinhaber den hierdurch entstandenen Schaden in vollem Umfang. Grobe Fahrlässigkeit des Karteninhabers kann insbesondere dann vorliegen, wenn
- er den Verlust, Diebstahl oder die missbräuchliche Verfügung der Bank oder dem Zentralen Sperrannahmedienst schuldhaft nicht unverzüglich mitgeteilt hat,
- die persönliche Geheimzahl auf der Karte vermerkt oder zusammen mit der Karte verwahrt war (z.B. im Originalbrief, in dem sie dem Karteninhaber mitgeteilt wurde),
- die persönliche Geheimzahl einer anderen Person mitgeteilt und der Missbrauch dadurch verursacht wurde.

(6) Die Haftung für Schäden, die innerhalb des Zeitraums, für den der Verfügungsrahmen gilt, verursacht werden, beschränkt sich jeweils auf den für die Karte geltenden Verfügungsrahmen.

13.2 Haftung des Kontoinhabers ab Sperranzeige

Sobald der Bank oder dem Zentralen Sperrannahmedienst der Verlust oder Diebstahl der Karte, die missbräuchliche Verwendung oder eine sonstige nicht autorisierte Nutzung von Karte oder PIN angezeigt wurde, übernimmt die Bank alle danach durch Verfügungen in Form der

- Abhebung von Bargeld an einem Geldautomaten
- Verwendung der Karte an automatisierten Kassen von Handels- und Dienstleistungsunternehmen
- Aufladung der GeldKarte und
- Verwendung der Karte zum Aufladen eines Prepaid-Mobilfunk-Kontos

entstehenden Schäden. Handelt der Karteninhaber in betrügerischer Absicht, trägt der Kontoinhaber auch die nach der Sperranzeige entstehenden Schäden.

13.3 Haftung des Kontoinhabers für den in der GeldKarte gespeicherten Betrag

Eine Sperrung der GeldKarte für das Bezahlen an automatisierten Kassen ist nicht möglich. Bei Verlust, Diebstahl sowie im Falle der missbräuchlichen Verwendung oder einer sonstigen nicht autorisierten Nutzung der GeldKarte zum Bezahlen an automatisierten Kassen erstattet die Bank den in der GeldKarte gespeicherten Betrag nicht, denn jeder, der im Besitz der Karte ist, kann den in der GeldKarte gespeicherten Betrag ohne Einsatz der PIN verbrauchen.

III. Besondere Regeln für einzelne Nutzungsarten

1 Geldautomaten-Service und Einsatz an automatisierten Kassen von Handels- und Dienstleistungsunternehmen

1.1 Verfügungsrahmen der Karte

Verfügungen an Geldautomaten, automatisierten Kassen und die Aufladung der GeldKarte sind für den Karteninhaber nur im Rahmen des für die Karte geltenden Verfügungsrahmens möglich. Bei jeder Nutzung der Karte an Geldautomaten und automatisierten Kassen wird geprüft, ob der Verfügungsrahmen der Karte durch vorangegangene Verfügungen bereits ausgeschöpft ist. Verfügungen, mit denen der Verfügungsrahmen der Karte überschritten würde, werden unabhängig vom aktuellen Kontostand und einem etwa vorher zum Konto eingeräumten Kredit abgewiesen. Der Karteninhaber darf den Verfügungsrahmen der Karte nur im Rahmen des Kontoguthabens oder eines vorher für das Konto eingeräumten Kredits in Anspruch nehmen. Die Bank kann mit dem Karteninhaber eine Änderung des Verfügungsrahmens der für sein Konto ausgegebenen Karten vereinbaren, mit einem Verfügungsberechtigten kann die Bank jedoch nur eine Herabsetzung vereinbaren.

1.2 Fehleingabe der Geheimzahl

Die Karte kann an Geldautomaten sowie an automatisierten Kassen, an denen im Zusammenhang mit der Verwendung der Karte die PIN eingegeben werden muss, nicht mehr eingesetzt werden, wenn die persönliche Geheimzahl dreimal hintereinander falsch eingegeben wurde. Der Karteninhaber sollte sich in diesem Fall mit seiner Bank, möglichst mit der kontoführenden Stelle, in Verbindung setzen.

1.3 Zahlungsverpflichtung der Bank; Reklamationen

Die Bank hat sich gegenüber den Betreibern von Geldautomaten und automatisierten Kassen vertraglich verpflichtet, die Beträge, über die unter Verwendung der an den Karteninhaber ausgegebenen Karte verfügt wurde, an die Betreiber zu vergüten. Einwendungen und sonstige Beanstandungen des Karteninhabers aus dem Vertragsverhältnis zu dem Unternehmen, bei dem bargeldlos an einer automatisierten Kasse bezahlt worden ist, sind unmittelbar gegenüber diesem Unternehmen geltend zu machen.

2 GeldKarte

2.1 Servicebeschreibung

Die mit einem Chip ausgestattete Karte kann auch als GeldKarte eingesetzt werden, wenn die Bank die entsprechenden Voraussetzungen geschaffen hat. Der Karteninhaber kann dann an GeldKarte-Terminals des Handels- und Dienstleistungsbereiches bargeldlos bezahlen.

2.2 Aufladen und Entladen der GeldKarte

Der Karteninhaber kann seine GeldKarte an den mit dem GeldKarte-Logo gekennzeichneten Ladeterminals innerhalb des ihm von seiner Bank eingeräumten Verfügungsrahmens (Abschnitt A.III. Nummer 1.1) zu Lasten des auf der Karte angegebenen Kontos bis zu einem Betrag von maximal 200 Euro aufladen. Vor dem Aufladevorgang muss er seine persönliche Geheimzahl (PIN) eingeben. Der Karteninhaber kann seine GeldKarte auch gegen Bargeld sowie im Zusammenwirken mit einer anderen Karte zu Lasten des Kontos, über das die Umsätze mit dieser Karte abgerechnet werden, aufladen. Aufgeladene Beträge, über die der Karteninhaber nicht mehr mittels GeldKarte verfügen möchte, können nur bei der kartenausgebenden Bank entladen werden. Bei einer Funktionsunfähigkeit der GeldKarte erstattet die kartenausgebende Bank dem Karteninhaber den nicht verbrauchten Betrag. Benutzt der Karteninhaber seine Karte, um seine GeldKarte oder die GeldKarte eines anderen aufzuladen, so ist die persönliche Geheimzahl (PIN) am Ladeterminal einzugeben. Die Auflademöglichkeit besteht nicht mehr, wenn die PIN dreimal hintereinander falsch eingegeben wurde. Der Karteninhaber sollte sich in diesem Fall mit seiner Bank, möglichst mit der kontoführenden Stelle, in Verbindung setzen.

2.3 Sofortige Kontobelastung des Ladebetrages

Benutzt der Karteninhaber seine Karte, um seine GeldKarte oder die GeldKarte eines anderen aufzuladen, so wird der Ladebetrag dem Konto, das auf der Karte angegeben ist, belastet.

2.4 Zahlungsvorgang mittels GeldKarte

Beim Bezahlen mit der GeldKarte ist die PIN nicht einzugeben. Bei jedem Bezahlvorgang vermindert sich der in der GeldKarte gespeicherte Betrag um den verfügten Betrag.

B. Von der Bank angebotene andere Service-Leistungen

[…]

7.2 Einsatz der girocard/MaestroCard

Karin Manz, 18 Jahre alt, erhält von ihrem Kreditinstitut, der Commerzbank Dresden, ihre erste girocard/Maestro-Card.

Frau Manz wurde im verschlossenen Umschlag ihre PIN-Nr. mitgeteilt.

In ihrem Kontoauszug ist folgender Text ausgedruckt:

```
SEHR GEEHRTE KUNDIN, SEHR GEEHRTER KUNDE,

IHR AKTUELLER VERFUEGUNGSRAHMEN AN GELDAUTOMATEN IM
IN- UND AUSLAND BETRAEGT BEI DER
                      GIROCARD/MAESTROCARD
TAEGLICH BIS ZU       500,00 EUR.

FUER ZAHLUNGEN AN AUTOMATISIERTEN KASSEN (ELECTRONIC CASH) WEITERE
1.500 EUR FUER JEWEILS 7 TAGE, IM INLAND UND AUSLAND, AUSSERDEM 200
EUR PRO TAG ZUM AUFLADEN EINER GELDKARTE. BITTE DENKEN SIE DARAN, DASS
DER VERFUEGUNGSRAHMEN DER KARTE NUR IM RAHMEN DES KONTOGUTHABENS ODER
EINES VORHER FUER DAS KONTO EINGERAEUMTEN DISPOSITIONSKREDITS GENUTZT
WERDEN KANN.
```

Frau Manz verfügt in der Woche vom 15.04.20.. – 21.04.20..:

- am 15.04. Barabhebung am Geldautomaten der Commerzbank Dresden 300,00 EUR
- am 16.04. Barabhebung am Geldautomaten der Commerzbank Dresden 250,00 EUR
- am 16.04. Einkauf Computer Markt Dresden

Computer Markt Dresden
Hans-Thoma-Str. 3
01217 Dresden
Terminal-ID: 67080050
16.04.20.. 10:51 Uhr – 12
ELV-Kartenzahlung
Nr. 60082304
Lastschrift
Zahlung EUR 1.299,00
Kto. 85040000/0000107743
Karte 0 gültig bis 12/20..
Unterschrift umseitig

Ich ermächtige hiermit die umseitig genannte Firma, den genannten Betrag zu Lasten meines angegebenen Kontos durch Lastschrift einzuziehen. Für den Fall der Nichteinlösung der Lastschrift weise ich meine Bank unwiderruflich an, der umseitig genannten Firma auf Anforderung meinen Namen und meine aktuelle Anschrift vollständig mitzuteilen.

Karin Manz
Unterschrift

- am 18.04. Einkauf bei Saturn Electro Handels-GmbH Dresden →
- am 18.04. Einkauf bei Textilien Strotholte Dresden 450,00 EUR
  Der Textilhändler führt folgende Zeichen:

electronic cash   girocard

Beim Zahlungsversuch mit der girocard/MaestroCard unter Eingabe der PIN-Nr. zeigte die elektronische Kasse den Text „Zahlung erfolgte nicht". Ein technischer Defekt lag nicht vor.

Kontostand am 18.04.20.. H 1 250,00 EUR.

Saturn
Electro Handels-GmbH
01217 Dresden
STEUERNR. 9124/183/50000

20476846
Endbetrag 1.444,00
Total EUR 1.444,00
SATURN-ELECTRO HANDELS
GMBH
Terminal-ID: 65284166
18. 04. 20.. 16:02 Uhr – 01
ec-Nr. 005200 BNr 4636
Kartenzahlung
girocard
Zahlung EUR 1.444,00
Kto. 85040000/0000107743
Karte 0 gültig bis 12/20..
AID-Parameter 0090510304
AID 0000FAAB
Zahlung erfolgt
EUR 1.444,00

www.saturn.de

82443 5023 104 55969 18.04.20.. 16:02

AUFGABEN:

1 Welche Nutzungsarten sind am 16.04. und 18.04. gegeben?

2 Die Kundin beschwert sich bei Ihnen, dass trotz vorhandenen Kontoguthabens die Zahlung bei Textilien Strotholte nicht möglich war. Beraten Sie die Kundin. (→ Bedingungen für die girocard)

3 Frau Manz möchte darüber informiert werden, ob es möglich ist, die Belastung des Computer Marktes zu stornieren, da die gekauften Geräte Mängel aufweisen.

4 Frau Manz tritt eine Urlaubsreise in die Schweiz an und erhält folgenden Auszug nach Rückkehr von ihrer Reise. Ermitteln Sie die Belastungen!

Bei der Abrechnungsstelle eingegangen:	Kontoauszug (verkürzte Wiedergabe)				EUR:
	GA Schweizerischer Bankverein Basel 10.06.				
	CHF 300,00 Kurs	=	.... EUR		
11.06.	+ Gebühr	=	EUR	=	....
	GA Volksbank St. Gallen 02.06				
	CHF 300,00 Kurs	=	.... EUR		
03.06.	+ Gebühr	=	EUR	=	....

Bedingungen für die girocard

3. Umrechnung von Fremdwährungsbeträgen

Nutzt der Karteninhaber die Karte für Verfügungen, die nicht auf Euro lauten, wird das Konto gleichwohl in Euro belastet. Die Bestimmung des Kurses bei Fremdwährungsgeschäften ergibt sich aus dem Preis- und Leistungsverzeichnis.

Preis- und Leistungsverzeichnis

„Umrechnungen von Fremdwährungen in Euro erfolgen zum Devisengeldkurs der Mengennotierung des dem Eingang vorangegangenen Börsentages."

Als Gebühr werden in diesem Fall 1 % vom Umsatz berechnet, mindestens 0,77 EUR, maximal 3,83 EUR.

Juni 20..		Basis 1 Euro	
		Geldkurs	Briefkurs
So	1.	–	–
Mo	2.	1,2084	1,2124
Di	3.	1,2075	1,2115
Mi	4.	1,2063	1,2103
Do	5.	1,2135	1,2175
Fr	6.	1,2164	1,2204
Sa	7.	–	–
So	8.	–	–
Mo	9.	1,2146	1,2186
Di	10.	1,2114	1,2154
Mi	11.	1,2133	1,2173

7.3 Kreditkarten

Arten von Zahlungskarten	
Kreditkarten im landläufigen Sinne („chargecards"):	Der Kunde erhält Ende des Monats eine Rechnungszusammenstellung, die er bezahlt. Die Karten haben eine reine Zahlungsfunktion. Der Kunde erhält einen Monatsauszug über die getätigten Zahlungen und wird mittels Lastschrift auf seinem Konto belastet. Die Kartenumsätze werden über das Privat- oder Firmenkonto des Karteninhabers abgewickelt.
Kreditkarten im engeren Sinne („creditcards"):	Der Kunde zahlt nicht am Monatsende seine Rechnung auf einmal, sondern die Zahlung ist in Raten gegen Zinsen möglich. Die Karten ausgebenden Banken haben Lizenzen vom Visa-Verband erworben. Die Karten haben ein gemeinsames Emblem. Marketing, Kartendesign und Preisgestaltung bleiben der einzelnen Bank überlassen. Ein eigener Autorisierungsservice und ein Clearing- und Abrechnungssystem stehen zur Verfügung. Das Kartenkonto kann neben der Zahlungsfunktion eine Spar- und Kreditfunktion haben (Massenzahlungskarte mit revolvierendem Konsumentenkreditangebot).
Debitkarten (post-paid-cards):	Alle Käufe werden direkt oder mit einigen Tagen Verzögerung vom Kundenkonto eingezogen.
Wertkarten/Geldkarten (pre-paid-cards):	Der Kunde zahlt vorab einen Betrag ein, der von ihm verbraucht werden kann, es handelt sich um Bargeldersatz. Der Besitzer einer solchen Chipkarte kann sich an einem geeigneten Bankautomaten eine bestimmte Geldsumme in den Chip speichern lassen, die auf seinem Girokonto abgebucht wird. Durch nachfolgende Transaktionen an Automaten des Handels und von Verkehrsbetrieben wird Guthaben in Höhe des Wertes der empfangenen Leistungen von der Karte abgebucht. Die Empfänger akkumulieren die Beträge in ihren Automaten und ziehen sie periodisch bei den Emissionsstellen ein.
Co-Branding-Karte	Kreditkarte, die auf Kooperation zwischen Kreditkartenanbieter und Unternehmen basiert.

AUFGABEN:

1 Um welche Art von Zahlungskarten handelt es sich?

Benutzen Sie für die Lösung auch die Auszüge aus Kartenanträgen

(a)

Auszug aus dem Prospekt:

Für alle ab 14 Jahren: Die Karte ist immer wieder aufladbar. Sie bestimmen selbst, wie viel Sie ausgeben möchten. Somit begrenzen Sie persönlich Ihren Verfügungsrahmen. Nie mehr ins Minus geraten. Sie können nur so viel ausgeben, wie Sie auf Ihrer Karte geladen haben.

(b)

(c)

Auszug aus dem Prospekt:

Ihre Kartenumsätze, über die Sie eine detaillierte Abrechnung erhalten, werden nur einmal im Monat in einer Summe von Ihrem Konto abgebucht.

Auszug aus den Kartenbedingungen:

6. Zahlungsverpflichtung des Karteninhabers

Die Bank hat sich gegenüber den Vertragsunternehmen verpflichtet, die bei der Benutzung der Kreditkarte entstandenen, sofort fälligen Forderungen gegen den Karteninhaber zu erwerben und zu bezahlen. Sie wird sie mindestens einmal monatlich zusammen mit den Ansprüchen aus dem Bargeldservice in Rechnung stellen.

(d)

Auszug aus dem Prospekt:

❒ **Ja, ich möchte von der Möglichkeit der Teilzahlung Gebrauch machen.** Ich zahle jeden Monat nur 5 % der Rechnungssumme, mindestens jedoch 20,00 EUR. Die Einkäufe werden ab Buchungstag verzinst und der Restbetrag wird einschließlich Zinsen auf die nächste Monatsabrechnung übertragen.

Auszug aus den Kartenbedingungen:

11. Zahlungsverpflichtungen des Kunden

Mit der ordnungsgemäßen Nutzung der Karte ermächtigt der Karteninhaber die Hanseatic Bank unwiderruflich, die Forderungen der Akzeptanzstellen zu bezahlen. Der Karteninhaber ist verpflichtet, der Hanseatic Bank die verauslagten Beträge zu erstatten.

Die Einkaufsbeträge werden von der Hanseatic Bank innerhalb einer Abrechnungsperiode (Monat) gespeichert und dem Karteninhaber zum Abrechnungstermin in Form einer Monatsabrechnung in Rechnung gestellt.

Anstelle des vollen Ausgleichs der jeweiligen Monatsabrechnung können Sie monatliche Teilzahlungen nach Ihrer Wahl ab 5 % des ausstehenden Rechnungsbetrages, mindestens jedoch 20,00 EUR, leisten. Der Restbetrag wird zzg. eines monatlichen Zinssatzes auf die nächste Monatsabrechnung übertragen.

(e)

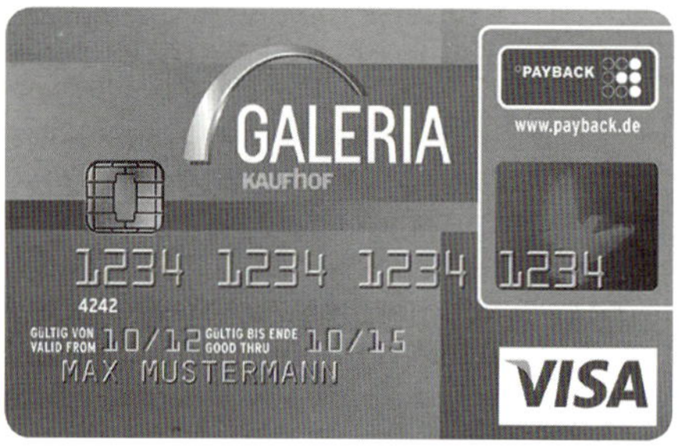

(f)

Nach seiner Pensionierung plant der langjährige Kunde der Deutschen Bank AG Weimar, Robert Schumann, eine Reise durch Schweden. Der Kunde besitzt eine girocard/MaestroCard (Deutsche BankCard).

Als Kundenberater(in) empfehlen Sie Herrn Schumann zusätzlich den Erwerb einer MasterCard.

Aufgaben:

2 Erläutern Sie dem Kunden vier Gründe, die für den zusätzlichen Erwerb der MasterCard sprechen! Nehmen Sie dazu den Auszug aus einer Werbebroschüre zu Hilfe!

Auszug aus einer Werbebroschüre:

„Wie bekomme ich noch mehr Freiheiten?"

Mit einer MasterCard oder VISA der Deutschen Bank sind Sie in aller Welt zu Hause. Ganz gleich, ob im Urlaub, auf Geschäftsreise oder beim Einkaufsbummel, Sie sind überall und jederzeit finanziell flexibel und unabhängig.

In Geschäften, Restaurants, Hotels oder an Tankstellen – Ihre Deutsche Bank-Kreditkarte wird immer gern akzeptiert, wo Sie diese Zeichen sehen.

Am besten, Sie überzeugen sich selbst davon.

Das Leistungsspektrum der MasterCard und VISA

Wer kennt das nicht: spontan ins Restaurant, ein Schnäppchen beim Shopping oder schnell noch ein Geschenk für die Familie. Gut, wenn man bei solchen Gelegenheiten nicht auf Bargeld angewiesen ist – und eine Kreditkarte der Deutschen Bank hat.

Denn damit sind Sie weltweit bei über 19 Millionen Unternehmen willkommen. Einfach die Karte vorlegen und den Beleg unterschreiben – das ist alles. In Deutschland, Europa und in aller Welt zahlen Sie so ganz bequem und bargeldlos.

Im In- und Ausland ist der Karteneinsatz für Sie selbstverständlich unentgeltlich. Und der besondere Vorteil bei bargeldloser Kartenzahlung im Ausland: Das Entgelt von 1,0 % des Umsatzes für den Auslandseinsatz (bei Verfügungen außerhalb der Euro-Länder) ist meist günstiger, als Bargeld in Landeswährung zu tauschen.

Mit Ihrer MasterCard oder VISA können Sie nicht nur bargeldlos zahlen, sondern weltweit auch Bargeld in Banken oder – rund um die Uhr – an Geldautomaten abheben. Wenn Sie den Geldautomaten-Service nutzen möchten, benötigen Sie eine persönliche Geheimzahl, die Sie auf Wunsch erhalten. Ihr Berater bei der Deutschen Bank veranlasst das gerne für Sie.

So viel Bargeld können Sie z. B. mit der MasterCard im Inland abheben:

- Bis zu 2.000 EUR innerhalb von 7 Tagen, maximal 500 EUR an einem Tag.

Und im Ausland erhalten Sie folgende Höchstbeträge in der jeweiligen Landeswährung:

- Mit der MasterCard Standard bis zu einem Gegenwert von 1.000 US-$ innerhalb von 7 Tagen.
- Mit der MasterCard GOLD bis zu einem Gegenwert von 5.000 US-$ innerhalb von 7 Tagen.

Die Umsatzabrechnung

Monatlich erhalten Sie eine Umsatzabrechnung, der Sie entnehmen können, wann und wo Sie Ihre Kreditkarte eingesetzt haben. Diese gesammelten Umsätze werden jeweils gegen Monatsende von Ihrem Konto abgebucht.

Die Zusatzleistungen

Mit einer MasterCard oder VISA der Deutschen Bank haben Sie eine Verkehrsmittel-Unfallversicherung inklusive. Wenn Sie Flugreisen, öffentliche Verkehrsmittel, Mietwagen oder Hotelzimmer mit Ihrer Kreditkarte zahlen, sind Sie und Ihr Partner sowie unverheiratete Kinder bis zum 25. Lebensjahr automatisch unfallversichert.

Der Versicherungsschutz umfasst Leistungen im Todesfall, bei Invalidität, für Bergungskosten und beinhaltet ein Unfall-Krankenhaustagegeld sowie eine Kurkostenbeihilfe. Einzelheiten hierzu entnehmen Sie bitte den Versicherungsunterlagen Ihrer Servicemappe.

Wenn Sie Ihren Mietwagen mit der Karte bezahlen, brauchen Sie im In- und Ausland weder die übliche Kaution noch sonstige Vorauszahlungen zu leisten. Das erspart Ihnen die Mitnahme größerer Mengen Bargeld und zudem unnötige Formalitäten.

3 Herr Schumann bittet um eine Erklärung, worin sich die MasterCard Standard von der MasterCard GOLD unterscheidet.

Geben Sie dem Kunden Auskunft!

Auszug aus einer Werbebroschüre:

Der MasterCard GOLD-/VISA GOLD-Service

Es ist nicht nur das besondere Gefühl, mit einer Goldkarte der Deutschen Bank zu zahlen, sondern auch der besondere Service, der diese Karte so exklusiv macht. Sie werden hervorragend betreut und bei vielen Gelegenheiten bevorzugt behandelt. Dazu haben wir mit einer Spezialagentur ein exklusives Service-Paket zusammengestellt.

- Der Hotelreservierungs-Service bucht für Sie weltweit Ihren Aufenthalt in ausgesuchten Hotels zu Sonderkonditionen.
- Der Mietwagenservice bucht für Sie weltweit Mietwagen zu Sonderkonditionen.
- Der Veranstaltungsreisen-Service ermöglicht Ihnen Reisen zu außergewöhnlichen kulturellen, sportlichen oder gesellschaftlichen Events.
- Der Veranstaltungskarten-Service vermittelt Ihnen Eintrittskarten für Konzerte, Theater oder Sportereignisse – weltweit.

Die Mitarbeiter von TQ3 Hapag Lloyd beraten Sie individuell und nehmen Ihre Aufträge zu diesem besonderen Gold-Service gerne entgegen.

Das Service-Team steht Ihnen täglich von 06:00 bis 22:00 Uhr persönlich unter der Rufnummer 01803 240050* zur Verfügung.

Und besonders wichtig im Ausland:

Sie genießen mit unseren Goldkarten umfangreichen Versicherungsschutz.

Ihre Deutsche Bank-MasterCard GOLD oder -VISA GOLD bietet Ihnen bei Zahlung mit der Karte neben der Verkehrsmittel-Unfallversicherung weiteren Versicherungsschutz:

Zahlen Sie beispielsweise einen Mietwagen mit Ihrer Goldkarte, kommen eine Kraftfahrzeug-Reise-Haftpflichtversicherung sowie eine Reise-Rechtsschutz-Versicherung für Mietfahrzeuge hinzu.

Zusätzlich haben Sie als Inhaber einer Goldkarte automatisch eine Auslandsreise-Krankenversicherung sowie eine Auslands-Schutzbrief-Versicherung mit einem Auto-Schutzbrief und umfangreichen touristischen und medizinischen Beistandsleistungen für sich und die mit Ihnen reisende Familie.

Einzelheiten finden Sie in den Versicherungsunterlagen Ihrer Servicemappe.

AUFGABEN:

4 Herr Schumann entscheidet sich für die MasterCard Standard.

Angaben zum Kunden:

Robert Schumann	geb. 19.08.1945;	monatliche Rente 2500,00 EUR;
Magdeburger Str. 143	ledig, keine Kinder;	monatliche Mieteinnahmen 1800,00 EUR;
25970 Weimar	Staatsangehörigkeit: deutsch;	

Deutsche Bank AG Weimar, BLZ 100 200 24, Kto.-Nr. 8 797 031;

a) Füllen Sie den Kreditkartenantrag auf Seite 93 aus!

b) Erläutern Sie die Bedeutung der

ba) Angabe der persönlichen und beruflichen Daten,

bb) Angabe der Bankverbindung!

c) Informieren Sie Herrn Schumann über seine Sorgfalts- und Mitwirkungspflichten im Umgang mit der Kreditkarte!

5 Ergänzen Sie die Skizze „Vertragsbeziehungen"

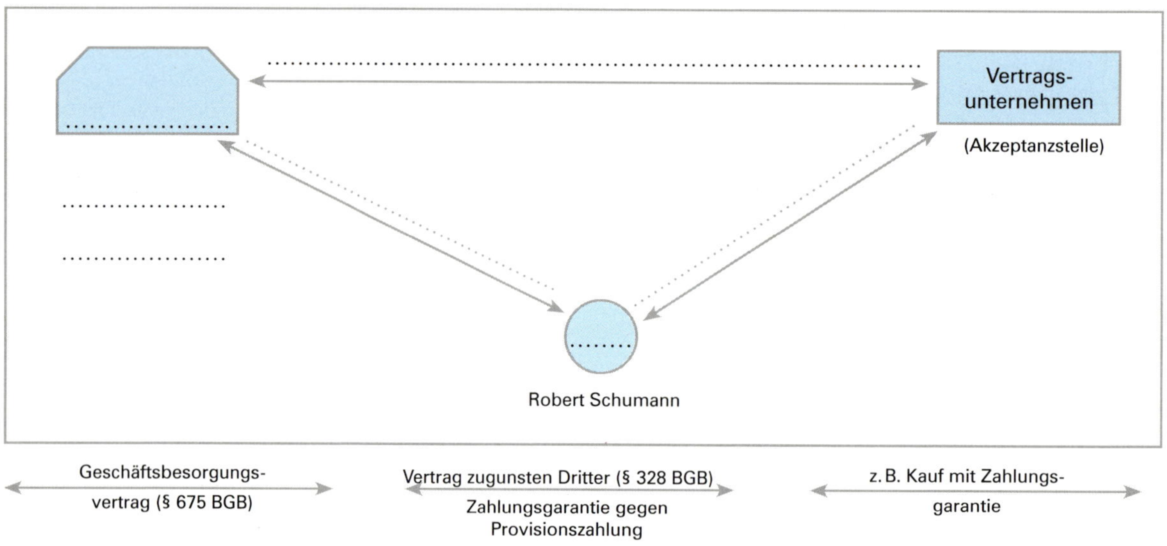

Herr Schumann erhält die Kreditkartenabrechnung für den Monat August:

Kaufdatum	Unternehmen	Ort	Währungsbetrag	Kurs	Buchungsdatum	Betrag in Euro
01.08.	HOTEL INTERKONTINENTAL	STOCKHOLM	4400,00 SEK	8,7579	03.08.	502,40
	1% AUSLANDSEINSATZ					5,02
07.08.	MARCHELINO	NORRKÖPING	980,62 SEK	8,7420	11.08.	112,17
	1% AUSLANDSEINSATZ					1,12
10.08.	BISTRO BAR TRATTORIA	JÖNKÖPING	535,00 SEK	8,7643	14.08.	61,04
	1% AUSLANDSEINSATZ					0,61
11.08.	HOTEL LANDSKRONA	GÖTEBORG	5335,80 SEK	8,7712	14.08.	608,33
	1% AUSLANDSEINSATZ					6,08

Kartennummer
3232 2836 0004 2867 1296,77

Rechnungsdatum
30.08... BLATT 2 UEBERTRAG

Mtl. Zahlungsrahmen (s. Rückseite) EURO 5.000,00

Herrn/Frau/Firma
ROBERT SCHUMANN

Kreditkartenantrag zu Aufgabe 4 von Seite 92:

Antrag auf Kreditkarte (Auszug)

Deutsche Bank

Kundenservice

Wenn Sie schon Kunde sind: Filial-Nr., Kunden-Nr. und/oder BLZ eintragen.

Filialnummer (3stellig) | Kundennummer (7stellig) Unterkontonummer (2stellig) | Bankleitzahl (8stellig)

MasterCard/Visa

0202IN0013

Ich bitte um Ausstellung einer

☐ MasterCard Gold
für zurzeit Euro im Jahr

☐ VISA GOLD
für zurzeit Euro im Jahr

☐ MasterCard*
für zurzeit Euro im Jahr

☐ VISA*
für zurzeit Euro im Jahr

☐ mit persönlicher Geheimzahl zur Geldautomatennutzung**

☐ Ich möchte die Einzelumsätze der Deutsche Bank-Kreditkarten im Rahmen des Internet Banking & Broking der Deutsche Bank AG angezeigt bekommen. Die Umsätze werden unter Ihrer Kundennummer im Online-Banking angezeigt.**

* Eine MasterCard oder VISA kann auf Wunsch auch ohne Versicherungsschutz zu einem ermäßigten Preis bestellt werden. Diese Reduzierung gilt nicht für eine eventuelle Zweitkarte.

** ohne Zusatzkosten

Persönliche Angaben

Vorname/ Name ☐ Frau ☐ Herr

Meldeadresse: Straße/ Haus-Nr.

PLZ/Ort

Telefon privat Geburtsdatum

E-Mail

☐ Ich bin damit einverstanden, dass die Deutsche Bank AG mir von Zeit zu Zeit Informationen zu Produkten und Services an die oben genannte E-Mail-Adresse sendet. Diesen Service kann ich jederzeit wieder abbestellen.

Zusätzliche Angaben

Beschäftigungsverhältnis

☐ Angestellter ☐ Beamter ☐ Arbeiter ☐ Freiberufler

☐ Student ☐ Hausfrau ☐ Rentner

☐ selbstständig als: ☐ sonstiges

Ich bin im Besitz einer Deutsche BankCard ☐ ja ☐ nein

Ich bin bereits im Besitz folgender Kreditkarten:

☐ MasterCard ☐ VISA ☐ American Express ☐ sonstige

Mein regelmäßiges monatliches Haushaltsnettoeinkommen beträgt derzeit: Euro

Meine Bankverbindung

Ich bitte Sie, bis auf Widerruf, alle im Zusammenhang mit der beantragten Karte von mir zu entrichtenden Beträge

☐ von meinem Konto bei der Deutsche Bank AG abzubuchen

Aufgaben:

6 a) Welche Umrechnungsmodalitäten wurden angewandt?

Auszug aus den Kartenbedingungen

9. Fremdwährungsumrechnung

Nutzt der Karteninhaber die Karte für Verfügungen, die nicht auf Euro lauten, wird das Konto gleichwohl in Euro belastet. Die Bestimmung des Kurses bei Fremdwährungsgeschäften ergibt sich aus dem „Preis- und Leistungsverzeichnis".

[...]

Auszug aus dem Preis- und Leistungsverzeichnis

D Umrechnungskurs bei Fremdwährungsgeschäften für Privatkunden und Geschäftskunden

[...]

Bei Zahlungsvorgängen in fremder Währung aus dem Einsatz von Karten (z. B. Kreditkarten) rechnet die Bank zu den Kursen ab, zu denen sie von der jeweiligen internationalen Kartenorganisation in EUR belastet worden ist.

Werden Zahlungsvorgänge von einer internationalen Kartenorganisation (z. B. MasterCard International) der Bank in fremder Währung (z. B. USD) belastet, so stellt die Bank dem Kunden den EUR-Betrag in Rechnung, den sie zur Beschaffung der Fremdwährung aufgewendet hat.

Die Umrechnungskurse in EUR werden mit Abrechnung des Umsatzes ausgewiesen.

[...]

b) Herr Schumann benötigt in Göteborg SEK 10 600,00 in bar. Welche Bargeldbeschaffung schlagen Sie vor? (Begründung! – PIN-Nr. → MasterCard vorhanden!)

Auszug aus dem Preis- und Leistungsverzeichnis

3. Karten (Auszug)

Barauszahlungen		
Barauszahlungen an Inhaber von Karten der Deutschen Bank	am Geldautomaten	am Schalter
Mit Deutsche Bank Card, Deutsche Bank Card Gold, Deutsche Bank Card Service, Deutsche Bank Card Das Junge Konto oder SparCard		
– Bei inländischen Filialen der Deutschen Bank	kostenfrei	
– Bei der „Cash Group" (Deutsche Bank Gruppe, Commerzbank, HypoVereinsbank und Postbank sowie deren Tochtergesellschaften und an den Kassen von rund 1 300 Shell-Tankstellen bundesweit)	kostenfrei	
– Bei ausländischen Filialen der Deutsche Bank Gruppe und unseren Kooperationspartnern im Ausland	kostenfrei	
– Bei anderen inländischen Kreditinstituten	kostenfrei	
– Bei anderen ausländischen Kreditinstituten	1 %, mind. 5,99 EUR	
Mit MasterCard, VISA der Deutschen Bank		
– Bei in- und ausländischen Kreditinstituten	2,5 %, mind. 5,75 EUR	3 %, mind. 5,75 EUR

7 Stellen Sie für Beratungsgespräche die Vorteile und Nachteile von girocard/MaestroCard und Kreditkarte in einer Übersicht zusammen (u. a. Akzeptanz, Nutzungsmöglichkeiten, Kartengebühr und Abbuchung)!

8 Am 15.09. spricht der Kunde Robert Schumann bei Ihnen vor. Er möchte darüber informiert werden, wie er vorzugehen hat, um eine MasterCard-Belastung (siehe Kontoauszug von Seite 92 → Kaufdatum 07.08. Unternehmen Marchelino in Norrköping EUR 112,17) zu stornieren. Er gibt an, dass er an der in Norrköping gekauften Ware große Mängel festgestellt habe. Beraten Sie Herrn Schumann!

Auszug aus den Kartenbedingungen

8. Zahlungsverpflichtung des Karteninhabers

Die Bank ist gegenüber den Vertragsunternehmen sowie den Kreditinstituten, die die Karte zur Bargeldauszahlung an Schaltern oder Geldautomaten akzeptieren, verpflichtet, die vom Karteninhaber mit der Karte getätigten Umsätze zu begleichen.

Die Bank unterrichtet den Karteninhaber mindestens einmal monatlich auf dem mit ihm vereinbarten Weg über alle im Zusammenhang mit der Begleichung der Kartenumsätze entstehenden Aufwendungen. Dies kann dadurch geschehen, dass die Bank nach vorheriger Vereinbarung mit dem Karteninhaber ihm diese gesammelte Abrechnung zum elektronischen Abruf bereitstellt. Mit Karteninhabern, die nicht Verbraucher sind, wird die Art und Weise sowie die zeitliche Folge der Unterrichtung gesondert vereinbart. Der Abrechnungsbetrag ist mit Erteilung der Abrechnung gegenüber dem Karteninhaber fällig und wird dem vereinbarten Abrechnungskonto belastet. [...]

Die Bank behält sich vor, Bargeldverfügungen einschließlich dabei anfallender Aufwendungen als sofort fällig dem vereinbarten Abrechnungskonto unmittelbar zu belasten.

Einwendungen und sonstige Beanstandungen des Karteninhabers aus seinem Vertragsverhältnis zu dem Vertragsunternehmen, bei dem die Karte eingesetzt wurde, sind unmittelbar gegenüber dem Vertragsunternehmen geltend zu machen.

Herr Schumann plant für das kommende Jahr eine Reise: USA, Japan, Australien, Südsee. Als sein Berater/seine Beraterin empfehlen Sie dem Kunden zusätzlich die VISA CARD.

9 Begründen Sie die Empfehlung.

Nach Rückkehr von seiner Reise werden Herrn Schumann zwei Beträge im Gegenwert von 800,00 EUR belastet. Es handelt sich um Hotelabrechnungen aus Australien. Die angegebenen Orte wurden auf der Reise nicht besucht.

10 Herr Schumann bittet die Deutsche Bank Weimar um Vergütung der widerrechtlich verfügten Summe.

Nehmen Sie Stellung!

Auszug aus den Kartenbedingungen

7. Sorgfalts- und Mitwirkungspflichten des Karteninhabers

7.1 Unterschrift

Der Karteninhaber hat seine Karte nach Erhalt unverzüglich auf dem Unterschriftsfeld zu unterschreiben.

7.2 Sorgfältige Aufbewahrung der Karte

Die Karte ist mit besonderer Sorgfalt aufzubewahren, um zu verhindern, dass sie abhandenkommt oder missbräuchlich verwendet wird. Sie darf insbesondere nicht unbeaufsichtigt im Kraftfahrzeug aufbewahrt werden. Denn jede Person, die im Besitz der Karte ist, hat die Möglichkeit, mit ihr missbräuchliche Verfügungen zu tätigen.

7.3 Geheimhaltung der persönlichen Geheimzahl (PIN)

Der Karteninhaber hat auch dafür Sorge zu tragen, dass keine andere Person Kenntnis von seiner persönlichen Geheimzahl erlangt. Sie darf insbesondere nicht auf der Karte vermerkt oder in anderer Weise zusammen mit dieser aufbewahrt werden. Jede Person, die die PIN kennt und in den Besitz der Karte kommt, hat die Möglichkeit, mit der Karte und der PIN zusammen Verfügungen zu tätigen (z. B. Geld an Geldautomaten abzuheben).

7.4 Unterrichtungs- und Anzeigepflichten des Karteninhabers

(1) Stellt der Karteninhaber den Verlust oder Diebstahl seiner Karte oder missbräuchliche Verfügungen mit dieser und ggf. seiner PIN fest, so ist die Bank, und zwar möglichst die kontoführende Stelle, oder eine Repräsentanz des MasterCard- bzw. VISA-Verbundes unverzüglich zu unterrichten, um die Karte sperren zu lassen. Die Kontaktdaten, unter denen eine Sperranzeige abgegeben werden kann, werden dem Karteninhaber gesondert mitgeteilt. Der Karteninhaber hat einen Diebstahl oder Missbrauch auch unverzüglich bei der Polizei anzuzeigen.

(2) Hat der Karteninhaber den Verdacht, dass eine andere Person unberechtigt in den Besitz seiner Karte und ggf. PIN gelangt ist, eine missbräuchliche Verwendung oder eine sonstige nicht autorisierte Nutzung von Karte und ggf. PIN vorliegt, muss er ebenfalls unverzüglich eine Sperranzeige abgeben.

(3) Befindet sich auf der Karte für das Online-Banking ein TAN-Generator oder eine Signaturfunktion, so hat die Sperre der Karte auch eine Sperrung des Online-Banking-Zugangs zur Folge.

(4) [...]

(5) Der Karteninhaber hat die Bank unverzüglich nach Feststellung einer nicht autorisierten oder einer fehlerhaft ausgeführten Kartenverfügung zu unterrichten.

11. Erstattungs- und Schadensersatzansprüche des Karteninhabers

11.1 Erstattung bei nicht autorisierter Kartenverfügung

Im Falle einer nicht autorisierten Kartenverfügung in Form

- der Abhebung von Bargeld oder
- der Verwendung der Karte bei einem Vertragsunternehmen

hat die Bank gegen den Karteninhaber keinen Anspruch auf Erstattung ihrer Aufwendungen. Die Bank ist verpflichtet, dem Karteninhaber den Betrag unverzüglich und ungekürzt zu erstatten. Wurde der Betrag einem Konto belastet, bringt die Bank dieses wieder auf den Stand, auf dem es sich ohne die nicht autorisierte Kartenverfügung befunden hätte.

11.2 – 11.3 [...]

12. Haftung des Karteninhabers für nicht autorisierte Kartenverfügungen

12.1 Haftung des Karteninhabers bis zur Sperranzeige

(1) Verliert der Karteninhaber seine Karte oder PIN, werden sie ihm gestohlen oder kommen sie ihm sonst abhanden und kommt es dadurch zu einer nicht autorisierten Kartenverfügung in Form

- der Abhebung von Bargeld oder
- der Verwendung der Karte bei einem Vertragsunternehmen,

so haftet der Karteninhaber für Schäden, die bis zum Zeitpunkt der Sperranzeige verursacht werden, gemäß Absatz 3 nur, wenn er seine Pflichten vorsätzlich oder grob fahrlässig verletzt hat.

(2) Das Gleiche gilt, wenn es vor der Sperranzeige zu einer nicht autorisierten Kartenverfügung kommt, ohne dass ein Verlust, Diebstahl oder ein sonstiges Abhandenkommen der Karte und/oder PIN vorliegt.

(3) Kommt es vor der Sperranzeige zu einer nicht autorisierten Verfügung und hat der Karteninhaber seine Sorgfaltspflichten nach diesen Bedingungen vorsätzlich oder grob fahrlässig verletzt oder in betrügerischer Absicht gehandelt, trägt der Karteninhaber den hierdurch entstandenen Schaden in vollem Umfang. Grobe Fahrlässigkeit des Karteninhabers kann insbesondere dann vorliegen, wenn

- er den Verlust, Diebstahl oder die missbräuchliche Verfügung der Bank oder der Repräsentanz des MasterCard- bzw. VISA-Verbundes schuldhaft nicht unverzüglich mitgeteilt hat,
- die persönliche Geheimzahl auf der Karte vermerkt oder zusammen mit der Karte verwahrt war (z.B. im Originalbrief, in dem sie dem Karteninhaber mitgeteilt wurde)

  oder
- die persönliche Geheimzahl einer anderen Person mitgeteilt und der Missbrauch dadurch verursacht wurde.

(4) Die Haftung für Schäden, die innerhalb des Zeitraums, für den der Verfügungsrahmen gilt, verursacht werden, beschränkt sich jeweils auf den für die Karte geltenden Verfügungsrahmen bzw., bei Prepaid-Karten, auf das vorhandene Guthaben.

12.2 Haftung des Karteninhabers ab Sperranzeige

Sobald der Verlust oder Diebstahl der Karte, die missbräuchliche Verwendung oder eine sonstige nicht autorisierte Nutzung von Karte und/oder PIN gegenüber der Bank oder einer Repräsentanz des MasterCard- oder VISA-Verbundes angezeigt wurde, übernimmt die Bank alle danach durch Verfügungen in Form

- der Abhebung von Bargeld oder
- der Verwendung der Karte bei einem Vertragsunternehmen

entstehenden Schäden. Handelt der Karteninhaber in betrügerischer Absicht, trägt der Karteninhaber auch die nach der Sperranzeige entstehenden Schäden.

7.4 Kartenzahlungen aus Händlersicht

Theo Walter ist Inhaber eines Ladengeschäfts für CDs, DVDs, Blu-Rays, Spiele und Bücher. Bisher hat er seinen Verkauf nur per Barzahlung abgewickelt. Im Internet hat er die folgende Anzeige gefunden.

Gute Geschäfte brauchen kein Bargeld

Kartenzahlung ist heute ein selbstverständlicher Kundenservice und eine wichtige Umsatzquelle

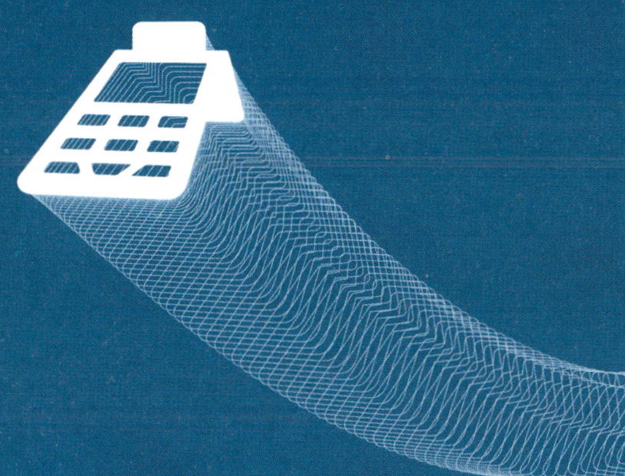

Wenn Sie Ihren Kunden die Möglichkeit geben, mit Debit- und Kreditkarten zu bezahlen, profitieren auch Sie von vielen Vorteilen. Wir bieten Ihnen komfortable und individuelle Lösungen für das bargeldlose Geschäft in Ihrem Unternehmen.

Ihre Vorteile

- Umsatzsteigerung durch Spontankäufe
- Zugang zu einer zahlungskräftigen Klientel, zu Geschäftsreisenden und Touristen
- Sichere Zahlungseingänge mit garantierten Bezahlverfahren
- Geringere Aufwendungen für die Rechnungsstellung und das Mahnwesen – ideal für Handwerker und Dienstleister
- Geringere Kosten für das Bargeldhandling
- Höhere Sicherheit durch niedrigere Bargeldbestände

Als unabhängiges Serviceunternehmen (Händlerdienstleister) verfügen wir als ZKA-zugelassener Netzbetreiber über langjährige Erfahrung im kartengestützten Zahlungsverkehr. Wir bieten einen kostengünstigen Komplettservice rund um das bargeldlose Bezahlen – angefangen von der Beratung zum richtigen Zahlungsverfahren über die Terminalinstallation vor Ort bis hin zu einer begleitenden Kundenbetreuung. Flexible Lösungen und maßgeschneiderte Leistungsangebote sind unsere Stärke. Unser moderner Netzbetrieb gewährleistet Ihnen bei der Abwicklung Ihres bargeldlosen Zahlungsverkehrs ein Maximum an Verfügbarkeit, Sicherheit und Support.

Mit unserer Unterstützung können Sie Kartenzahlungen mit allen wichtigen nationalen und internationalen Kredit- und Debitkarten akzeptieren.

13 Richard, Mühlmeyer - ISBN 978-3-8120-1232-4

Herr Walter zahlt privat mit girocard und Kreditkarte. Er bittet Sie um Beratung, ob er für sein Geschäft ebenfalls die Möglichkeit der Kartenzahlungen nutzen soll.

Aufgaben:

1 Nennen Sie Herrn Walter die Vorteile, die mit dem bargeldlosen Bezahlen seiner Kunden für ihn verbunden sind!

2 Welches Kartenzahlungsverfahren empfehlen Sie Herrn Walter unter Risiko- und Kostengesichtspunkten für sein Geschäft?

Kartenzahlungsverfahren im Überblick

Bezahl-verfahren	girocard/electronic cash	ELV[1] (Elektro-nisches Lastschrift-verfahren)	Maestro	GeldKarte	Kreditkarten
Zugelassene Karten	▸ Bankkarten der deutschen Kreditwirtschaft ▸ Bank-Card der V+R Banken ▸ S-Card der Sparkassen und Girozentralen	▸ Bankkarten der deutschen Kreditwirtschaft	▸ Bankkarten der deutschen Kreditwirtschaft ▸ ausländische Bankkarten	▸ alle Bankkarten mit Chip-GeldKartenfunktion, Bankkarten und White-cards ▸ Whitecard: Blankokarte ohne persönliche Daten und Bankverbindung, nur gegen bar aufladbar	▸ American Express ▸ DINERS ▸ EUROCARD ▸ VISA ▸ JCB
Karteninhaber-Identifikation	▸ PIN	▸ Unterschrift	▸ PIN	▸ nicht erforderlich	▸ Unterschrift
Zahlungs-abwicklung	▸ online ▸ mit Chip offline, online wenn Limit oder Datum überschritten	▸ offline	▸ online	▸ offline	▸ online, zum Teil auch offline
Zahlungs-garantie	▸ ja	▸ keine	▸ ja	▸ ja	▸ ja
Abwicklungsge-bühr für die Kreditwirtschaft	▸ 0,3% des Umsatzes (mind. 0,08 Euro)	▸ keine, da keine Prüfung erfolgt	▸ i. d. R. 0,95% des Umsatzes	▸ 0,3% des Umsatzes (mind. 0,01 Euro)	▸ separate Vereinbarung mit Kreditkarten-gesellschaften i. d. R. 3% - 5% des Umsatzes
Verfügungs-rahmen	▸ institutsbezogen	▸ keiner, da keine Prüfung erfolgt	▸ institutsbezogen	▸ institutsbezogen, i.d.R. max. 200,-- Euro	▸ persönliches Kartenlimit

3 Welches Kartensystem empfehlen Sie ihm, wenn er eine möglichst schnelle und wenig arbeitsaufwendige Zahlungsabwicklung für sein Geschäft wünscht?

1 Das elektronische Lastschriftverfahren (ELV) kann nur noch bis zum 1. Februar 2016 genutzt werden.

Herr Walter entscheidet sich, in Zukunft den Zahlungsverkehr seines Unternehmens weitgehend durch Kartenzahlung abzuwickeln. Er schließt mit dem Serviceunternehmen, der easy Systems GmbH, den folgenden Vertrag:

Vertrag über die Teilnahme am elektronischen Zahlungsverkehr (Netzbetreibervertrag)

(Auszug)

Anbieter (Name, Anschrift)	Firma (Name, Anschrift)
easy Systems GmbH	Theo Walter e.K.
– im Folgenden ANBIETER genannt –	– im Folgenden KUNDE genannt –

A. Allgemeines

1. Vertragsgegenstand

1.1 Der Anbieter ermöglicht dem Kunden die Teilnahme am electronic cash-System (electronic cash-System), am System „GeldKarte" und die kartengestützte Erstellung von elektronischen Lastschriften (ELV) auf der Grundlage der aktuellen technischen Möglichkeiten, wie sie sich aus dem Leistungsangebot ergeben.

1.2 Im Rahmen der Regelungen der deutschen Kreditwirtschaft (s. Anlage „Bedingungen der Deutschen Kreditwirtschaft") stellt der Anbieter den Anschluss des Kunden an die Autorisierungssysteme der Kreditwirtschaft bzw. an die zuständige Evidenzzentrale sicher.

2. Übermittlung der Autorisierungsnachricht

2.1 Autorisierungsanfragen (electronic cash-System) werden über externe Datennetze bis zur Schnittstelle zum jeweils zuständigen Autorisierungssystem übermittelt. Das Ergebnis wird sodann zum Terminal zurückübertragen.

2.2 Die Antwortzeiten hängen unter anderem von der Verfügbarkeit des jeweiligen externen Datenübermittlungsnetzes sowie des jeweils anzusteuernden Autorisierungssystems ab.

3. Verpflichtungen des Kunden

Der Kunde verpflichtet sich:

- die Bedingungen der deutschen Kreditwirtschaft für die Teilnahme am electronic cash-System (s. Anlage „Bedingungen der Deutschen Kreditwirtschaft") anzuerkennen und zu beachten;
- den Anbieter über Veränderungen an angeschlossenen Terminals, deren Anschluss oder den Austausch der Geräte unverzüglich zu informieren und diese mit ihm abzustimmen.

4. Einleitung des Zahlungsverkehrs

4.1 Der Anbieter oder ein von ihm beauftragter Dritter erstellt aus den positiv autorisierten, nicht stornierten und mit einem Kassenschnitt abgeschlossenen Umsatztransaktionen Lastschriftdateien. Diese werden am folgenden Bankarbeitstag im Auftrag des Kunden an die von ihm benannte Stelle zwecks Einzug der Umsätze auf das Kunden-Konto (s. Anlage „Bedingungen der Deutschen Kreditwirtschaft – Händlerbedingungen electronic cash-System") weitergeleitet. Umsätze aus Kartentransaktionen anderer Kartensysteme werden – sofern diese zugelassen werden – im Rahmen der dort vereinbarten Regelungen abgewickelt.

4.2 Die auf der Grundlage von Inkassovereinbarungen zwischen dem Kunden und dem Zahlungsdienstleister erhobenen Entgelte sowie den Ersatz der durch Rücklastschrift entstandenen eigenen und fremden Aufwendungen trägt der Kunde.

5. Entgelte für Autorisierung

Die Rechnungen des Anbieters enthalten auch die Entgelte für Autorisierungsanfragen (electronic cash-System). Diese werden gemäß den „Bedingungen der Deutschen Kreditwirtschaft für die Teilnahme am electronic cash-System" ermittelt und an die kartenausgebenden Zahlungsdienstleister weitergeleitet.

Düsseldorf, den 03. März 20..	*Düsseldorf, den 03. März 20..*
Ort, Datum	Ort, Datum
easy Systems GmbH	*Theo Walter*
Stempel/~~Unterschrift~~ (ANBIETER)	Stempel/Unterschrift (KUNDE)

Aufgaben:

4 Nennen Sie die Verpflichtungen, die die beiden Vertragsparteien durch diesen Vertrag übernehmen.

5 Warum muss Herr Walter bei Abschluss dieses Netzbetreibervertrages zusätzlich die Händlerbedingungen der Deutschen Kreditwirtschaft anerkennen?

Bedingungen für die Teilnahme am electronic cash-System der Deutschen Kreditwirtschaft (Händlerbedingungen)
(Auszug)

1. Teilnahme am electronic cash-System der deutschen Kreditwirtschaft

Das Unternehmen ist berechtigt, am electronic cash-System der deutschen Kreditwirtschaft nach Maßgabe dieser Bedingungen teilzunehmen. Das electronic cash-System ermöglicht die bargeldlose Zahlung an automatisierten Kassen – electronic cash-Terminals. [...]

2. Kartenakzeptanz

An den electronic cash-Terminals des Unternehmens sind die von Zahlungsdienstleistern emittierten Debitkarten, die mit einem electronic cash-Zeichen gemäß Kap. 2.5 des Technischen Anhangs versehen sind, zu akzeptieren. [...]

3. Anschluss des Unternehmens an das Betreibernetz eines Netzbetreibers

Die Teilnahme des Unternehmens am electronic cash-System setzt, sofern das Unternehmen nicht selbst die Aufgabe des Netzbetreibers übernimmt, den Anschluss an ein Betreibernetz auf der Grundlage einer gesonderten Vereinbarung zwischen dem Unternehmen und einem Netzbetreiber voraus. Aufgabe des Betreibernetzes ist, die electronic cash-Terminals mit den Autorisierungssystemen der Kreditwirtschaft, in denen die electronic cash-Umsätze genehmigt werden, zu verbinden. Der Netzbetreiber ist für die Aufstellung der electronic cash-Terminals, deren Anschluss an den Betreiberrechner sowie deren technische Betreuung [...] verantwortlich. [...] Der Netzbetreiber hat sicherzustellen, dass das Betreibernetz die von der Kreditwirtschaft vorgegebenen Sicherheitsanforderungen erfüllt.

4. [...]

5. Umsatzautorisierung durch den kartenausgebenden Zahlungsdienstleister

Der kartenausgebende Zahlungsdienstleister, der dem electronic cash-System angeschlossen ist, gibt mit der positiven Autorisierung des Umsatzes die Erklärung ab, dass er die Forderung in Höhe des am electronic cash-Terminal autorisierten Betrags (electronic cash-Umsatz) begleicht. [...] Ist der kartenausgebende Zahlungsdienstleister dem electronic cash-System angeschlossen, ist weiterhin Voraussetzung, dass der electronic-cash-Umsatz einem Zahlungsdienstleister des Händlers innerhalb von 8 Tagen eingereicht wurde. [...]

Durch eine Stornierung des electronic cash-Umsatzes entfällt die Zahlungsverpflichtung des kartenausgebenden Zahlungsdienstleisters.

Das angeschlossene Handels- und Dienstleistungsunternehmen ist verpflichtet, der Kreditwirtschaft auf Anforderung, die über den Netzbetreiber geleitet wird, näher spezifizierte Unterlagen bezüglich des reklamierten electronic cash-Umsatzes (z.B. Belegkopie, Händlerjournal) unverzüglich, spätestens aber innerhalb einer Frist von zehn Tagen nach Erhalt der Anfrage zur Verfügung zu stellen.

6. Entgelte

Für den Betrieb des electronic cash-Systems und die Genehmigung der electronic cash-Umsätze in den Autorisierungssystemen der Kreditwirtschaft [...] wird dem Unternehmen

- für electronic cash-Umsätze bis 25,56 EUR jeweils ein Entgelt in Höhe von 0,08 EUR pro Umsatz,
- für electronic cash-Umsätze über 25,56 EUR jeweils ein Entgelt in Höhe von 0,3 % des electronic cash-Umsatzes

berechnet. Zahlungsdienstleistern und Unternehmen bleibt es unbenommen, davon abweichende Vereinbarungen zu treffen. Für stornierte Umsätze wird kein Entgelt erhoben.

Das dem jeweiligen kartenausgebenden Zahlungsdienstleister geschuldete Entgelt für das Unternehmen wird von dem Netzbetreiber ermittelt und über diesen periodisch an die kartenausgebenden Zahlungsdienstleister abgeführt. (Ab dem 01.02.2009[1] erfolgt die Abrechnung des dem jeweiligen kartenausgebenden Zahlungsdienstleister geschuldeten Entgelts unmittelbar im Zusammenhang mit dem Einzug des electronic cash-Umsatzes.)

7. [...]

8. Eingabe der persönlichen Geheimzahl (PIN) beim Bezahlvorgang

Zur Bezahlung an electronic cash-Terminals ist neben der Karte die persönliche Geheimzahl (PIN) einzugeben. Die PIN darf nur durch den Karteninhaber eingegeben werden.

9. [...]

10. Einzug von electronic cash-Umsätzen

Der Einzug der electronic cash-Umsätze erfolgt aufgrund gesonderter Vereinbarungen zwischen dem Unternehmen und dem gewählten Zahlungsdienstleister und ist nicht Gegenstand dieser Bedingungen. Der Netzbetreiber hat sich bereit erklärt, das Unternehmen bei der Abwicklung des Zahlungsverkehrs dadurch zu unterstützen, dass er aus den electronic cash- bzw. Umsätzen des Unternehmens Lastschriftdateien erstellt und diese unter anderem

- entweder dem Unternehmen zur Einreichung bei seinem kontoführenden Zahlungsdienstleister bzw. einer von diesem benannten Zentralstelle zur Verfügung stellt,
- die Einreichung beim kontoführenden Zahlungsdienstleister des Unternehmens in dessen Auftrag selbst vornimmt, oder
- nach Abtretung der Forderung durch das Unternehmen seinem kontoführenden Zahlungsdienstleister zur Einziehung übergibt.

11. Aufbewahrungsfristen

Das Unternehmen wird die Händlerjournale von electronic cash-Terminals, ungeachtet der gesetzlichen Aufbewahrungsfristen, für mindestens 15 Monate aufbewahren. [...]

12. Akzeptanzzeichen

Das Unternehmen hat auf das electronic cash-System mit einem zur Verfügung gestellten Zeichen gemäß Kapitel 2.5 des Technischen Anhangs und auf die Akzeptanz von Karten der Kooperationspartner mit dem zur Verfügung gestellten EAPS-Zeichen gemäß Kap. 2.6 des Technischen Anhangs zu den Händlerbedingungen deutlich hinzuweisen. Dabei darf das Unternehmen einen Zahlungsdienstleister oder eine Gruppe von Zahlungsdienstleistern werblich nicht herausstellen.

13. – 14. [...]

Düsseldorf, den 03. März 20..	*Theo Walter*
Ort, Datum	Kunde

Aufgabe:

6 Beschreiben Sie die Zahlungsabwicklung unter Einschaltung des Serviceunternehmens (Händlerdienstleister) und zeigen Sie Herrn Walter weitere Vorteile auf, die sich durch Einschaltung des Händlerdienstleisters ergeben!

1 Das Datum für das Inkrafttreten der integrierten Entgeltabrechnung – ursprünglich war insoweit der 01.02.2009 vorgesehen – ist aufgrund einer entsprechenden Änderungsvereinbarung zwischen den Vertragspartnern bis auf weiteres zunächst ausgesetzt.

Travelers Cheques von American Express

Vorteile

Sicherer als Bargeld.

Verbraucherschützer setzen auf die Sicherheit von Travelers Cheques: „Ein sicheres Reisezahlungsmittel sind Reiseschecks in der jeweiligen Landeswährung oder Euro“, so die Verbraucherzentrale Rheinland-Pfalz. Bei Diebstahl oder Verlust von Travelers Cheques erhalten Sie in der Regel binnen 24 Stunden weltweit Ersatz.

Einfach einzulösen.

Travelers Cheques sind sicher und einfach zu verwenden. Sie unterschreiben die Schecks gleich nach dem Kauf in der oberen linken Ecke. Wenn Sie einen Scheck einlösen möchten, brauchen Sie ihn in Gegenwart der entgegennehmenden Person an der Kasse oder dem Schalter nur noch in der unteren linken Ecke gegenzuzeichnen und das Datum einzusetzen.

Weltweit akzeptiert – oft sogar entgeltfrei.

American Express Travelers Cheques können in fast allen Ländern der Welt eingelöst werden. Zudem akzeptieren über 1 Million Geschäfte, Restaurants und Hotels den Reisescheck gerne wie Bargeld. Weltweit bieten inzwischen mehr als 85 000 Partnerstellen (z. B. Banken und Sparkassen) die entgeltfreie Einlösung von American Express Travelers Cheques an. Bei anderen Partnerstellen können Entgelte anfallen.

Unbegrenzt gültig.

American Express Travelers Cheques sind unbegrenzt gültig. Wenn Sie auf einer Reise nicht alle Reiseschecks verwendet haben, können Sie diese einfach für die nächste Reise nutzen oder als sichere Geldreserve verwenden.

Währungen und Stückelungen.

Sie können zwischen American Express Travelers Cheques in 9 Währungen und verschiedenen Stückelungen wählen.

Travelers Cheque für Zwei.

Neben den klassischen Travelers Cheques können Sie auch unseren Travelers Cheque für Zwei erhalten (verfügbar in US-Dollar). Der American Express Travelers Cheque für Zwei ist ideal, wenn Sie gemeinsam verreisen. Sie und Ihr Reisebegleiter unterschreiben beide beim Kauf der Travelers Cheques. Bei der Einlösung genügt die Unterschrift einer der beiden Personen.

Erstattung bei Verlust

Unser Kundenservice ist täglich rund um die Uhr für Verlustmeldungen erreichbar. Haben Sie Ihre Travelers Cheques verloren, leisten wir Ihnen Ersatz. Weltweit.

Frau Ilona Mensing, Viktoriaplatz 6, 80803 München, erscheint am 1. August in Ihrem Kreditinstitut. Sie benötigt für ihren 3-wöchigen Urlaub in Großbritannien und in Frankreich für ca. 1 000,00 EUR Reisezahlungsmittel. Frau Mensing verfügt weder über eine BankCard noch Kreditkarte. Sie empfehlen der Kundin den Kauf von Reiseschecks.

AUFGABEN:

1 Beraten Sie Frau Mensing über die Vorzüge von Reiseschecks!

2 Nutzen Sie nachstehende Tabelle zur Beratung über die jeweilige Währung, in der Frau Mensing die Reiseschecks erwerben sollte!

TRAVELERS CHEQUE-Übersichtstabelle (Auszug)

REISEZIEL	Kundenbetreuung/ -Ersatz	Landeswährung	Empfohlene Travelers Cheques	Geschäftszeiten	Akzeptanz von American Express Travelers Cheques
Frankreich	0800 832 820	Euro	Euro	Mo-Sa 09:00 : 19:00 Uhr	Gute Akzeptanz in Hotels, Restaurants, Geschäften und Serviceunternehmen
Griechenland	00800-44-127 569	Euro	Euro	Mo, Mi, Sa 08:00 – 14:30 Uhr Di, Do, Fr 08:00 – 14:00 Uhr 17:30 – 20:30 Uhr	Gute Akzeptanz in Hotels
Großbritannien	0800 587 6023	Pfund Sterling	Pfund Sterling	Mo – Sa 08:00 – 18:00 Uhr	Gute Akzeptanz in Hotels, Restaurants, Geschäften und Serviceunternehmen
Schweiz	0800-255-200	Schweizer Franken	Schweizer Franken	Mo – Fr 08:00 – 12:00/ 13:30 – 18:30 Uhr Sa 08:00 – 12:00/13:30 – 16:00 Uhr	Gute Akzeptanz in Hotels; eingeschränkte Akzeptanz in Restaurants, Geschäften und Serviceunternehmen
Spanien	900 810 029	Euro	Euro	Mo – Sa 10:00 – 14:00/ 16:30 – 20:00 Uhr	Sehr gute Akzeptanz in Hotels, Restaurants, Geschäften und Serviceunternehmen
USA	1-800-221-7282	US-Dollar	US-Dollar	Mo – Sa 09:00 – 21:00 Uh	Sehr gute Akzeptanz in Hotels, Restaurants, Geschäften und Serviceunternehmen

American Express Travelers Cheques gibt es in folgenden Währungen: Australische Dollar, Britische Pfund, Kanadische Dollar, Euro, Japanischer Yen, Saudi Riyal, Südafrikanischer Rand, Schweizer Franken und US Dollar.

Frau Mensing wünscht fünf Reiseschecks zu je 100,00 EUR und Pfund Sterling (GBP)-Reiseschecks in 50-GBP-Stückelung im Wert von ca. 500,00 EUR zu kaufen. Dabei soll der Gegenwert in Euro für die GBP-Reiseschecks 500,00 EUR nicht übersteigen. Für die Abrechnung von GBP-Reiseschecks entnehmen Sie dem Computer der Bank nachstehende Kurse: EUR/GBP Geld 0,8803, Brief 0,8843.

3 Erstellen Sie die Verkaufsabrechnungen für Frau Mensing. Die erste Schecknummer der EUR-Reiseschecks lautet HE 50-967-275, die der GBP-Reiseschecks FG 20-839-767.

Verkaufsabrechnung für EUR-Reiseschecks

Wir verkaufen Ihnen gemäß Ihrem Antrag
American Express Reiseschecks

Anzahl	Nennwert	Betrag	Kurs	Scheck–Nummern

im Gegenwert von EUR
zuzüglich . . . . % Provision EUR
Der Gesamtbetrag von EUR
wurde bar eingezahlt.

München, den

(Unterschrift des Kassierers)

Verkaufsabrechnung für GBP-Reiseschecks

Wir verkaufen Ihnen gemäß Ihrem Antrag
American Express Reiseschecks

Anzahl	Nennwert	Betrag	Kurs	Scheck–Nummern

im Gegenwert von EUR
zuzüglich . . . . . . % Provision EUR
Der Gesamtbetrag von EUR
wurde bar eingezahlt.

München, den

(Unterschrift des Kassierers)

Reisezahlungsmittel

▶ Auszahlung von Reiseschecks bzw. Rückkauf von unverbrauchten Reiseschecks in der Filiale

- EUR-Reiseschecks „American Express"
  - Abwicklung über Konto — 0,50 EUR je Posten (max. 2,50 EUR)
  - Barabwicklung — kostenfrei
- EUR-Reiseschecks sonstiger Emittenten[1] — 0,5 %
  bis 150,00 EUR — 2,50 EUR
  bis 1 000,00 EUR — 5,00 EUR
- Währungs-Reiseschecks[1] — 0,5 %
  bis 150,00 EUR — 2,50 EUR
  bis 1 000,00 EUR — 5,00 EUR

▶ Verkauf und Versand von Reiseschecks

- EUR-Reiseschecks — 1 % mind. 7,67 EUR
- Währungs-Reiseschecks — 1 % mind. 7,67 EUR
- USD-„Zwei-Unterschriften Reiseschecks" — 1,75 % mind. 7,67 EUR

▶ An- und Verkauf von Sorten[2]

- Abwicklung über Konto — kostenfrei
- Barabwicklung — 5,50 EUR je Posten

4 Bei der Ausgabe der Reiseschecks hat Frau Mensing die Schecks oben links zu unterzeichnen. Welche Bedeutung hat die Unterschrift?

5 Frau Mensing wird bei der Ausgabe der Schecks darauf hingewiesen, dass die Verkaufsabrechnung sorgfältig und getrennt von den Reiseschecks aufzubewahren ist. Erläutern Sie die Bedeutung dieses Hinweises!

6 Wie kann die Kundin die Reiseschecks im Urlaub verwenden?

7 Sie raten ihr, für ihren Aufenthalt in Großbritannien noch einen kleinen Teil Bargeld in GBP mitzunehmen. Begründen Sie Ihre Empfehlung!

8 Erläutern Sie Frau Mensing den Vorgang der Scheckeinlösung! Sie möchte auch wissen, ob bei der Scheckeinlösung eine Gebühr fällig wird.

9 In ihrer letzten Urlaubswoche verliert Frau Mensing die letzten beiden Reiseschecks mit den Nummern 50-967-278/279.

a) Was hat Frau Mensing zu veranlassen, um Rückerstattung zu erhalten?

b) Welchen Betrag bekommt sie erstattet, wenn die Rückerstattungsbedingungen erfüllt sind?

c) Welchen Betrag hätte sie erhalten, wenn sie beide Schecks nur zurückgeben wollte?

1 Bei Abwicklung über das Kundenkonto wird der Preis für den Ankauf von Währungsschecks berechnet.
2 Sorten der EWU-Teilnehmer-Länder werden nicht mehr angekauft.

American Express - Allgemeine Geschäftsbedingungen (Auszug)

6. Rückerstattung von Reiseschecks

6.1 American Express wird verlorene oder gestohlene Travelers Cheques ersetzen oder Wertersatz leisten, [. . .], wenn alle nachfolgenden Bedingungen von Ihnen kumulativ erfüllt wurden.

6.2 [. . .]

Vor dem Verlust

- Sie haben die Travelers Cheques bei Erhalt in der oberen linken Ecke mit Kugelschreiber/Tinte dokumentenecht unterschrieben.
- Sie haben die Travelers Cheques nicht unten links gegengezeichnet.
- Sie haben die Travelers Cheques nicht leichtfertig Dritten überlassen oder in betrügerischer Absicht ausgehändigt.
- Sie haben die Travelers Cheques nicht im Zusammenhang mit einem Verstoß gegen gesetzliche Bestimmungen verloren, wie z. B. bei illegalen Wetten, Glücksspielen oder anderen unerlaubten Handlungen.
- Sie haben die Travelers Cheques nicht aufgrund gerichtlicher oder hoheitlicher bzw. behördlicher Verfügung oder Beschlagnahmung herausgeben müssen.
- Sie haben die Travelers Cheques mit der im Verkehr erforderlichen Sorgfalt aufbewahrt. Hierbei ist insbesondere das gleiche Maß an Umsicht und Sorgfalt einzuhalten, das vernünftigerweise bei der Aufbewahrung eines entsprechenden Geldbetrages angewendet wird.

Nach dem Verlust

- Sie verständigen American Express umgehend über den Verlust oder Diebstahl der Travelers Cheques.
- Sie teilen American Express umgehend die näheren Einzelheiten des Verlustes oder Diebstahls mit und informieren auf Verlangen von American Express die Polizei.
- Sie teilen American Express umgehend die Seriennummern der verlorenen bzw. gestohlenen Travelers Cheques mit sowie Ort und Datum des Kaufs.
- Sie füllen das von American Express vorgesehene Rückerstattungsformular aus und identifizieren sich durch Vorlage eines Ausweises.
- Sie geben American Express alle erforderlichen Informationen und zumutbare Unterstützung, die für die vollständige Ermittlung des Verlustes oder Diebstahls notwendig sind.
- American Express behält sich das Recht vor, selbst Ermittlungen über den Verlust oder Diebstahl durchzuführen, sowie die Einhaltung dieser Geschäftsbedingungen zu überprüfen und ist nicht für die durch die Ermittlungen entstehenden etwaigen Verzögerungen verantwortlich. Dies gilt nicht, soweit American Express die Ermittlungen treuwidrig verzögert.
- Wir weisen Sie darauf hin, dass Ihr Anruf bei den American Express Rückerstattungszentren in England, Australien und den USA mitgehört oder aufgezeichnet werden kann, um einen exzellenten Kundenservice zu garantieren, und gehen davon aus, dass Sie damit einverstanden sind.

American Express kann die Travelers Cheques nicht sperren bzw. sperren lassen oder die Zahlung verweigern.

Eine Verpflichtung der American Express, sämtliche Zahlstellen und Filialen weltweit von einem als abhanden gekommenen Travelers Cheque zu informieren, besteht nicht.

Eine Erstattung der Travelers Cheques oder die Leistung von Wertersatz ist bei vorsätzlichem und grob fahrlässigem Verhalten ausgeschlossen.

9 Zielgruppen im Zahlungsverkehr

Das Produktangebot der Kreditinstitute richtet sich häufig an bestimmte Zielgruppen. Im Folgenden finden Sie Auszüge aus Prospekten und Intenetangeboten. Versuchen Sie herauszufinden, welche Zielgruppen im Schwerpunkt angesprochen werden sollen! Nutzen Sie als Anregung die folgende Übersicht; geben Sie die Zielgruppen so genau wie möglich an!

	Firmenkunden	Private Kunden	
		Vermögende Privatkundschaft	Breite Privatkundschaft
Kundenkreis	Wirtschaftsunternehmen u. a.	Unternehmer, Freiberufler (Ärzte, Rechtsanwälte u. a.), Angestellte gehobener Gehaltsklassen u. a	Lohn- und Gehaltsempfänger, Rentner
	Individuell ausgerichtetes Produktangebot/ Häufig: Differenzierte Produkte mit hoher Beratungsqualität		Homogene Massenprodukte ohne/ mit geringer Beratungsnotwendigkeit

Produkt 1

Kontaktlos bezahlen mit Ihrer Visa-Kreditkarte.

Mit Ihrer neuen Classic-, Gold- oder Premium-Karte können Sie ab sofort dank modernster VISA payWave Technologie noch einfacher und schneller bezahlen. **Kontakloses Bezahlen,** auch Near Field Communication (NFC) genannt, spart langes Warten und lästiges Suchen nach Kleingeld: Sie halten Ihre Kreditkarte einfach an den Kartenleser – und schon ist die Zahlung innerhalb weniger Sekunden erfolgt.

Kontaktloses Bezahlen – Ihre Vorteile im Überblick

Diese Zahlungsmethode ist nicht nur einfach und schnell, sondern ebenso sicher wie eine herkömmliche, klassische Transaktion.

EINFACH

Kontaktloses Bezahlen ist einfach, da bei Beträgen bis 25,00 EUR in der Regel keine PIN-Eingabe erforderlich ist. Somit kann die kontaktlose Visa-Kreditkarte auch bei kleinen Beträgen eingesetzt werden – das lästige Suchen nach Kleingeld entfällt. So können Wartezeiten an der Ladenkasse deutlich verkürzt werden. Bei kontaktlosen Transaktionen ab einem Betrag von 25,00 EUR ist die Eingabe der PIN erforderlich.

SCHNELL

Kontaktloses Bezahlen ist schneller als bisherige Karten- und Bargeldzahlungen, da die Karte nicht mehr aus der Hand gegeben wird, sondern nur kurz vor das Kartenlesegerät am Kassenterminal gehalten werden kann. Der Bezahlvorgang ist in wenigen Sekunden erledigt.

SICHER

Kontaktloses Bezahlen mit Visa-Kreditkarten basiert auf der sicheren EMV-Technologie, die dem neuesten internationalen Sicherheitsstandard entspricht und Betrug durch **Skimming** ausschließt. Die Kreditkarte muss sehr nah an den Kartenleser gehalten werden und versehentliche Zahlungen im Vorbeigehen sind ausgeschlossen.

Die Umsätze sind im Online-Banking und in der Kreditkartenabrechnung transparent nachzuvollziehen.

Weiterhin werden beim kontaktlosen Bezahlen außer der Kreditkartennummer keine weiteren personenbezogenen Daten, wie Name des Karteninhabers, übertragen. Der Schutz Ihrer Daten hat für uns oberste Priorität.

Bezahlen Sie mit Ihrer Kreditkarte unkompliziert und schnell

Produkt 2

SFirm ist eine leistungsstarke Softwarelösung, mit der Sie Ihren Zahlungsverkehr kostengünstig, einfach und effektiv abwickeln können. Selbst umfangreiche Zahlungsverkehrsdateien können Sie bequem elektronisch übermitteln. Gleichzeitig verfügen Sie stets über aktuelle Informationen für die zinsoptimierte Steuerung Ihrer Liquidität auf Ihren Konten bei verschiedenen Sparkassen und Banken. Die abgestuften Ausstattungsvarianten orientieren sich an unterschiedlichen Anforderungen in Unternehmen. Bei wachsenden Anforderungen ist jederzeit ein Wechsel auf eine höhere Variante möglich. Bestellen Sie einfach das Softwarepaket, dass die Anforderungen Ihres Unternehmens erfüllt.

- Nationaler und internationaler Zahlungsverkehr
- HBCI-PIN/TAN, HBCI-Chipkarte und EBICS
- Zahlungsverkehrsoptimierung und Kostenersparnis
- Liquiditätssteuerung und CashManagement
- Multibankenfähigkeit

14 Richard, Mühlmeyer - ISBN 978-3-8120-1232-4

Produkt 3

Die modernste Art des Bezahlens: kostenlos und mobil

Kennen Sie das? Sie haben es eilig und wollen im Vorbeigehen einen Kaffee zum Mitnehmen kaufen, haben aber keine Geldbörse dabei. Kein Problem: Zahlen Sie einfach mit Ihrem Handy mit Bezahlchip.

Ihre Vorteile

Einfach: bezahlen auch ohne Geldbörse.

Bequem: einkaufen mit einer Handbewegung.

Schnell: Zeit sparen und in wenigen Sekunden zahlen.

Volle Kontrolle: Mit dem Konto-SMS-Service und der Banking-App haben Sie alle Umsätze im Blick.

PIN ab 25,00 EUR: Ab einem Einkaufwert von 25,00 EUR wird zu Ihrer Sicherheit die PIN abgefragt. Der Kassenbeleg wird in diesem Fall automatisch ausgedruckt.

Zusätzliche Kreditkarte zum Bezahlchip um auch bargeldlos bezahlen zu können, wenn kein *PayPass* ™ Terminal vorhanden ist.

Produkt 4

Überweisungen, Lastschriften und viel, viel mehr ...

Ihre Aufträge im Zahlungsverkehr nehmen wir nicht nur beleghaft oder auf Datenträgern, sondern gerne auch per Datenfernübertragung mit elektronischer Unterschrift oder via Internet entgegen.

Neben dem nationalen und internationalen Zahlungsverkehr führen wir auf Ihren Wunsch auch dispositive Zahlungen (Eilüberweisungen) oder Massenzahlungen durch und wickeln den kartengestützten Zahlungsverkehr mit Ihren Kunden für Sie ab.

Zu unserer umfangreichen Angebotspalette gehören außerdem der 24-Stunden-Service der Bargeldcenter sowie ein Konto, dass sich an Ihrem spezifischen Bedarf ausrichtet. Elektronische Kontoinformationen erhlten Sie mehrmals täglich aktualisiert – immer auf dem neuesten Stand.

Produkt 5

Einmal kurz aufladen – und ins Leben starten

Sie möchten weltweit bargeldlos bezahlen und trotzdem Ihre Ausgaben im Voraus limitieren? Dann ist die Prepaid-Karte die richtige Wahl für Sie.

Ihre Vorteile.

Erhältlich ab 14 Jahren.

Volle Kontrolle: Ihren Verfügungsrahmen bestimmen Sie selbst.

Sicherheit inklusive: Sie können nur so viel ausgeben, wie Sie auf Ihre Prepaid-Karte geladen haben.

In der Regel haften Sie nicht bei Verlust, Diebstahl oder Missbrauch bei sofortiger Sperrung der Karte.

Minutenschnelle Information über Kontobewegungen per SMS/E-Mail mit dem praktischen Konto-SMS-Service.

Mit der Prepaid-Karte an allen Geldautomaten Bargeld abheben.

International akzeptiert.

Übrigens:

Die Prepaid-Karte ist immer wieder aufladbar.

Produkt 6

Machen Sie Ihr Konto mobil

Mit dem Mobile-Banking haben Sie jederzeit Zugriff auf Ihr Konto. Ob mit Handy, PDA, MDA, iPod, iPhone oder iPad: Sie erledigen Ihre Finanzgeschäfte schnell, sicher und einfach. Neben der browserbasierten Variante gibt es auch unsere praktischen „Banking-Apps".

Produkt 7

Geradewegs über Grenzen hinweg

Erfolg im internationalen Geschäft setzt die effiziente, zuverlässige und transparente Abwicklung des Zahlungsverkehrs voraus, und zwar über Bank- und Ländergrenzen hinweg. Ob Sie dabei eine Electronic-Banking-Software nutzen, das SWIFT-Netzwerk (Society for Worldwide Interbank Financial Telecommunication) oder das Kundenportal: Wir bieten Ihnen die passenden Lösungen.

Dabei profitieren Sie von der internationalen Präsenz und dem Netz von rund 5 000 Korrespondenzbanken. Für den direkten Draht zu Banken weltweit können Sie zudem das Netzwerk von SWIFT nutzen. Ob eine Implementierung im konkreten Einzelfall empfehlenswert ist, besprechen unsere Spezialisten gerne mit Ihnen – und unterstützen Sie ggf. bei der Implementierung Ihres „Corporate Access to SWIFT".

Produkt 8

Geldgeschäfte ganz bequem

Mit dem Internet-Banking haben Sie täglich 24 Stunden direkten Zugriff auf alle wichtigen Leistungen rund um Ihr Giro- und Tagesgeldkonto. Außerdem können Sie Ihre Kontoauszüge, Kreditkarten- und Wertpapierabrechnungen online abrufen und zahlreiche Finanzprodukte sofort online abschließen.

Unser Banking können Sie auch mobil erreichen oder nutzen Sie unsere praktischen Banking-Apps.

Produkt 9

Auch wenn Sie viel unterwegs sind, brauchen Sie nicht auf unseren Service zu verzichten. Mit unseren praktischen Apps können Sie jederzeit Ihre Finanzgeschäfte erledigen, die nächste Geschäftsstelle sowie Ihre Traumimmobilie finden. Und für Unterhaltung ist auch gesorgt.

Produkt 10

Voller Service für Ihre Kunden

Mit dem kartengestützten Zahlungsverkehr können Ihre Kunden bei Ihnen bargeldlos bezahlen – egal, ob an Ladenkassen oder in mobilen Verkaufseinheiten. Unser Angebot beinhaltet Kartenterminals zum Kauf oder zur Miete für alle gängigen Zahlungsarten sowie die Abwicklung des kompletten Zahlungsverkehrs – bis zur Gutschrift auf Ihrem Konto.

Und wenn Sie einen Internet-Shop betreiben, unterstützt Sie unser entsprechendes Online-System. Damit geben Sie Ihren Kunden die nach dem aktuellen Stand der Technik höchstmögliche Gewissheit, dass der Einkaufsbummel im Netz sicher und bequem ist.

Unser Service für Sie:

- Beratung bei der Auswahl des Zahlungssystems
- Installation des Karten-Terminals und Konfiguration nach Ihren individuellen Anforderungen
- Schulung Ihrer Mitarbeiter sowie Betreuung bei der großflächigen Einführung von Zahlungssystemen

10 Cash-Management

Die „Fashion Point GmbH" ist ein Unternehmen mit 20 Filialen im gesamten Bundesgebiet und wird zentral geleitet (Sitz der Hauptverwaltung in Leipzig). Die Hauptverwaltung und jede Filiale unterhalten Konten bei ihren ortsansässigen Kreditinstituten und nehmen an den internen und externen Finanzflüssen des Unternehmens teil. Der Geschäftsführer der Hauptverwaltung, Herr Hinterlanger, sucht nach einer Möglichkeit, den Zahlungsverkehr des Unternehmens zu optimieren. Er hat in der Zeitung die folgende Anzeige gelesen:

Herr Hinterlanger bittet um Information über das in der Anzeige aufgeführte Electronic Banking Produkt „Cash-Management".

Aufgaben:

1. Kennzeichnen Sie anhand des folgenden Informationsmaterials die Handlungsfelder von Cash-Management!
2. Erläutern Sie dem Kunden die besonderen Vorteile des Produkts für sein Unternehmen!
3. Auf welche Bereiche sollte sich die Beratung konzentrieren?

Die Cash Management Beratung setzt bei Risiken an, die sich auf die Liquidität Ihres Unternehmens auswirken können.

Die Commerzbank bietet innovative Bankprodukte, die einen Beitrag leisten, um Ihre Zahlungsfähigkeit vorausschauend planen und gestalten zu können.

Zudem bindet stetige Verfolgung und Bewertung der Zahlungsströme in Ihrem Unternehmen Zeit und Kapazitäten – Ressourcen, die Sie weit gewinnbringender einsetzen können. Unsere Angebote im Cash Management können Sie umfassend unterstützen.

Mehr Liquidität dank optimierter Planung.

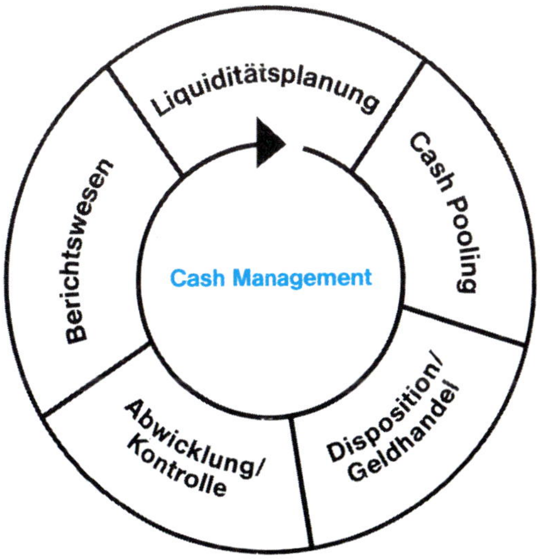

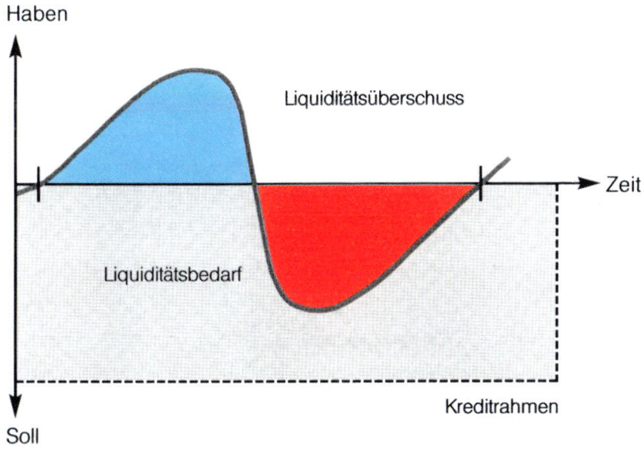

Cash Management umschreibt professionelle Finanzplanung und -steuerung. Damit lassen sich Liquiditätsrisiken minimieren und gleichzeitig positive Liquiditäts- und Zinseffekte nutzen.

Ergebnis: ein Beitrag zur Steigerung Ihres Gewinns.

- **Liquiditätsplanung:** Unsere Spezialisten geben wertvolle Hinweise, wie Sie Ihr Cash Management optimieren können, um Liquiditätsbedarf rechtzeitig zu erkennen und gezielt Entscheidungen zu treffen. Nutzen Sie unsere innovativen Dienstleistungen und Produkte.
- **Cash Pooling:** Durch Zusammenführung aller Konto- und Zahlungsinformationen sparen Sie anschließend beim unternehmensinternen Liquiditätsausgleich Zeit und Kosten – dank unserer Kooperationen mit ausländischen Banken und Partnern sogar über Ländergrenzen hinweg.
- **Disposition/Geldhandel:** Wir bieten Ihnen eine Vielzahl intelligenter Lösungen, mit deren Hilfe Sie Ihren Liquiditätsbedarf kurzfristig decken können. Zudem haben Sie flexible Anlageformen zur Wahl, um freie Mittel ertragreich anzulegen.
- **Abwicklung/Kontrolle:** Minimieren Sie administrativen Aufwand – etwa bei der Eröffnung von Konten im Ausland. Unsere Spezialisten helfen Ihnen, solche und andere Transaktionen deutlich zu vereinfachen. Sparen Sie dank Prozessoptimierung Zeit und wertvolle Kapazitäten.
- **Berichtswesen:** Mit unserer Cash Management Software optimieren Sie nicht nur die Abwicklung Ihres Zahlungsverkehrs. Dank vieler Reporting-Funktionen haben Sie Ihre Liquiditätsplanung stets im Blick und können diese bei Bedarf flexibel anpassen.

11 Test Zahlungsverkehr (Gesamtwiederholung)

1 An der Kasse der Rhein-Ruhr-Bank AG möchte Ihre Kundin Sarah Lohmann eine Banknote über 500,00 EUR in eine kleinere Stückelung wechseln. Sie stellen fest, dass der Geldschein gefälscht ist. Wie verhalten Sie sich in dieser Situation richtig?

a) Sie bitten die Kundin, auf das Eintreffen der Polizei zu warten, damit sie die gefälschte Banknote an die Polizei übergeben kann.

b) Sie wechseln die Banknote und senden das Falschgeld mit einem Bericht an die Deutsche Bundesbank.

c) Sie stellen der Kundin eine Empfangsbestätigung aus, übergeben der Polizei die gefälschte Banknote mit einem Bericht und informieren die Deutsche Bundesbank über diesen Vorgang.

d) Sie stellen Frau Lohmann eine Empfangsbestätigung aus, leiten das Falschgeld an die Deutsche Bundesbank weiter und geben eine Mitteilung an die Polizei.

e) Sie geben Frau Lohmann die Banknote zurück und bitten sie um eine schriftliche Erklärung, wie sie in den Besitz des Falschgeldes gekommen ist. Diese Erklärung senden Sie an die Polizei.

2 Stellen Sie fest, welche der nachstehenden Aussagen richtig = 1 bzw. falsch = 9 sind!

a) Alle Kreditinstitute haben nachgemachte Banknoten oder Münzen anzuhalten. Dem Betroffenen ist von der Bundesbank eine Empfangsbestätigung auszuhändigen.

b) Die Deutsche Bundesbank und alle Kreditinstitute haben als Falschgeld verdächtige Banknoten und Münzen anzuhalten.

c) Als Falschgeld verdächtige Banknoten und Münzen sind der Polizei zur Prüfung vorzulegen.

d) Stellt die Bundesbank die Unechtheit von Banknoten fest, so übersendet sie das Falschgeld mit einem Gutachten dem Kreditinstitut, welches das Falschgeld angehalten hat. Dieses hat die zuständige Polizeibehörde zu benachrichtigen.

3 Ihr Firmenkunde Hans Koch erwartet eine Überweisung über 60 387,90 EUR. Sein Geschäftspartner hat die Überweisung per Onlinebanking am Montag, den 16. 11. 20.., vor dem im Preis- und Leistungsverzeichnis festgelegten Annahmezeitpunkt bei der Stadtsparkasse München in Auftrag gegeben. Die Ausführungsbedingungen waren für diesen Auftrag erfüllt.

Ermitteln Sie das Datum, bis zu dem der Gutschriftsbetrag spätestens auf dem Konto des Herrn Koch valutiert sein muss!

4 Der Kunde Robert Jung hatte am Donnerstag, dem 20. Januar 20.., einen autorisierten Überweisungsbeleg über 18 500,00 EUR bei der Volksbank Goslar eingereicht. Der Überweisungsauftrag ging vor dem im „Preis- und Leistungsverzeichnis" angegebenen Annahmezeitpunkt ein und er enthielt alle zur Ausführung erforderlichen Angaben. Der Kontostand war 30 600,00 EUR im Haben. Am Montag, dem 24. Januar 20.., erfährt Herr Jung vom Zahlungsempfänger, dass der Gegenwert noch nicht auf dessen Konto bei der Sparkasse in Ulm gutgeschrieben wurde. Bis zu welchem Datum (Valuta/ Wert) muss der Überweisungsbetrag dem Zahlungsempfänger spätestens gutgeschrieben werden?

5 Stellen Sie fest, welche der nachstehenden Aussagen gemäß den „Bedingungen für den Überweisungsverkehr"

1 richtig

2 falsch

sind!

a) Der Kunde autorisiert den Überweisungsauftrag durch Unterschrift oder in der anderweitig mit der Bank vereinbarten Art und Weise (z. B. PIN/TAN).

b) Die Bank führt den Überweisungsauftrag des Kunden aus, wenn die zur Ausführung erforderlichen Angaben in der vereinbarten Art und Weise (z. B. auf Vordruck oder per Onlinebanking) vorliegen und dieser vom Kunden autorisiert ist.

c) Wenn Kunde und Bank einen Zeitpunkt für den Widerruf eines Überweisungsauftrags nicht vereinbart haben, kann der Kunde den Auftrag bis zum Ablauf der Ausführungsfrist widerrufen.

d) Die Bank ist verpflichtet sicherzustellen, dass der Überweisungsbetrag innerhalb der im „Preis- und Leistungsverzeichnis" angegebenen Ausführungsfrist beim Zahlungsdienstleister des Zahlungsempfängers eingeht.

e) Die Frist für die Ausführung der Überweisung beginnt mit dem Zeitpunkt des Zugangs des Überweisungsauftrags des Kunden bei der Bank.

f) Geht der Überweisungsauftrag nach dem an der Empfangsvorrichtung der Bank oder im „Preis- und Leistungsverzeichnis" angegebenen Annahmezeitpunkt ein, so gilt der Überweisungsauftrag im Hinblick auf die Bestimmung der Ausführungsfrist erst als am darauffolgenden Geschäftstag zugegangen.

g) Für Folgeschäden aus einer fehlerhaften Ausführung einer autorisierten Überweisung ist die Haftung der Bank für eigenes Verschulden auf höchstens 10 000,00 EUR je Überweisung begrenzt.

h) Eine betragsmäßige Haftungsgrenze gilt für die Bank auch für Folgeschäden aus nicht autorisierten Überweisungen.

6 Welche Aussagen treffen auf die SEPA-Überweisung zu?

a) Die SEPA-Überweisung kann nur für grenzüberschreitende Transaktionen eingesetzt werden.

b) Mit der SEPA-Überweisung können Firmen- und Privatkunden Euro-Überweisungen innerhalb Deutschlands, in andere EU-/EWR-Staaten sowie nach Monaco und in die Schweiz nutzen.

c) Die maximale Ausführungsfrist von elektronisch erteilten SEPA-Überweisungsaufträgen beträgt vier Geschäftstage.

d) Statt der bisher in Deutschland verwendeten Kontonummer und Bankleitzahl kommen bei der SEPA-Überweisung die IBAN und der BIC zum Einsatz, um den Zahlungsempfänger zu identifizieren.

e) Für SEPA-Überweisungen gilt keine Meldepflicht gemäß Außenwirtschaftsverordnung.

f) Der Zahler trägt bei der SEPA-Überweisung die Entgelte und Auslagen bei seinem Kreditinstitut, der Zahlungsempfänger trägt die übrigen Entgelte und Auslagen.

g) Die SEPA-Überweisung kann nur bis zu 50 000,00 EUR vorgenommen werden.

h) Der Zahlungsempfänger benötigt, um eine SEPA-Überweisung entgegennehmen zu können, eine Gläubiger-Identifikationsnummer.

7 Das Lastschriftverfahren bietet sowohl dem Zahler als auch dem Zahlungsempfänger Vorteile. Ordnen Sie die nachstehenden Vorteile (1) dem Zahler bzw. (2) dem Zahlungsempfänger zu!

a) Er kann seine Debitorenbuchhaltung vereinfachen und anhand von Rücklastschriften das Mahnverfahren einleiten.

b) Er kann auf die Erteilung und Änderung von Daueraufträgen verzichten.

c) Er bestimmt den Zeitpunkt der Zahlung.

d) Er kann auf das Überwachen von Zahlungsterminen verzichten.

e) Ihm wird der Gesamtbetrag der eingereichten Lastschriften gutgeschrieben.

f) Er erzielt i. d. R. deutliche Kostenersparnisse.

g) Er kann auf das Ausfüllen und Weitergeben von Zahlungsaufträgen verzichten

8 Ordnen Sie die folgenden Aussagen zum Lastschriftverkehr dem (1) SEPA-Basis-Lastschriftverfahren bzw. dem (2) SEPA-Firmen-Lastschriftverfahren zu! Falls eine Aussage auf beide Verfahren zutrifft, ordnen Sie eine (3) zu!

a) Der Zahler kann bei autorisierten Lastschriften innerhalb von acht Wochen ab dem Zeitpunkt der Belastungsbuchung ohne Angabe von Gründen die Erstattung des belasteten Lastschriftbetrages verlangen.

b) Bei diesem Verfahren muss die Zahlstelle bei Vorlage der Lastschrift eine Mandatsprüfung vornehmen.

c) Bei diesem Verfahren ist der Zahler nicht berechtigt, nach der erfolgten Einlösung eine Erstattung des belasteten Betrages zu verlangen.

d) Der Zahler erteilt dem Zahlungsempfänger das SEPA-Lastschriftmandat. Damit autorisiert er gegenüber seinem Zahlungsdienstleister die Einlösung von Lastschriften des Zahlungsempfängers.

e) Der Zahler hat seinem Zahlungsdienstleister die Erteilung des Lastschriftmandats zu bestätigen, indem er diesem vor der ersten Belastung z. B. die Kopie des Lastschriftmandats vorlegt.

f) Der Zahlungsempfänger verpflichtet sich, nur Lastschriften einzureichen, bei denen der Zahler dem Einzugsverfahren zugestimmt hat.

g) Teileinlösungen nimmt die Zahlstelle nicht vor.

9 Welche Aussagen treffen auf die SEPA-Basislastschrift zu?

a) Die SEPA-Basislastschrift ermöglicht inländische und grenzüberschreitende Lastschrifteinzüge. Sie kann im europäischen Zahlungsverkehr in 31 EU-/EWR-Staaten sowie in der Schweiz und in Monaco genutzt werden.

b) Voraussetzung für den Einzug von Geldern mittels SEPA-Basislastschrift ist das SEPA-Lastschriftmandat. Es ermächtigt den Zahlungsempfänger, den fälligen Betrag vom Konto des Zahlers einzuziehen, gleichzeitig wird die Bank des Zahlers zur Einlösung der Lastschrift angewiesen.

c) Das vom Zahler erteilte SEPA-Lastschriftmandat verbleibt beim Zahlungsempfänger. Dieser übernimmt die Autorisierungsdaten und etwaige zusätzliche Angaben in den elektronischen Datensatz zur Einziehung von SEPA-Basislastschriften.

d) Jedes Lastschriftmandat erhält eine eindeutige Mandatsnummer, die bei allen Lastschriften angegeben werden muss. In Verbindung mit der Identifikationsnummer des Lastschrifteinreichers wird damit jedes Mandat eindeutig identifiziert.

e) Bei der SEPA-Basislastschrift bleibt ein vom Zahlungsempfänger vorgegebenes und mit dem Zahler vereinbartes Fälligkeitsdatum unberücksichtigt. Die Lastschrift ist zahlbar, wenn sie bei der Zahlstelle eingeht.

f) Der Zahler kann bei einer autorisierten Zahlung aufgrund einer SEPA-Basislastschrift binnen einer Frist von sechs Wochen ab dem Zeitpunkt der Belastungsbuchung auf seinem Konto von seinem Zahlungsdienstleister die Erstattung des belasteten Betrages verlangen.

g) Der Zahler verpflichtet sich, 14 Tage vor Fälligkeit der SEPA-Basislastschrift dem Zahlungsempfänger eine Vorabinformation zuzuleiten.

h) Sollte binnen 36 Monaten seit dem letzten Lastschrifteinzug keine Folgelastschrift vom Zahlungsempfänger eingereicht werden, verfällt das Lastschriftmandat.

i) Mindestens zwei Bankarbeitstage vor Fälligkeit der SEPA-Basislastschrift werden Erstlastschriften unter einem Mandat oder Einmallastschriften in das Clearing gegeben.

10 Ihr Kunde Jan Sommer, Inhaber der Weinhandlung Sommer e. K., ist von einem seiner Lieferanten aufgefordert worden, ihm ein SEPA-Firmen-Lastschriftmandat zu erteilen, um die Forderungen zukünftig im SEPA-Firmen-Lastschriftverfahren einziehen zu können. Herr Sommer bittet Sie, ihm das SEPA-Firmen-Lastschriftverfahren zu erläutern. Mit welchen Aussagen informieren Sie Ihren Kunden richtig?

a) Mit dem SEPA-Firmen-Lastschriftmandat ermächtigen Sie Ihren Lieferanten, Zahlungen von Ihrem Konto mittels Lastschrift einzuziehen und Sie weisen Ihre Bank an, die vom Lieferanten auf Ihr Konto gezogenen Lastschriften einzulösen.

b) Das SEPA-Firmen-Lastschriftverfahren kann sowohl von Firmenkunden (Nicht-Verbraucher) als auch von Privatkunden (Verbraucher) genutzt werden.

c) Beim SEPA-Firmen-Lastschriftverfahren muss Ihre kontoführende Bank als Zahlstelle bei Vorlage der Firmenkunden-Lastschrift vor dem ersten Einzug eine Mandatsprüfung durchführen.

d) Sie können bei einer autorisierten Zahlung aufgrund einer SEPA-Firmen-Lastschrift von Ihrer Bank keine Erstattung des Ihrem Konto belasteten Lastschriftbetrages verlangen.

e) Um am SEPA-Firmen-Lastschriftverfahren teilnehmen zu können, müssen Sie Ihrem Lieferanten ein SEPA-Firmen-Lastschriftmandat erteilen und vor der ersten Zahlung Ihre kontoführende Bank über die Erteilung des SEPA-Firmenlastschriftmandats unterrichten, z. B. durch Mitteilung der Daten oder durch Zusendung einer Kopie des Mandats.

f) Das SEPA-Firmen-Lastschriftverfahren sieht für mögliche Rückgaben durch die Zahlstelle, z.B. wenn das Konto aufgelöst wurde, eine Frist von 5 Arbeitstagen nach der Kontobelastung vor.

g) Um am SEPA-Firmen-Lastschriftverfahren teilnehmen zu können, benötigen Sie eine Gläubiger-Identifikationsnummer, durch die Sie eindeutig zu identifizieren sind.

11 Bei welchen der nachstehenden Abbuchungen kann von der Zahlstelle, der Rhein-Ruhr-Bank, **keine** Rücklastschrift an die 1. Inkassostelle veranlasst werden?

a) Der Zahler Jochen Mais verfügt bei der Rhein-Ruhr-Bank über kein für die Einlösung der Lastschrift ausreichendes Guthaben auf seinem Konto und auch über keinen ausreichenden Kredit.

b) Die im Lastschriftdatensatz angegebene IBAN des Zahlers Hans Welting kann keinem Konto des Herrn Welting bei der Rhein-Ruhr-Bank zugeordnet werden.

c) Eine Lastschrift über 1 200,00 EUR, die für den Zahler Jens Hinsen bestimmt ist, ist nicht verarbeitbar, da im Lastschriftdatensatz kein Fälligkeitsdatum angegeben ist.

d) Der Zahler, die Firma Hans Nolte OHG, verlangt von der Rhein-Ruhr-Bank 4 Tage nach erfolgter Lastschrifteinlösung eine Erstattung des belasteten Betrages. Die Firma Nolte hatte vor dem Zahlungsvorgang dem Zahlungsempfänger ein SEPA-Firmen-Lastschriftmandat erteilt und der Rhein-Ruhr-Bank die Erteilung des Mandats bestätigt.

e) Der Zahler, die Firma Autohandel Krieger e. K., hat der Rhein-Ruhr-Bank gesondert die Weisung erteilt, die Zahlung aus der SEPA-Firmen-Lastschrift des Zahlungsempfängers, der Glas Nagel GmbH, nicht zu bewirken. Diese Weisung liegt der Rhein-Ruhr-Bank drei Tage vor dem im Datensatz der Lastschrift angegebenen Fälligkeitstag vor.

f) Der Zahler Peter Franzen verlangt am 05.05.20.. von der Rhein-Ruhr-Bank die Erstattung eines belasteten Lastschriftbetrages. Die Lastschriftbuchung erfolgte aufgrund einer autorisierten Zahlung im SEPA-Basis-Lastschriftverfahren am 24.02.20..

12 Bevor ein Zahlungsempfänger Lastschriften im SEPA-Basislastschriftverfahren bzw. im SEPA-Firmen-Lastschriftverfahren einreichen kann, muss er mit der 1. Inkassostelle eine Lastschriftinkassovereinbarung treffen. Welche der im Folgenden genannten Verpflichtungen werden ihm hierdurch auferlegt?

Der Zahlungsempfänger verpflichtet sich,

a) ... für im SEPA-Basislastschriftverfahren eingereichte Lastschriften acht Wochen ausreichend Deckung auf seinem Konto zu unterhalten, um wegen eines Erstattungsanspruchs des Zahlers zurückbelastete Lastschriften zurücknehmen zu können.

b) ... Lastschriften nur dann zum Einzug einzureichen, wenn ihm hierzu das schriftliche und vom Zahler unterzeichnete SEPA-Lastschriftmandat vorliegt.

c) ... Lastschriften seinem Zahlungsdienstleister grundsätzlich mittels elektronischer Datensätze einzureichen.

d) ... Lastschriften, die zurückbelastet wurden, nicht erneut zum Einzug einzureichen.

e) ... bei einer nicht eingelösten oder wegen des Erstattungsverlangens des Zahlers zurückgebenen Lastschrift weitere Lastschrifteinzüge auf Basis des erteilten Mandats zu unterlassen.

13 Mit dem Sanitätshaus Bergermann wurde eine „Vereinbarung über den Einzug von Forderungen durch Lastschriften" getroffen. Warum räumt die Hausbank dem Sanitätshaus in diesem Zusammenhang ein Lastschriftobligo ein?

a) Die Hausbank will sich absichern, dass sie bei Rücklastschriften das Konto des Sanitätshauses wieder belasten kann.

b) Bei Rücklastschriften kann das Konto des Sanitätshauses bis zur Höhe des Obligos überzogen werden.

c) Bis zur Höhe des Lastschriftobligos darf das Sanitätshaus innerhalb eines bestimmten Zeitraums Lastschriften einreichen.

d) Die Hausbank versucht dadurch, ihr Risiko bei Rücklastschriften zu begrenzen.

e) Mit der Höhe des Lastschriftobligos legt die Hausbank fest, bis zu welchem Betrag sie Rücklastschriften akzeptiert.

14 Welche Aussagen treffen auf den Widerruf von Schecks zu?

a) Kreditinstitute sind erst nach Ablauf der Vorlegungsfrist an einen Scheckwiderruf gebunden.

b) Bis zum Ablauf der Vorlegungsfrist sind Kreditinstitute berechtigt und danach verpflichtet, einen Scheckwiderruf zu beachten.

c) Die Vorlegungsfrist ist für den Scheckwiderruf nicht maßgebend.

d) Der Scheck kann widerrufen werden, solange er von der Bank nicht eingelöst ist.

e) Der Widerruf kann nur beachtet werden, wenn er dem Kreditinstitut so rechtzeitig zugeht, dass seine Berücksichtigung im Rahmen des ordnungsgemäßen Arbeitsablaufs möglich ist.

15 Welche Aussagen über die Vorlegungsfristen beim Scheck sind richtig?

a) Für im Inland ausgestellte und im Inland zahlbare Schecks gilt eine Vorlegungsfrist von 20 Tagen.

b) Für im europäischen Ausland oder in einem an das Mittelmeer angrenzenden Land ausgestellte Schecks, die im Inland zahlbar sind, gilt eine Vorlegungsfrist von 70 Tagen.

c) Die Vorlegungsfrist beginnt an dem Tage, der auf dem Scheck als Ausstellungstag angegeben ist.

d) Der Ausstellungstag wird bei der Berechnung der Vorlegungsfrist nicht mitgezählt.

e) Wird der Scheck nach Ablauf der Vorlegungsfrist vorgelegt, verliert der Scheckinhaber seine scheckrechtlichen Rückgriffsansprüche.

f) Das bezogene Kreditinstitut ist, wenn der Scheck nach Ablauf der Vorlegungsfrist vorgelegt wird, dem Aussteller gegenüber zur Einlösung des Schecks verpflichtet, sofern er ordnungsgemäß ausgestellt wurde und das Konto des Ausstellers Deckung aufweist.

g) Bei vor- und nachdatierten Schecks ist für die Berechnung der Vorlegungsfrist der tatsächliche, nicht der angegebene Ausstellungstag maßgebend.

15 Richard, Mühlmeyer - ISBN 978-3-8120-1232-4

16 Franziska Müller übergibt zwecks Zahlungsausgleich Hugo Raspel einen Scheck in Höhe von 346,33 Euro mit Überbringervermerk gezogen auf die Rhein-Ruhr-Bank Düsseldorf. Herr Raspel bringt auf dem Scheck den Vermerk „Nur zur Verrechnung" an. Welche Wirkung hat der Vermerk „Nur zur Verrechnung"?

a) Dieser Vermerk gilt nach dem Scheckgesetz als nicht geschrieben, da er handschriftlich angebracht wurde.

b) Dieser Scheck darf wegen des Verrechnungsvermerks nur durch ein Indossament übertragen werden.

c) Dieser Scheck darf von der Rhein-Ruhr-Bank Düsseldorf nur im Wege der Gutschrift eingelöst werden.

d) Dieser Scheck darf nur zur Gutschrift nach Eingang des Gegenwertes hereingenommen werden.

e) Eine Streichung des Verrechnungsvermerks gilt als nicht erfolgt.

f) Die Commerzbank Essen, die den Scheck zum Einzug entgegennimmt, darf – scheckrechtlich gesehen – auch eine Barauszahlung an den Vorleger vornehmen.

17 Ein im Inland am 17. Juli 20.. ausgestellter Verrechnungsscheck wird dem bezogenen Kreditinstitut am 29. Juli 20.. zur Einlösung vorgelegt. Welche Aussagen zur Einlösung des Schecks treffen zu?

a) Das bezogene Kreditinstitut ist gegenüber dem Aussteller aus dem Scheckvertrag zur Einlösung des Schecks verpflichtet.

b) Das bezogene Institut ist gegenüber dem Scheckberechtigten nur innerhalb von 8 Tagen nach Ausstellung zur Einlösung verpflichtet, wenn Deckung vorhanden ist und keine Schecksperre vorliegt.

c) Das bezogene Kreditinstitut ist ohne zeitliche Einschränkung gegenüber dem Scheckberechtigten zur Einlösung verpflichtet.

d) Das bezogene Kreditinstitut ist gegenüber dem Scheckberechtigten zur Einlösung berechtigt, aber nicht verpflichtet.

e) Das bezogene Kreditinstitut ist nur zur Einlösung verpflichtet, wenn der Kunde einen Einlösungsauftrag erteilt hat.

18 Welche Aussagen treffen auf BSE-Zahlungsvorgänge zu?

a) Die Umwandlung der Scheckdaten in Datensätze erfolgt im Rechenzentrum der Bundesbank.

b) Die erste Inkassostelle wandelt die ihr zum Einzug eingereichten Schecks in Datensätze um.

c) BSE-Zahlungsvorgänge werden zwecks Einzug von der 1. Inkassostelle an die Deutsche Bundesbank beleglos durch Datenfernübertragung weitergeleitet.

d) Da die Originalschecks erst einen Tag nach den Scheckdaten vorliegen, sind die bezogenen Institute verpflichtet, den rechtzeitigen und vollständigen Eingang der zu den Datensätzen gehörenden körperlichen Schecks zu überwachen.

e) Der Scheckeinzug im Rahmen des BSE-Verfahrens ist auf Beträge bis einschließlich 6 000,00 Euro begrenzt.

f) Bei Nichteinlösung eines Schecks muss die 1. Inkassostelle den Originalscheck an die bezogene Bank senden, damit der Nicht-Bezahlt-Vermerk angebracht werden kann.

19 Stellen Sie fest, welche der nachstehenden Aussagen sich

1 – auf das BSE-Verfahren,

2 – auf das ISE-Verfahren,

3 – auf beide Verfahren

beziehen!

a) Die erste Inkassostelle bestätigt bei Rückrechnungen im Auftrag des bezogenen Kreditinstituts die Nichteinlösung auf dem Originalscheck oder einer Scheckkopie durch folgenden Vermerk: „Vom bezogenen Kreditinstitut am . . . nicht bezahlt".

b) Die Einlieferung der Schecks bei der Deutschen Bundesbank erfolgt durch Übermittlung der Scheckbilder in das ExtraNet der Bundesbank und Einreichung der zugehörigen Verrechnungsdatensätze im Elektronischen Massenzahlungsverkehr (EMZ).

c) Die 1. Inkassostelle prüft die zum Einzug eingereichten Schecks auf ihre formelle Ordnungsmäßigkeit im Sinne von Artikel 1 und 2 des Scheckgesetzes.

d) Bei Nichteinlösung besteht eine Benachrichtigungspflicht des bezogenen Kreditinstituts in Form einer Eilnachricht an die 1. Inkassostelle spätestens an dem auf den Tag der Vorlage folgenden Bankarbeitstag bis spätestens 14:30 Uhr auf telekommunikativem Wege.

e) Rückrechnungen von nicht bezahlten Schecks sind von dem bezogenen Kreditinstitut beleglos vorzunehmen und an das im Clearingdatensatz genannte Kreditinstitut zu leiten.

f) Bei Nichteinlösung erstellt die Deutsche Bundesbank bei Vorlage bestimmter Voraussetzungen auf Antrag eine Erklärung gem. Artikel 40 Nr. 3 des Scheckgesetzes.

g) Die Führung eines Urkundenprozesses ist als Folge des elektronischen Einzugsverfahrens nicht möglich.

h) Das umwandelnde Kreditinstitut verwahrt die Originalschecks, auch wenn Kopien erstellt wurden, für einen Zeitraum von zwei Monaten.

i) Das umwandelnde Kreditinstitut verwahrt die Originalschecks drei Kalenderjahre.

j) Die 1. Inkassostelle ist verpflichtet, Rückrechnungen aufzunehmen. Dabei ist es gleichgültig, auf welchem Wege die Rückrechnungen vorgenommen wurden.

20 Um die Sicherheit beim Onlinebanking zu erhöhen, setzt die Kreditwirtschaft neue Sicherheitsmodule ein.

Welche der folgenden Verfahren sind den nachstehenden Beschreibungen zuzuordnen?

Verfahren:

1 mobileTan-Verfahren
2 iTan-Verfahren
3 chipTan-Verfahren
4 HBCI-Verfahren
5 Keines der Verfahren trifft zu.

Beschreibungen:

a) Der Bankrechner verlangt nach der Auftragseingabe die TAN einer bestimmten Stelle der TAN-Liste. Durch diese feste Zuordnung kann mit der TAN, auch wenn sie abgefangen wird, kein anderer Auftrag ausgeführt werden.

b) Der Nutzer muss eine elektronische Signatur verwenden, die ihm in Form einer Chipkarte mit Lesegerät oder in Dateiform von seiner Bank zur Verfügung gestellt wird.

c) Dem Kunden wird zur Freischaltung des Auftrags die Identifikationsnummer per SMS aufs Mobiltelefon geschickt. Zur Kontrolle werden der Betrag und die Empfängerkontonummer mitangezeigt. Die TAN hat somit einen festen Bezug zum Auftrag.

d) Der Kunde muss sich über eine Online-PIN legitimieren und für jede Transaktion eine beliebige Nummer aus einer Liste verbrauchen, die ihm seine Bank zur Verfügung gestellt hat.

e) Nach Eingabe eines auftragsbezogenen Bankcodes sowie der Transaktionsdaten in das Lesegerät errechnet das Gerät (Generator) eine TAN, die nur für diese Transaktion gültig ist und zur Bestätigung des Auftrags eingegeben werden muss.

21 Im Rahmen des electronic-cash- und des ELV-Verfahrens kann ein Kunde bargeldlos Zahlungen vornehmen.

Welche der nachstehenden Vorgänge betreffen (1) nur das ec-cash-Verfahren, (2) nur das ELV-Verfahren, (3) weder das ec-cash- noch das ELV-Verfahren?

Ordnen Sie dem jeweiligen Buchstaben die richtige Ziffer zu!

a) Das Karten ausgebende Kreditinstitut gibt eine Zahlungsgarantie gegenüber dem Unternehmen, das die Karte akzeptiert, ab.

b) Der Karteninhaber legitimiert sich am Händlerterminal durch die Eingabe seiner persönlichen Geheimzahl.

c) Das Verfahren ist für den Händler kostengünstiger.

d) Der Kunde muss bei der Bezahlung einen Beleg unterschreiben.

e) Das Karten ausgebende Kreditinstitut gibt keine Zahlungsgarantie gegenüber dem Unternehmen ab, das die Karte akzeptiert.

f) Bei diesem Verfahren sind nur Zahlungen bis 100,00 Euro möglich.

g) Bei jeder Zahlung erfolgt eine Abfrage der Sperrdatei bei der Autorisierungszentrale.

h) Der Käufer kann der Belastung widersprechen. Das Kreditinstitut muss den Betrag wieder gutschreiben.

i) Bei der Bezahlung mit der Karte ist weder eine Unterschrift des Karteninhabers noch die Eingabe einer Geheimzahl notwendig.

22 Bringen Sie die folgenden Schritte bei der Zahlung mit girocard im electronic cash-System in die richtige Reihenfolge. Ordnen Sie den Buchstaben a, b, c ... g die entsprechenden Ziffern 1–7 zu.

a) Die Konten der Karteninhaber werden belastet.

b) Der Händler führt über das electronic cash-Terminal eine Autorisierungsanfrage durch.

c) Der Kunde zahlt am electronic cash-Terminal mit der girocard, Eingabe der PIN und Bestätigung des Zahlungsvorgangs.

d) Der Zahlungsdienstleister des Händlers zieht die electronic cash-Umsätze bei den kartenausgebenden Zahlungsdienstleistern ein.

e) Der Netzbetreiber gibt die positive Antwort der Autorisierungszentrale an das Terminal des Händlers weiter.

f) Der Netzbetreiber reicht im Auftrag des Händlers die bis zum Kassenschnitt gesammelten positiv autorisierten electronic cash-Umsätze als Lastschriftdateien beim Zahlungsdienstleister des Händlers zur Gutschrift ein.

g) Die electronic cash-Umsätze werden dem Händlerkonto gutgeschrieben.

23 Die Kundin Dominika Hilgers kauft am 21. September 20.. beim Media-Markt einen neuen Bildschirm für 499,00 EUR im electronic cash-Verfahren. 3 Tage später stellt Frau Hilgers fest, dass der Bildschirm fehlerhaft ist. Der Media-Markt weigert sich, den Bildschirm umzutauschen. Die Kundin möchte nun der Belastung des Kaufpreises widersprechen. Welche Aussage(n) ist/sind richtig?

a) Der Belastung kann nicht widersprochen werden, da zwischen Frau Hilgers und dem Media-Markt ein einwandfreier Kaufvertrag zustande gekommen ist.

b) Da der Rechnungsabschluss noch nicht erfolgt ist (per 30. September), kann unser Kreditinstitut den Betrag vom Konto des Empfängers zurückbuchen.

c) Der Belastung kann nicht widersprochen werden, weil die Kundin mit der Eingabe der PIN die Zahlungsausführung bestätigt und unser Kreditinstitut die Zahlung garantiert hat.

d) Da die Kundin sich innerhalb der 8-wöchigen Widerspruchsfrist gemeldet hat, wird unser Kreditinstitut die Belastung rückgängig machen.

24 Welche der nachstehenden Informationen über die Geldkarte sind zutreffend?

a) Die bargeldlose Zahlung mit der Geldkarte erfolgt ebenso anonym wie eine Barzahlung, weil der Kunde lediglich seine Geheimzahl ins Händlerterminal eingeben muss.

b) Die einzelnen Zahlungen mit seiner Geldkarte kann der Kunde im Kontoauszug nachprüfen und unberechtigten Belastungen widersprechen.

c) Gegenüber dem Händler, der die Geldkarte akzeptiert, übernimmt das Karten ausgebende Kreditinstitut eine Zahlungsgarantie.

d) Bei Verlust der Geldkarte werden die noch enthaltenen Beträge dem Kunden vom Kartenemittenten erstattet.

e) In der Geldkarte geladene Beträge werden einem Börsenverrechnungskonto des Karten ausgebenden Kreditinstituts und einer Börsenevidenzzentrale gutgeschrieben.

f) Aufgabe der Evidenzzentrale ist es, für jede Karte einen sog. „Schattensaldo" zu führen, der durch Ladevorgänge betragsmäßig erhöht und durch Verfügungen entsprechend vermindert wird.

g) Bei jeder Zahlung mit der Geldkarte wird der Betrag über eine Chipkarten lesende Händlerkarte im Terminal vom gespeicherten Guthaben abgebucht. Die einzelnen Zahlungen erscheinen nicht im Kontoauszug des Käufers.

25 Hans Krahn, Kunde Ihres Kreditinstituts, plant eine mehrwöchige Urlaubsreise durch Kanada. Als Reisezahlungsmittel will er die MasterCard mitnehmen. Welche der nachstehenden Informationen zur MasterCard sind richtig?

a) Herr Krahn kann die auf seinen Namen ausgestellte MasterCard auch auf seine Ehefrau übertragen.

b) Die MasterCard berechtigt den Karteninhaber, bei den Vertragsunternehmen (Akzeptanzstellen) Leistungen ohne Bargeldzahlung gegen Vorlage der Kreditkarte in Anspruch zu nehmen.

c) Nach der Verlustanzeige haftet Herr Krahn nicht für Schäden aus missbräuchlicher Verwendung durch Dritte.

d) Die Haftung für Schäden, die im Falle des Verlustes vor der Sperre der Karte entstanden sind und die der Kunde zu tragen hat, beschränkt sich auf den für die Karte geltenden Verfügungsrahmen.

e) Bei der Benutzung der MasterCard hat Herr Krahn den Leistungsbeleg mit seiner Unterschrift und der Kartennummer zu kennzeichnen.

f) Der Kreditkartenherausgeber (MasterCard) gibt bei positiver Autorisierung gegenüber dem Vertragsunternehmen eine Zahlungsgarantie ab.

26 Welche der unten stehenden Aussagen beziehen sich (1) nur auf die MasterCard, (2) nur auf EC-Cash (electronic cash), (3) sowohl auf die MasterCard als auch auf EC-Cash, (4) weder auf die MasterCard noch auf EC-Cash?

Ordnen Sie den Buchstaben die richtige Ziffer zu!

a) Bei der Zahlung muss der Karteninhaber einen Leistungsbeleg unterschreiben.

b) Bei jeder Zahlung erfolgt eine Autorisierung „am Konto".

c) Bei einer Zahlung legitimiert sich der Karteninhaber durch Vorlage der Karte und Eingabe der Geheimzahl.

d) Der Karteninhaber kann der Belastung, die aufgrund einer von ihm getätigten Zahlung erfolgt, widersprechen.

e) Bei mangelnder Kontodeckung, fehlendem Kreditlimit bzw. ausgeschöpftem Verfügungsrahmen ist eine Verfügung nicht möglich.

f) Die Zahlungsbeträge werden auf einem Kartenkonto gesammelt. Das Konto wird monatlich abgerechnet und der Abrechnungsbetrag wird in einer Summe dem Girokonto des Karteninhabers belastet.

27 Beim Verlust von Zahlungskarten gibt es besondere Haftungsregelungen.

Welche der folgenden Haftungsregelungen gelten in den unten stehenden Fällen? Ordnen Sie zu!

Haftungsregelungen:

(1) Das Kreditinstitut trägt den gesamten Schaden.

(2) Der Kunde trägt den gesamten Schaden.

Fälle:

a) Einem Kunden wurden Brieftasche und die darin befindliche girocard/MaestroCard gestohlen. Auf einem Zettel in einem anderen Fach der Brieftasche hatte der Kunde die persönliche Geheimzahl notiert.

  aa) Noch bevor der Verlust dem Kreditinstitut gemeldet wird, hebt der Dieb an einem Geldautomaten 500,00 Euro ab.

  ab) Nachdem der Verlust dem Kreditinstitut gemeldet wurde, hebt der Dieb an einem Geldautomaten 500,00 Euro ab.

b) Ein Kunde hat seine MasterCard verloren. Er bemerkt den Verlust erst, als bei der nächsten Monatsabrechnung Verfügungen von 2 100,00 Euro ausgeführt wurden, die er nicht getätigt hat.

c) Einem Kunden wurde beim Einbruch in sein Haus die girocard/MaestroCard gestohlen. Der Diebstahl wurde sofort bemerkt, aber dem Kreditinstitut erst acht Wochen später gemeldet. Schon kurz nach der Tat hatte der Dieb im Rahmen des ELV-Verfahrens bei verschiedenen Geschäften Einkäufe getätigt.

28 Die Bedingungen für die MasterCard/VisaCard der Banken und Sparkassen sehen bestimmte Haftungsregelungen vor. Bei welcher Aussage wurde die Haftungsregelung falsch wiedergeben?

a) Sobald der Bank/Sparkasse oder dem Zentralen Sperrannahmedienst der Verlust oder Diebstahl der Karte, die missbräuchliche Verwendung oder eine sonstige nicht autorisierte Nutzung von Karte oder PIN angezeigt wurde, übernimmt sie alle danach durch Kartenverfügungen entstandenen Schäden, es sei denn, dass der Karteninhaber in betrügerischer Absicht gehandelt hat.

b) Bis zum Zeitpunkt der Sperranzeige haftet der Karteninhaber bis maximal 50,00 Euro, wenn ihm nicht Vorsatz oder grobe Fahrlässigkeit nachgewiesen werden kann und ihm die Karte abhandengekommen ist.

c) Kommt es vor der Sperranzeige zu einer nicht autorisierten Kartenverfügung, ohne dass ein Verlust, Diebstahl oder sonstiges Abhandenkommen der Karte oder PIN vorliegt, haftet der Kontoinhaber für die hierdurch entstandenen Schäden bis zu einem Betrag von maximal 150,00 Euro, wenn der Karteninhaber seine Pflicht zur sicheren Aufbewahrung von Karte oder PIN schuldhaft verletzt hat.

d) Für Schäden im Rahmen von Bargeldservices haftet der Karteninhaber pro Kalendertag maximal in Höhe des mitgeteilten Verfügungslimits, jedoch begrenzt auf den monatlichen Verfügungsrahmen.

29 Einem Reisenden werden seine EUR-Reiseschecks gestohlen. Welche Bedingungen müssen erfüllt sein, damit er Ersatz erhält?

a) Die Reiseschecks müssen durch Aufgebot für kraftlos erklärt werden.

b) Die Reiseschecks dürfen noch nicht zum zweiten Mal unterschrieben sein (nur Erstunterschrift).

c) Die Kaufabrechnung muss vorgelegt werden.

d) Der Betrag kann erst nach Ablauf der Gültigkeitsdauer der Schecks erstattet werden.

e) Es muss eine Diebstahlanzeige gemacht worden sein.

30 Für eine Auslandsreise werden der Kundin Beate Merkel Reiseschecks, Kreditkarte und Sorten empfohlen. Stellen Sie fest, auf welches der Zahlungsmittel sich nachstehende Äußerungen beziehen (Mehrfachnennungen sind möglich!)!

1 – Reisescheck

2 – Kreditkarte

3 – Sorten

a) Dieses Reisezahlungsmittel ist unbeschränkt gültig.

b) Die Belastung erfolgt erst nach Verfügung.

c) Es erfolgt eine sofortige Belastung beim Kauf des Reisezahlungsmittels.

d) Bei Verlust erfolgt weltweit ein Ersatz des Zahlungsmittels.

e) Es besteht eine sofortige Verfügbarkeit im Reiseland.

f) Es besteht ein Höchstbetrag für tägliche Verfügungen.

31 Kreditinstituten werden nach dem Geldwäschegesetz (GwG) allgemeine Sorgfaltspflichten auferlegt, die die Geldwäsche erschweren und die Ermittlungen erleichtern sollen. Dazu gehört die Identifizierungspflicht.

Stellen Sie fest, in welchen der nachstehenden Fälle für die Bank grundsätzlich

1 – eine Identifizierungspflicht besteht,

9 – keine Identifizierungspflicht besteht!

a) Das Kreditinstitut nimmt Bargeld im Wert von 15 000,00 Euro zur Barauszahlung an einen Dritten an.

b) Kreditinstitute tätigen Bargeschäfte über 30 000,00 Euro untereinander.

c) Ein Kunde zahlt 25 000,00 EUR auf sein Girokonto ein.

d) Mehrere Finanztransaktionen, die offensichtlich in Verbindung stehen und außerhalb einer bestehenden Geschäftsbeziehung getätigt werden, machen zusammen 16 000,00 Euro aus.

e) Bareinzahlung eines Nichtkunden in Höhe von 10 000,00 Euro bei Verdacht der Geldwäsche.

f) Das Kreditinstitut verkauft Sorten im Wert von 8 000,00 EUR. Das Geschäft wird in bar abgewickelt.

g) Das Kreditinstitut verkauft Sorten im Wert von 8 000,00 EUR an einen Kunden. Das Geschäft wird über das Girokonto abgewickelt.

32 Unter „Electronic Banking" versteht man, dass Bankkunden auf elektronischem Weg mit einem Kreditinstitut in Verbindung treten. Ordnen Sie nachstehenden Beschreibungen die Begriffe (1) – (4) zu.

(1) POS-Banking

(2) SB-Banking

(3) Homebanking

(4) Cash-Management zu!

a) Kontoführung im Firmenkundengeschäft mit spezieller Software für den PC.

b) Selbstbedienung an Kontoauszugsdruckern, Geldautomaten, Kundenterminals u. a.

c) Zahlen mittels der girocard/MaestroCard oder Kundenkarte.

d) Kontoführung per Internet von zu Hause.

33 Der Kunde Max Heister möchte künftig das Onlinebanking (Internetbanking) nutzen. Welche Aussagen sind in diesem Zusammenhang richtig?

a) Der Kunde braucht, um am Onlinebanking teilnehmen zu können, einen Computer mit Modem, ISDN oder DSL. Weitere Vereinbarungen sind nicht erforderlich.

b) Um das Onlinebanking nutzen zu können, muss der Kunde lediglich die Allgemeinen Geschäftsbedingungen anerkennen.

c) Neben der erforderlichen technischen Ausstattung und einer Onlinebanking-Vereinbarung muss der Kunde z. B. eine digitale Signatur leisten und dabei ggf. ein Chipkartenlesegerät einsetzen.

d) Beim PIN-/TAN-Verfahren muss sich der Kunde mit seiner Kontonummer und seiner persönlichen Identifikationsnummer (Online-PIN) legitimieren und für jeden einzelnen Auftrag eine Transaktionsnummer (TAN) verbrauchen.

e) Beruhen nicht autorisierte Zahlungsvorgänge vor der Sperranzeige auf der Nutzung eines verlorengegangenen, gestohlenen oder sonst abhanden gekommenen Authentifizierungsinstruments, haftet der Kontoinhaber für den der Bank hierdurch entstehenden Schaden bis zu einem Betrag von 150,00 EUR, ohne dass es darauf ankommt, ob den Teilnehmer an dem Verlust, Diebstahl oder sonstigem Abhandenkommen des Authentifizierungsinstruments ein Verschulden trifft. Der Kontoinhaber ist nicht zum Ersatz des Schadens verpflichtet, wenn er die Sperranzeige nicht abgeben konnte, da die Bank nicht die Möglichkeit zur Entgegennahme der Sperranzeige sichergestellt hatte und der Schaden dadurch eingetreten ist.

f) Um den Kontostand abzufragen, wird eine Transaktionsnummer (TAN) benötigt.

g) Bei der indizierten Transaktionsnummer (iTAN) benutzt der Kunde zur Freigabe der Überweisung eine Bankkarte, die er in ein Plastikkästchen, den TAN-Generator, steckt. Aus Kartencode und Ziffern, die in der Zielkontonummer und dem Überweisungsbetrag vorkommen, errechnet das Gerät dann eine einmal gültige TAN.

Fallstudien und Übungen zur Betriebslehre der Banken und Sparkassen

Eine Aufgabensammlung zum handlungsorientierten Lernen

Die Fallstudien und Übungen bieten eine umfangreiche Auswahl an anspruchsvollen Unterrichtsmaterialien, die das handlungsorientierte Arbeiten sinnvoll unterstützen. Tests für die Prüfungsvorbereitung ergänzen das Aufgabenangebot.

Jedes A4-Heft konzentriert sich auf einen relevanten Bereich des lernfeldorientierten Lehrplans.

¬ Richard | Mühlmeyer
Heft 1: Kontoführung

ISBN 978-3-8120-**1231-7**

Lösungen
ISBN 978-3-8120-**4231-4**

¬ Richard | Mühlmeyer
Heft 2: Zahlungsverkehr

ISBN 978-3-8120-**1232-4**

Lösungen
ISBN 978-3-8120-**4232-1**

¬ Richard | Mühlmeyer
Heft 3: Geldanlage auf Konten

ISBN 978-3-8120-**1233-1**

Lösungen
ISBN 978-3-8120-**4233-8**

¬ Richard | Mühlmeyer
Heft 4: Wertpapiere | Anlageberatung

ISBN 978-3-8120-**1234-8**

Lösungen
ISBN 978-3-8120-**4234-5**

¬ Richard | Mühlmeyer
Heft 5: Kredite

ISBN 978-3-8120-**1235-5**

Lösungen
ISBN 978-3-8120-**4235-2**

¬ Richard | Mühlmeyer
Heft 6: Außenwirtschaftsverkehr

ISBN 978-3-8120-**1236-2**

Lösungen
ISBN 978-3-8120-**4236-9**